U0347032

沃伦·巴菲特
终极金钱心智

WARREN BUFFETT
INSIDE THE ULTIMATE MONEY MIND

［美］
罗伯特·哈格斯特朗
（ROBERT G. HAGSTROM）

———

著

杨天南

———

译

机械工业出版社
CHINA MACHINE PRESS

图书在版编目（CIP）数据

沃伦·巴菲特：终极金钱心智 /（美）罗伯特·哈格斯特朗（Robert G. Hagstrom）著；杨天南译 . —北京：机械工业出版社，2023.11

书名原文：Warren Buffett: Inside the Ultimate Money Mind

ISBN 978-7-111-74053-7

Ⅰ. ①沃… Ⅱ. ①罗… ②杨… Ⅲ. ①巴菲特（Buffett, Warren 1930—）- 投资 - 经验 Ⅳ. ① F837.124.8

中国国家版本馆 CIP 数据核字（2023）第 198347 号

机械工业出版社（北京市百万庄大街 22 号　邮政编码 100037）

策划编辑：王　颖　　　　　　责任编辑：王　颖

责任校对：王乐廷　梁　静　　责任印制：刘　媛

涿州市京南印刷厂印刷

2024 年 4 月第 1 版第 1 次印刷

147mm×210mm·10.25 印张·3 插页·192 千字

标准书号：ISBN 978-7-111-74053-7

定价：79.00 元

电话服务　　　　　　　　　网络服务

客服电话：010-88361066　　机 工 官 网：www.cmpbook.com

　　　　　010-88379833　　机 工 官 博：weibo.com/cmp1952

　　　　　010-68326294　　金 书 网：www.golden-book.com

封底无防伪标均为盗版　　机工教育服务网：www.cmpedu.com

这是一部内容广博、精彩纷呈的佳作。哈格斯特朗是出色的思想家和作家，他将我们这个时代最聪明的投资者巴菲特的哲学和思想以新的视角呈现于文字中，让我们理解何谓行成于思，又发人深省。

——劳伦斯·坎宁安

《沃伦·巴菲特：终极金钱心智》首次探讨了巴菲特的思维方式及其形成过程，此前从未有人从这一角度来研究世界上最伟大的投资家，这本书独树一帜，与众不同。

——罗伯特·迈尔斯，内布拉斯加大学

一直以来，哈格斯特朗的《巴菲特之道》都是学习巴菲特的最好资源。他的新书《沃伦·巴菲特：终极金钱心智》则不仅总结了巴菲特的投资之道，还剖析了巴菲特是如何思考的。哈格斯特朗解释了为什么巴菲特所说的"金钱心智"非常重要，以及普通人如何培养金钱心智。这是一本必读之书。

——贝萨尼·麦克莱恩，《名利场》

这本书不能提高你对具体企业的估值能力，但它可能让你的思考方式更像沃伦·巴菲特，让你的投资更少受到情绪的干扰。

——唐朝

罗伯特·哈格斯特朗可以说是我研究巴菲特股票投资策略的"导师"，他的 3 本书引领我走上研究巴菲特之路。

第一本是 1994 年首版的《巴菲特之道》，这本书提出了巴菲特选股之道。第二本是 1999 年首版的《巴菲特的投资组合》，这本书研究了巴菲特投资组合的管理，从个股上升到组合，讲解了集中投资策略。

在这两本书的启发下，我建立了研究分析巴菲特投资策略的基本框架，写作了《巴菲特股票投资策略》和《巴菲特选股10 招》。第三本书是 2000 年首版的《查理·芒格的智慧：投资的格栅理论》，这本书让我认识到，功夫在诗外，投资更深的功夫其实在投资之外。

罗伯特·哈格斯特朗的这部新书是他研究巴菲特30年集大成之作，和之前的3部著作相比，这本书明显融入了他进入投资管理界20余年的实务经验，写得更实在、实用，我认为这本书是他研究巴菲特的巅峰之作。巴菲特说过，学习大师一小时，胜过自己苦苦摸索十年。研读罗伯特这部新作，胜过我自己摸索研究20余年。

——刘建位

"金钱心智"告诉我们，无论偏离了理性决策还是落入心理陷阱，都可能导致投资的失败。只有理解了金钱心智的世界与所想象的世界的根本不同，才有可能踏上通往成功之路。

——姚斌（一只花蛤）

一个成功的价值投资者需要具备什么样的投资素养、投资气质呢？巴菲特给出了一个十分精辟的答案：金钱心智。那么，何为金钱心智呢？它从何而来？它包括哪些组件？它可以被学会吗？本书剖析了包括巴菲特在内的一些投资大师的投资经历、投资原则，从"道"的层面将答案抽丝剥茧般地展示出来，进而给读者呈现出一幅清晰的画面。当然，这也应该成为价值投资者努力修炼的方向，乃至人生的修炼也当如此。

——张居营（闲来一坐s话投资）

哈格斯特朗的经典之作《巴菲特之道》讲述了如何像巴菲特一样投资，这部新作则讲述了如何像巴菲特一样思考，从某种意义上讲，这可能对普通读者更有意义。这本书讲述了巴菲特何以成为巴菲特。是童年的一本书点燃了他的创业之火；是他的父亲霍华德、导师格雷厄姆、挚友芒格教育和影响了他；是企业家的身份让他对投资有了独树一帜的理解并不断进化。这本书深入解析了金钱心智的构成，如果用一句话来概括，其核心只有 8 个字：独立思考、自我实现。不管是投资还是生活，甚至是教育下一代，学习金钱心智都能使我们获益良多。

——陈达

2022 年春夏之际，在万众瞩目之下，巴菲特遵循惯例公布了最新年度的致股东的信，信中提到一个令人震惊的消息：伯克希尔持有苹果股票的市值高达 1 611 亿美元，成本为 310 亿美元，账面浮盈达到 1 301 亿美元。换算成相应的人民币金额，大赚将近一万亿元！据悉，这是有史以来，在二级市场单只股票盈利的最高纪录。

巴菲特到底是如何创造了这样的奇迹，在越来越多的人开始怀疑价值投资是否依然有效的今天，巴菲特为什么不但在投资中活跃着而且越活越精彩，这正是哈格斯特朗的这本新书所要探究的真相。

中国读者对哈格斯特朗应该不会感到陌生，因为他的处女作就是将巴菲特思想引入中国的第一本书——《巴菲特之道》，这本投资经典改变了很多人的命运，包括我在内。

哈格斯特朗从最初接触巴菲特，到成为全球知名的巴菲特研究专家，已有近40年的时间，可见一事精致，足以动人。如今这本《沃伦·巴菲特：终极金钱心智》是他最新的关于巴菲特的专著。

这本书按照作者本人的说法，是"一本全新的书"。他说得不错，本书的特别之处在于，它并不是一本关于方法论的书，而是一本关于思考的书。也就是说，如果你只是打算得到个股票代码，快速致富的话，就没必要看了；但如果你打算探究终极致富之道，希望在变幻的市场上始终屹立不倒，就很有必要一读。

"小钱靠术，大钱靠悟"。看看我们接触过的一些词句，从沉吟良久、谋定后动，到思考快与慢、刻意练习，这些都是"悟"的形式与结果，古往今来，所有的成功莫不与之相关。就像我们一直强调的"价值观的价值"一样，这些有无之间看似"无"的东西，虽然看不见、抓不着，但实际上却能够决定最终的命运，谁能说它们不重要呢。读这本书，给我带来的就是这样一种感觉。

这本书介绍了金钱心智的缘起，谈到了作者与巴菲特相识相交的渊源，记录了年轻巴菲特的成长，讲到了对巴菲特影响最大的三个人——父亲霍华德、老师格雷厄姆、搭档芒格，并以之为脉络叙述了巴菲特投资哲学的发展。

从格雷厄姆的定量分析和费雪的定性分析，从培根的经验主义到笛卡尔的理性主义，从启蒙时代的康德到休谟的人性论；从马科维茨的现代投资组合理论，到夏普的贝塔因子、尤金·法玛的有效市场理论；从连续战胜标普十五年的比尔·米勒，到神秘的圣塔菲研究所和复杂经济学等。总之，这本书涉及的知识之广博令人目不暇接，你需要足够的时间和思考才能理解和运用。换句话说，你有可能在一段时间内，患上轻度的"知识消化不良症"。

本书还着重谈到价值投资的演变，作者将其分为三个阶段。第一阶段是经典价值投资，第二阶段是无形资产要素的介入，第三阶段是网络经济学的价值。关于价值投资第一阶段和第二阶段的区别，作者以快照和电影作为比喻，前者是静态的，后者是动态的。不言而喻，动态分析当然比静态分析难得多。

第一阶段的价值取决于有形资产，第二阶段依赖于无形资产，第三阶段则基于新技术带来的价值创造，也就是著名学者熊彼特提出的"创造性破坏"。在移动互联的时代,网络效应、正向反馈、锚定效应、路径依赖等所有这些因素构成了网络经济价值,如用户切换成本高昂带来了心理劝阻效应,也就是所谓的黏性,而这些与巴菲特多年以来所说的特许经营权实际上一脉相承。

由此,作者提到巴菲特86岁时开始投资苹果的案例。正是由于上述的网络经济学价值,从iOS操作系统到不同形式的产品,苹果牢牢地留住了客户,创造了一个强大的全球特许经营权。苹果手机以13%的市场销售份额,获得了整个行业85%的利润。2019年其资本回报率高达143%,2020年坐拥1 920亿美元现金,达到1.3万亿美元市值的15%。在苹果不断分红和回购股票的过程中,伯克希尔在没多花一美元的情况下,持股比例不断上升。换作谁当股东,心里都乐开了花。

30年前,巴菲特投资可口可乐大赚百亿美元,如今投资苹果大赚千亿美元。无论是苹果还是可口可乐,都是家喻户晓的公司,都是引领时代的牛股,巴菲特能够保持进化与时俱进,不得不令人佩服!

提到巴菲特,不得不提到他的搭档芒格。书中提到在一次晚宴上,芒格被问及促使他成功的一个品质是什么,他回答道："我是理性的。这就是答案。"但理性并非虚无缥缈的东西，在一次股东会上，有人请巴芒用一个词描述他们的生活理念，芒格罕见地抓起麦克风大声说："实用主义。去做适合你性格的事，去做有效的事，然后坚持不懈。"

这与金钱心智主要的构成要素不谋而合。金钱心智要求独立思考、自我实现，而自我实现的第一步就是行动！

作者最后说，我不能保证读者能够获得与巴菲特一样的投资成果。但我毫不怀疑，如果你愿意用心思考一下什么是金钱心智，你会看到自己的情绪日趋理性，你也能更好地做到不受市场的影响，保持独立思考，意志坚定，面对市场波动不会感到恐惧，赚取财富时仍保持谦虚和怀有敬畏之心。你将学会如何像巴菲特一样思考。

据说巴菲特从小就爱读如何赚钱的书，其中一本名叫《1000 种赚 1000 美元的方法》，这本书中最重要的一个观点是：开始赚钱的方法就是开始行动。就让我们从阅读这本书开始吧！

金钱心智的缘起

2017 年 5 月 6 日，奥马哈。

这是 5 月的第一个星期六，对于那些巴菲特的追随者而言，这一天意味着一件事——伯克希尔 - 哈撒韦公司年度股东大会。在投资界，没有什么比这更令人关注的事情了。

巴菲特和公司副董事长查理·芒格在年会上连续 5 个小时，回答观众、股东、读者、财经记者以及证券分析师提出的各种问题，这还不包括中间一个小时的午休时间。这些问题都是现场提出的，并没有事先审核，这也就意味着两人没有事先准备，但每个问题都会得到充分、坦率、热情、智慧的回答，这就是他们的风格。开会时，桌子上除了水杯、可乐、喜诗糖果和花生糖，以及两个麦克风之外，别无他物，没有笔记，没有简报，只有两个乐于回答问题和谈论想法的老人家。现场大约3万听众一起沉醉于他们的发言中，我就是其中的一个。

那天一大早，我从酒店开车前往奥马哈市中心的世纪中心会场，那是年会的举办地。停车场几乎爆满，两万个座位的会场已经挤满了伯克希尔的股东，还有数以千计的股东聚集在广场周围的场地。他们中的很多人凌晨4点就开始排队，等待着7点开门。时间一到，大门一开，大家蜂拥而入，很多人直接冲向摆着11个麦克风的座位区，如果运气好的话，坐在这里的人有机会得到向巴菲特和芒格提问的机会。

很多年前，我会像大家一样很早就起来去现场排队，但是从几年前开始，我就不在黎明时分早起了，而且随着年纪的增长，我也不再能从大厅跑下来，冲上自动扶梯，然后跳下台阶进入会场，去抢占一个梦寐以求的座位。在不用争先恐后之后，我现在轻松多了。

进入会场之后，我在巨大的展览大厅里闲逛，展台上陈列着伯克希尔旗下的各类业务和产品，整个大厅就像一个室内购物中心。你可以买一些零食，比如喜诗糖果、DQ冰激凌、可口可乐；你也可以参观集成化住宅、帆船游艇、旅行房车，还可以看看本杰明摩尔油漆的新款颜色、柯比最新款的吸尘器，甚至你还可以购买盖可公司的汽车保险。

上午 8:30，我来到二楼，走进会场的 B 区，我通常会在这个区就座。整个会场将座椅分为两个部分，每个部分都布置了一个巨大的投影屏幕。之后不久就开始按照传统播放关于伯克希尔－哈撒韦的影片，接下来就是巴菲特和芒格的现场谈话。我舒舒服服地坐在右手边的最后一排，身体放松，面带微笑，享受着这一切。

直到此时此刻，一切似乎都很正常，没有任何迹象表明，今天的年会将发生一些不同寻常的事情。

终于来到了问答环节，巴菲特和芒格主桌一侧的台上是记者席，三位记者分别是《财富》杂志的卡萝尔·卢米斯、CNBC 的贝基·奎克、《纽约时报》的安德鲁·罗斯·索金，他们将从读者以及观察家们提出的问题中挑选出有价值的进行提问。主桌的另一侧是分析师席，分别是来自 RCG（Ruane，Cunniff & Goldfarb）公司的研究分析师乔纳森·布兰特、巴克莱银行的杰伊·盖尔布以及晨星公司的高级分析师格雷格·沃伦。在 11 个麦克风后，数十位排队的股东怀着激动热切的心情，紧张地坐在椅子上，在心里反复练习着他们准备的问题。

巴菲特亲自主持这个环节，首先按顺序挨个回答每位记者，然后是每位分析师，接着是每位排队的现场观众，如此循环往复。

上午会议的流程照常进行，在大家提到的问题中，有关于无人驾驶及其可能对 BNSF 铁路公司或盖可保险构成威胁的问题，也有关于伯克希尔与 AIG 再保险关联业务的问题，还有一些关于 IBM、苹果、谷歌和亚马逊等科技股的讨论。巴菲特还被问到关于航空业的竞争优势，以及他对可口可乐和陷于苦苦挣扎之中的亨氏食品公司的看法。

在上午的会议接近结束时，9 号区的一名股东向巴菲特和芒格提出了第 28 个问题："你们两位通过交流观点的方式进行资本配置，在很大程度上避免了资本配置出现失误，这种情况还会在伯克希尔的未来继续下去吗？"表面上看，这个问题问的是资本配置，其实它问的重点是公司继任者以及未来谁来做资本配置决策。

巴菲特先回答说："伯克希尔的任何继任者，其资本配置能力和经验都肯定是董事会最重要的考虑因素。"他指出，在很多公司里，CEO 都有着不同的出身背景，或是来自销售，或是来自法务，或是来自制造业，他们从基层走到高层，但一旦担任领导职务，作为 CEO，他们必须有能力做出资本配置决策。"如果伯克希尔的 CEO 仅仅具备某些领域的技能，而缺乏资本配置能力，那么这一定会影响公司的表现。"

他接下来说的话，令我感到震撼，我在椅子上不由得坐直了身子。

巴菲特说："我管这叫作金钱心智（money mind）。人的智商可以达到120、140，或更高水平，或许一些人的头脑很擅长做一种事，而另一些人擅长做另一种事，他们可以完成大多数普通人无法做到的事。但我认识一些非常聪明的人，他们因为不具备金钱心智，也会做出非常愚蠢的决定。他们不具备资本配置能力，而我们需要的是具备这种天赋的人才，缺乏金钱心智的人，当然不是我们想要的。"

金钱心智，这个词我以前从来没听巴菲特说过。那一刻，我忽然意识到自己研究沃伦·巴菲特这么多年，可能还是一知半解。

* * *

我第一次接触到沃伦·巴菲特是在1984年7月，当时，我正在接受企业培训，准备在一家叫作中大西洋证券的公司做股票经纪人。我所接触的培训资料中，有一部分内容包括阅读伯克希尔－哈撒韦公司的年度报告。和许多其他人一样，巴菲特清晰的文笔给我留下了深刻的印象。最重要的是，他明智地提出了拥有股票就等于拥有了一家企业的观点，这让当时的我大为震惊。作为一个大学学文科专业的学生，我并没有学习金融或会计，所以用资产负债表和利润表中的一行行数字来理解股票，对我而言并非易事。但当巴菲特解释说，股票应该被视为由经理人管理的、向消费者提供产品的企业时，我恍然大悟。

有了这样的学习经历，当我获得经纪人资格并投入工作后，我清楚地知道自己要做什么。我打算将客户的资金投到伯克希尔－哈撒韦公司及其投资的对象上，于是，我写信给美国证券交易委员会（SEC），寻找伯克希尔－哈撒韦过去的年度报告，以及所投资上市公司的年度报告。多年以来，我搜集了所有关于沃伦·巴菲特和伯克希尔公司的报纸、杂志的相关报道，我就像一个着迷于棒球明星的小孩。

我从未见过任何人不赞同巴菲特的投资原则，我将这些原则写入《巴菲特之道》，成为投资信条，当我问客户是否愿意以同样的方式投资时，答案几乎总是肯定的。但是，随着时间的推移，我发现一些选择像巴菲特那样投资的人仍在苦苦挣扎。对于很多人而言，知道自己为什么持有股票和具有承受市场大幅波动的能力，这二者之间存在巨大的鸿沟。我开始明白，知道这条道路和走上这条道路有很大的区别，知行合一不是一件容易的事。

在三十多年之后，在那个星期六，我终于意识到，帮助人们成功投资所需要的并不只是投资信条，更多的是正确的心态。尽管本·格雷厄姆和巴菲特多年以来都提到过性格特质的重要性，但我总会将这个观点置于一旁，转而削尖我的铅笔去计算股票的价值。人们越是觉得股票市场投资难，我就越是削尖铅笔，试图做更为精确的计算。终于，在那一天，我意识到我忽略了最重要的建议。

* * *

金钱心智意味着什么？探索这个问题以及它的所有影响，是本书的目标。我们将从头开始追溯，我们会发现一些早期发挥影响的人，这可能会让你感到惊讶。例如，早在巴菲特第一次读到《聪明的投资者》之前大约10年，11岁的他就对当地公共图书馆的一本书极感兴趣，这本书就是F.C.米纳克的《1000种赚1000美元的方法》（*One Thousand Ways to Make $1000*），它帮助巴菲特形成了最早的金钱心智。例如，巴菲特的父亲在塑造他的投资哲学方面的作用和影响，在有关巴菲特的书籍中并不常见。我们知道，巴菲特年轻的时候学习了所有他能找到的金融和投资方面的知识，他能将理性和现实结合起来，这两者的结合对真正形成金钱心智至关重要。

巴菲特掌握了金钱心智的基本元素后，是如何运用这种思维在过去的 60 多年中驾驭投资的呢？我们在这本书里，还将探索其他人如何将这些元素融入他们自己的心理框架，最终成为我们现在可以称之为具有金钱心智的人。最为重要的是，我们将展示一个人如何在节奏快速、媒体狂热的新世界中，很好地管理自己的投资组合。掌握这些知识点之后，我们将论证得出这样的观点，即那些努力实现金钱心智的投资者将更有可能获得成功。

这是一本全新的书，不是我之前写的《巴菲特之道》一书的更新版，不是 10 年前出版的《世界上最伟大投资家的策略》[⊖]和《巴菲特的投资组合》的合集的第 2 版。它也不是那本增加了第八章，包含了对于巴菲特投资方法理解的问答和解释的第 3 版。总之，这不是一本关于方法论的书，这是一本关于思考方式的书。

* * *

金钱心智——巴菲特以他一贯的精确方式为一个复杂的概念创造了一个容易记忆的名词。这个名词在某一个层面上描述了对资本配置等重大财务问题的思考方式。在另一个层面上，

⊖ 这曾是单独的一本书，后并入《巴菲特之道》。——译者注

它总结了现代商业世界的总体思维方式，展示了个人如何在复杂喧嚣的世界中致力于学习和拓展。在更深的层面上，其核心的哲学和构成要素告诉我们，具有金钱心智的人，很可能是一个在生活的很多方面（包括投资）都取得成功的人。金钱心智是一种强有力的思维方式，我们应该更多地去了解它。

目 录

巴菲特承认，年轻时他也因成长与价值之争而有过困惑。但他后来明白了"这两种方法最终是相互交融在一起的，在计算价值时，成长本身就是一个组成要素"。

在巴菲特的金钱心智中，一切都关乎复利。最重要的是，关乎价值的创造、企业的复利成长。像做企业一样做投资，这样的投资是最明智的。

要想成功投资，你不需要理解贝塔或现代投资组合理论。投资专业的学生只需要学好两门功课：如何评估企业价值和如何考虑市场价格。

投资是一个游戏，一个融入思考的游戏。和所有游戏一样，投资是竞争，玩游戏的人都有强烈的获胜欲望。

第 1 章

年轻的巴菲特

通常所谓的传奇，往往会聚焦在那些在生活中经历非凡的人身上。人们似乎对这些人早年的花絮也尤其感兴趣，想知道如果仔细观察，是否能发现他们成功的线索。

沃伦·巴菲特被公认为当今世界上最伟大的投资家，社会上流传着很多广受欢迎的关于他的故事，这些故事中的很多人你可能都听说过。

6岁时，巴菲特就在路边摆摊卖糖果、口香糖和汽水。他还以25美分的价格从祖父的杂货店批发来每包6瓶装的可口可乐，然后分拆开来，以每瓶5美分的价格转售，回报率为20%。转年，他向圣诞老人许愿得到了一本关于债券的书。接下来的一年，他想要更多的书，所以他开始读父亲藏书中关于股票的著作。11岁时，他开始了人生中的第一次股票投资。17岁时，他和一个朋友合资花25美元买了一台二手弹球机，并把它安装在附近的理发店里，然后他们用赚到手的钱，又添置了两台同样的机器。一年后，他们以1200美元转手了这个生意。

但有一个故事你可能从没听说过，它很有可能是所有故事中最重要的。

1941年，11岁的巴菲特在奥马哈公共图书馆的本森分馆发现了一本与众不同的书，这本书的封面银光闪闪的，它就是达特内尔公司出版的F. C. 米纳克的著作，书名是《1000种赚1000美元的方法》，该书的副标题是"利用你的业余时间做生意"。按照当时流行的做法，作者弗朗西丝·玛丽·米纳克用名字首字母的缩写来隐藏自己的性别。

回想一下 20 世纪 40 年代，一个住在内布拉斯加州奥马哈的小男孩，没有电视，没有电子游戏，没有个人电脑，没有智能手机。的确，当时有广播节目，市中心电影院在每个星期六下午还会放映当时很稀罕的电影。但是，对于包括巴菲特在内的大多数人而言，最大的娱乐就是阅读，阅读的对象有报纸、杂志和图书。

现在想象一下，小小年纪的巴菲特从图书馆跑回家，紧紧抓着他新发现的宝贝，冲进房间，扑通一声坐在椅子上，拿起书本迫不及待地翻开第一页，跳进一个赚钱的新世界，一个他还不太明白但向往的世界。

米纳克的这本书很厚（一共 408 页），内容覆盖了很多方面。除了数百条关于赚钱的具体建议之外，它还提供了关于如何培养良好的销售技巧等方面的课程，涉及广告、营销、客户关系等，清晰明了。书里讲述了很多如何把好主意变成好生意的故事，其中一些还取得了惊人的成功。

书中有些名字大家应该耳熟能详。

例如有一个故事讲的是著名的大型连锁服装公司杰西潘尼的创始人 J. C. 潘尼（James C. Penny）。潘尼的第一份工作每个月仅有微薄的 2.27 美元的收入。潘尼与另外两个合伙人一起，于 1902 年 4 月 14 日开了第一家杰西潘尼百货店。第一年，这家商店的营业额达到了 28 891 美元，潘尼自己持有股份的相应利润超过了 1 000 美元！这个故事太激动人心了！

巴菲特翻到了书的另一页，读到了 23 岁的约翰·沃纳梅克（John Wanamaker）的故事，他说服了妹夫内森·布朗，将他们俩微薄的积蓄凑在一起，在家乡费城开了一家绅士服装店，当时他们面临的是一场全国内战，背景是 1857 年银行业大萧条，这场大萧条导致了大规模失业，几乎毁灭了整个制造业和批发业。

1861 年 4 月 27 日，他们义无反顾地开门营业。8 年之后，沃纳梅克 - 布朗成为美国最大的男装零售商。

年轻的巴菲特，就这样日复一日地沉浸在这样的致富梦想之中。

当翻到第 153 页的时候，巴菲特一定咧着嘴笑了出来。这一章是关于在路边创业的故事，这个场景他非常熟悉，因为他已经有五年多的路边摊创业经验。第十章是关于服务业的几十个想法，其中一个提到在当地商店和酒吧放置投币台球桌。以今天的眼光回顾，我们可以看到一条线索，从这个故事一直连接到 6 年后巴菲特的弹球机生意。

同样在第十章"销售你的服务"这个部分，我们发现了另一个故事，这个故事对巴菲特的思想产生了更大的影响，故事是这样的。

1933 年，一位名叫哈里·拉森的男子在当地药店购物时，有人（我们不知道具体是谁）问他体重是多少。哈里转过身，发现了一个投币体重秤，他把硬币放进去，得到了答案，然后他去排队买烟。就在他排队等候的几分钟内，另外有7位顾客决定试试投币体重秤。这引起了哈里的注意，他开始了解更多情况。店主解释说，这些机器是租来的，自己能得到25%的收入，每月大约20美元（按照今天的美元价值计算，约合384美元），其余的75%归属拥有投币体重秤的公司。

哈里后来告诉该书作者米纳克，了解到这些情况仅仅是一切的开始。他从自己的存款中拿出175美元，买了3台体重秤放在商店里，这样每个月就能给他带来98美元的利润，按照哈里的说法："这项投资的回报相当不错。"但是，他接下来做的事引起了巴菲特的兴趣，哈里说："我一共买了70台体重秤……后面的67台，是用前面3台赚到的钱买的……我赚的钱足以买下这些秤，并且使我过上不错的日子。"[1]

每次赚一点点，这就是复利的本质。我们通常认为复利的概念仅适用于利息，但你可能知道阿尔伯特·爱因斯坦的名言："复利是世界上的第八大奇迹。懂的人会得到它，不懂的人会付出代价。"复利的核心概念实际上更为广泛、强大，利用利润获取更多的利润。哈里本能地明白这一点，巴菲特也是这样的天才。

许多年后，巴菲特用"一美分体重秤"来描述他的想法。他说："体重秤很容易理解，我会买一台体重秤，然后用赚来的钱去买更多的体重秤。很快我就会有 20 台体重秤，每台秤每天称重 50 次。我想这就是钱的来源，有什么比这更美妙吗？"[2] 正是这种心智架构造就了今天的伯克希尔－哈撒韦公司。

所以，当我们回到米纳克的这本书，看看它对巴菲特的影响，《1000 种赚 1000 美元的方法》，这本书即便抛开字面含义，也是名实相符的，我统计了一下，书中一共提到了 476 条新商业建议。在高科技时代的今天，其中的很多想法都已属于马车、马鞭时代的过时想法，但也有些想法颇具先见之明。对于今天的我们而言，这本书的真正价值在于它提供的基本原则。作者阐述了关于金钱的重要基本概念，特别是，她希望读者了解书中所提的那些人的心智，以及实现财务目标的重要特质。综上所述，这些关于赚钱本质的文字帮助巴菲特形成了金钱心智的重要组成部分。

作者米纳克写道："创办自己企业的第一步是了解情况……所以，阅读所有有关你打算进入的行业的出版物，综合他人的经验，在他们的基础上开始你的计划。"她坚信，这意味着你要从问题的两个方面入手进行学习：如何成功，以及如何避免失败。作者认为，阅读一家企业就像和一个企业家坐而论道。她写道："只有那些认为自己知道一切的人，才会认为交流想法是愚蠢的。"她指出，真正的愚蠢是，花费数百美元（相当于今天花费数十万，甚至数百万美元）去发现自己的想法不可行，而其他人已经做过这样的尝试并将其写在了书上,"它可以告诉你为什么你的主意不是个好主意"。[3]

为了让读者有更为深入的研究,米纳克在书的附录中列出了 35 页的出版物清单,包括书籍、杂志、期刊、小册子,内容有关如何创业、如何运营企业。总的说来,书中有 859 条不同的引文,有关如何在你所选择的行业中取得成功。

巴菲特没有忘记这些,如今在奥马哈的伯克希尔-哈撒韦公司总部,行政楼层里最大的房间不是巴菲特的办公室,而是大厅下面的图书馆,那里排列着一排排的文件柜,里面装的都是企业的故事。这些文件柜里的资料,包含所有重要上市公司过去和现在的年度报告,这些资料巴菲特全都读过。从中,他不仅学到了什么是有用的东西,哪里能找到利润,更重要的是,还学到了什么样的策略会造成失败和亏损。

培养金钱心智的第二步很简单,但对于大多数人而言却很难做到。它可以概括为采取行动,或者正如米纳克所言"开始赚钱的方法就是开始行动"。[4]她指出,成千上万的人梦想着创业,但他们从来没有开始过,因为行动迟缓,因为他们总是在等待,等待着预期改善、等待着前景变好、等待着合适的时机。米纳克写到,他们迟迟无法开始行动的原因,是"前景不明朗,看不清前方的路"。这里需要注意的是,所谓的完美时刻从来都无法预知,而等待只不过是无所事事妄图逃避的借口而已。

米纳克指出,这种现象的另一种表现形式是人们变得刻

板,因为他们会花太多时间寻求他人的建议。对此,她写道:
"如果你征求了足够多人的建议,你肯定会一事无成。"[5] 表面
上看,这似乎与第一条 (学习一切可以学习的) 有些矛盾,但
事实上,在自我教育和知道何时采取行动之间找到正确的平衡
是金钱心智的一个关键要素。

那些研究巴菲特的人都能够毫不费力地得出和米纳克的建
议一样的结论。的确,巴菲特会和他的长期商业伙伴查理·芒
格讨论一些重要的想法。但是,如果巴菲特相信伯克希尔-哈
撒韦可以确定做出一笔好的收购,他就不会整天打电话了,这
也是事实。他从来不因为股市的上涨或下跌、经济的增长或衰
退、利率的上升或下降而暂停最后的决策。如果这是一笔价格
合理的好生意,巴菲特会立刻采取行动。

除了提出的建议,米纳克还提供了令人信服的好主意。她
写道:"创立的企业就像离开港口的航船,在商业的海洋上,
你必须依靠自己的判断和能力。"这也是商业生活中最吸引人
的部分。[6]

很容易想见,年轻的巴菲特一定意识到了这一点。从 6 岁
卖糖果、汽水开始,巴菲特就自己当起了老板。他坚定、自
信、独立。高中毕业时,16 岁的他已经成为奥马哈最富有的高
中生了,他很有可能成为世界上最富有的白手起家的少年,但
那时的他还不曾梦想要成为百万富翁,想成为更好的自己的梦
想使他继续求学。

* * *

1947 年，巴菲特进入宾夕法尼亚大学的沃顿商学院学习。尽管父亲鼓励他接受高等教育，但他并不认同。他认为自己已经干得很好了，去上大学简直是浪费时间。无论如何，他已经读了一百多本关于商业和投资的书，大学能教他什么？

巴菲特是对的，在沃顿待了两年，他感到没有什么收获。很显然，他对会计和商业的了解比他的教授还多。巴菲特花了更多时间在费城的一家证券公司研究股票，在这里所学到的远远多过课本。等到 1949 年秋季学期开始的时候，巴菲特从沃顿商学院消失了。

他转学回到奥马哈，就读于内布拉斯加大学，并在一年内通过了两个学期的 14 门功课，获得了学士学位。那一年，甚至在毕业后，巴菲特的大部分时间都花在图书馆里，疯狂地阅读每一本他能找到的关于商业和投资的书。[7]

1950 年夏天的某个时刻，巴菲特看到了一本新书——《聪明的投资者》，这是本·格雷厄姆的新作。相比于他读过的数百本书中的任何一本，巴菲特认为格雷厄姆的这本书改变了他的命运。

这促使他开始关注有关商学院的信息，同年夏天的晚些时候，巴菲特发现本·格雷厄姆以及《证券分析》一书的合著者大卫·多德同为哥伦比亚大学的教授。巴菲特后来回忆说："我原本以为他们都是历史上的人物，应该早已不在人世了。"[8]于是，他很快向哥伦比亚大学提交了入学申请，并被接受。1950年9月，他离开了奥马哈，前往纽约，徜徉在距家乡1200英里⊖之外的哥伦比亚大学的校园里。

巴菲特的第一堂课是"投资管理与证券分析"，课程代码是金融111-112，授课人是大卫·多德。[9]在前往纽约之前，巴菲特得到了一本《证券分析》，当达到纽约时，他几乎已经把这本书烂熟于心。他说："事实上，我翻来覆去地通读了这本七八百页的书。我对于书中提到的每一个案例，可以说是了如指掌。"[10]

1951年春季学期开始的时候，巴菲特激动不已。他的下一堂课由本·格雷厄姆亲自教授。格雷厄姆的课堂结合了《证券分析》中的内容，以及《聪明的投资者》中的经验教训，这些都直接与当时的实际市场相关。

格雷厄姆的教学简单易懂，但在实践中却具有革命性的意义。在《证券分析》一书问世之前，华尔街常用的选股方法是从对一只股票的整体看法，即你是否喜欢该股开始，然后尝试找出其他人可能会对该股票做出怎样的行为——买，还是卖。而财务的事实在很大程度上却被忽略，格雷厄姆以一己之力扭转乾坤，把颠倒的东西纠正回来，他说，既然你能根据大家的

⊖ 1英里＝1609.344米。

说法把钱投到一无所知的股票上，为什么不先搞清楚它的价值所在呢。

起初，格雷厄姆的方法很简单，就是将公司的流动资产（应收账款、现金和证券）相加，然后，减去所有负债，这样就可以得出公司的净值。接下来就是看股票的价格，如果股价低于净资产，这就是一笔物有所值、有可能盈利的买卖；但如果股价高于净资产，就不值得投资。这种方法非常合巴菲特的胃口，因为他对数字很敏感。格雷厄姆带给了巴菲特一样他多年以来一直在寻找的东西——一种投资体系：用50美分买价值1美元的股票。

有人说，对于巴菲特而言，在哥伦比亚的求学经历非常像一个人从居住了一辈子的山洞里走出来，他走出洞外，在阳光下眨眨眼，第一次感知真实的世界。[11] 年轻的巴菲特享受着这段经历的每一刻，在不上课的时候，他会泡在哥伦比亚大学图书馆里阅读过去20年关于股市的旧报纸。一周七天他从无倦意，从清晨到夜幕，达到了废寝忘食的地步，大多数人甚至想知道他是否有睡觉的时间。到学期结束时，巴菲特获得了A+的优异成绩，这是格雷厄姆在哥伦比亚大学22年教学生涯中第一次给出这样的成绩。

毕业之后，巴菲特向格雷厄姆请求在他的公司——格雷厄姆-纽曼公司工作，这是格雷厄姆在教学期间管理的一家投资合伙企业。但格雷厄姆拒绝了自己这位优秀的学生，巴菲特进一步提出可以免费工作，老师再一次礼貌地拒绝了他。于是，巴菲特回到家乡奥马哈，决心看看自己能做些什么。

那时，巴菲特刚满 21 岁。

启航

1951 年的夏天，巴菲特回到家乡奥马哈，他将全部心思和精力都集中在了投资上，他对兼职赚钱不再感兴趣。对于年轻的巴菲特如此跃跃欲试的表现，先是老师格雷厄姆，后是巴菲特的父亲，他们都提醒他现在恐怕不是入市的好时机。两人都警告说，过热的市场会有调整。但是，巴菲特却听从了米纳克的建议："开始赚钱的方法就是开始行动。"

巴菲特得到了去银行工作的机会，这家银行的名字叫奥马哈国家银行，但是他拒绝了，他更想去父亲的证券经纪公司——巴菲特–福尔克公司。父亲的一位朋友问："将来这家公司是不是会更名为巴菲特父与子公司？"巴菲特说："也许，更名为巴菲特子与父公司更合适。"[12]

巴菲特全身心地投入到父亲的公司业务中，还参加了戴尔·卡内基的公共演讲课程，不久之后，他在奥马哈大学开始给大学生们讲授"投资原则"这门课程，其内容就来自导师格雷厄姆的《聪明的投资者》。他还为《商业与金融纪事报》写了一篇专栏文章，标题是"我最喜欢的股票"。在这篇文章里，他大赞了格雷厄姆最喜欢的股票之一、当时还鲜为人知的保险公司——盖可保险（Government Employee Insurance Co.）。在此期间，巴菲特与老师格雷厄姆保持着密切联系，并时不时会谈到自己对于股票的看法。

1954 年的一天，格雷厄姆给这位以前的学生打了一个电话，发出了一份工作邀请。巴菲特二话没说，立刻登上了最近一班飞往纽约的航班。

巴菲特在格雷厄姆 – 纽曼公司度过了两年令人兴奋的时光，但其中也有令人沮丧的日子。巴菲特是公司的 6 名员工之一，与他同处一个办公室的沃尔特·施洛斯、汤姆·克纳普也是具有传奇色彩的投资人。他们日复一日，整天研究标准普尔的股票指南，为公司的投资基金提出建议。

但是他们提出的大部分建议都被格雷厄姆和他的搭档杰瑞·纽曼否决了。1955 年，道琼斯指数上涨到 420 点，格雷厄姆的基金坐拥 400 万美元现金，无论巴菲特的选股多么吸引人，公司基金的大门始终关闭着，不为所动。巴菲特唯一能施加影响的是他自己的投资组合。次年，也就是 1956 年，格雷厄姆萌生退意。退休之后，他搬去了加利福尼亚的贝弗利山，在那里继续他的写作和教学。这次，他执教的学校是著名的加州大学洛杉矶分校（UCLA），直到 82 岁时去世。

1956 年，巴菲特再次回到家乡奥马哈，与 5 年前相比，这个年轻的毕业生已经脱胎换骨。他现在成长了，拥有了更多的经验、更多的投资智慧，当然也更加富有。此次归来，有一件事是肯定的，他再不会为别人工作了，他已经做好了准备，准备做自己的船长。

《1000 种赚 1000 美元的方法》的第十章，标题为"销售你的服务"，在这一章里，作者首先要求读者进行个人盘点，她指出，先弄清楚你擅长什么，你有什么比其他人强。然后，找出什么人需要你的服务，以及接触到这些服务对象的最佳途径。

通过在奥马哈大学的教学，以及他广受欢迎的投资专栏，巴菲特已经在家乡奥马哈渐渐建立了自己的声誉，在格雷厄姆公司工作的履历又增加了他的可信度，所以，他一回到奥马哈，家人和朋友便纷至沓来，请他管理他们的钱。他的妹妹多丽丝夫妇、他亲爱的姑姑爱丽丝、他的岳父、前室友查克·彼得森，以及奥马哈当地的律师丹·莫恩都想加入。1956 年春，他们一共集合了 105 000 美元交给巴菲特进行投资。就这样，巴菲特投资合伙企业诞生了，巴菲特担任管理合伙人（GP）。

当所有人都聚集在奥马哈当地的一家晚餐俱乐部参加启动会议时，巴菲特定下了企业基调，他把正式的合伙协议交给每个人，向他们保证协议的法律框架没有任何恶意。然后，他开诚布公，坦陈了大家关心的基本规则。[13]

首先，是财务条款。各位有限合伙人（LP）每年将获得合伙企业6%的回报，超出部分的利润，他们将获得75%，巴菲特将获得25%。任何年度如果未能达成业绩目标，亏损将递延至下一年度弥补。换言之，如果有限合伙人在任何单一年度中没有获得6%的回报，这将会累计至下一年。在达到业绩考核目标之前，巴菲特不会收取任何业绩报酬。

巴菲特告诉他的合伙人，他不能承诺结果，但他承诺所有投资决策将基于他从本·格雷厄姆那里学来的投资原则。接着，他告诉大家应该如何看待年度损益，忽略每天、每周、每月的股票市场的波动，因为无论如何那是他无法掌控的。他表示，自己甚至不太在意某一年投资的表现好坏。他认为，评价业绩的期限至少是3年，5年更好。

最后，巴菲特告诉他的合伙人，他不会从事预测股市或预测经济周期的工作，这意味着他不会讨论或披露合伙企业买进、卖出或持有股票的信息。

就在那天晚上，到场的每个人都签名加入了投资合伙企业。随着时光流转，更多合伙人加入，每个人都遵守相同的基本规则。为了避免大家忘记，巴菲特每年都会将基本规则和业绩表现结果发给每个合伙人。

除了6%的年度绩效标准外，巴菲特还认为，合伙人将业绩表现与道琼斯工业平均指数（道琼斯指数）的表现进行比较，也有帮助。在最初的5年，结果令人印象深刻。从1957年到1961年，巴菲特投资合伙企业的累计回报率为251%，而同期道琼斯指数为 74%。

一传十，十传百，巴菲特渐渐声名远播，吸引着更多的投资者蜂拥而至。到 1964 年，巴菲特投资合伙企业拥有的资金达到了 720 万美元，已经超过了老师格雷厄姆的公司在巅峰时期的资产管理规模。到 1961 年底，合伙企业的资产中归属巴菲特本人的已达 100 万美元。这一年，巴菲特 31 岁。

巴菲特将导师格雷厄姆的模式应用在自己的合伙企业中，取得了财务上的成功，他年复一年持续地击败道琼斯指数，十年之后，其投资合伙企业的资产增长到了 5300 万美元，其中巴菲特持有的部分达到了 1000 万美元。1968 年，巴菲特投资合伙企业的投资回报率为 59%，当年道琼斯指数上涨 8%，这是合伙企业历年中表现最好的一年。作为一个现实主义者，巴菲特在写给投资合伙人的信中说，这个结果"应该被视为一个意外结果，就像桥牌比赛时，你抽到了 13 张黑桃一样"。[14]

尽管合伙企业取得了非常出色的业绩，但困难和挑战也与日俱增。随着市场的热络，巴菲特在股市上很难再找到物有所值的投资对象，对于过去 12 年来一直与市场赛跑的日子，巴菲特也有些厌倦。于是 1969 年，他宣布结束合伙企业。在写给合伙人的信中，他承认自己与当下的市场氛围格格不入，"有一点我非常清楚，我发现自己理解的投资逻辑，在当前的市场中难以运用。但我不会抛弃它，即便这么做可能意味着放弃巨额的且明显容易获得的利润，我不会接受自己使用没完全理解的、没有验证过的，且可能导致巨大永久性资本损失的方法。"[15]

1957 年，巴菲特设定了一个目标，即每年跑赢道琼斯工业指数 10 个百分点。在 1957 年到 1969 年的 13 年期间，巴菲特投资合伙企业的年化复合回报率为 29.5%，扣除业绩报酬之后，合伙人得到的年化净回报率为 23.8%，同期道琼斯工业指数回报率为 7.4%。最终，巴菲特超过道琼斯工业指数不是 10 个百分点，而是高达 22 个百分点。合伙企业管理的资产从最初的 105 000 美元，达到了 1.04 亿美元，其中 2500 万美元属于巴菲特自己。

在关闭合伙企业时，巴菲特格外小心，以确保所有合伙人清楚地了解接下来的步骤。他详细讲述了三种不同的选择，对于那些希望留在股市的人，巴菲特推荐了自己在哥伦比大学的同学比尔·鲁安，在这样的安排下，有 2000 万美元从巴菲特投资合伙企业出来之后，转移到了 RCS（Ruane, Cunniff & Stires）合伙企业，从而促成了著名的红杉基金的诞生。

合伙人的第二个选择是投资于市政债券。在巴菲特看来，未来 10 年的股票前景与风险相对较小、免税的市政债券大致相同。作为杰出的教育家，巴菲特向每位合伙人发送了一份 100 页的说明，阐述了购买免税债券的机制。[16] 第三个选择是，合伙人可以将自己的资产投资于合伙企业控股的公司，也就是换为伯克希尔－哈撒韦公司的普通股。

巴菲特一如既往的坦诚，他告诉合伙人们，他将把自己在合伙企业里的资产转到伯克希尔－哈撒韦公司中。正如巴菲特投资合伙企业早期忠实拥护者之一道客·安吉尔所言："这是任何人都可以得到的信息，如果他们有头脑的话。"[17]

从投资合伙企业到综合企业集团

在巴菲特投资合伙企业经营的早期，他购买了一家位于新英格兰地区的纺织制造公司的股份，这家公司由伯克希尔棉纺公司和哈撒韦制造公司合并而来。这项投资实际上属于典型的本·格雷厄姆式的投资，当时该公司的股价为 7.50 美元，公司的运营资本达到了每股 10.25 美元，账面净资产为每股 20.20 美元。

巴菲特非常清楚，在与更为廉价的外国进口产品竞争时，美国纺织制造企业面临困境。即便如此，他还是无法抗拒"捡起一根还能吸上一口的雪茄烟蒂"[18]的诱惑。"捡烟蒂"理论是他的老师格雷厄姆提出的，这种理论强调以低廉的价格购买硬资产（hard assets），哪怕这些资产所具备的经济活力已经微乎其微。当时，考虑到伯克希尔公司资产负债表上拥有的现金和证券，以及未来有限的利润前景，巴菲特认为公司情况继续恶化的可能性不大，还是有可能获得合理的盈利的。

到 1965 年，巴菲特投资合伙企业持有伯克希尔－哈撒韦公司 39% 的股本。巴菲特随即陷入了与公司董事会的控制权之争，他试图接管公司，解雇无能的管理层，以更好的资本配置者取而代之。巴菲特最终赢得了这场战斗，但尘埃落定之后，他忽然发现自己已经将合伙企业 25% 的资产放在了一艘正在下沉的船上，而且没有退出战略。他说："我感觉自己像是被绑架了。" [19]

从管理历史上最伟大的投资合伙企业之一，到将自己的净资产放在一家垂死的制造公司，这个过程足以引发一场悲剧，巴菲特到底在想什么？

很明显，巴菲特当时也并没有什么特殊的想法，他没有将一家公司彻底转型的宏伟计划。尽管受教于本·格雷厄姆，尽管老师的教诲言犹在耳，但巴菲特并没有打算将这家公司卖给别人。此时，位于新英格兰地区的伯克希尔就像一个 75 岁的老人，一家暮气沉沉的 19 世纪的纺织品制造商，利润微薄、资本密集、严重依赖人工劳力，谁会接手这样一家公司呢？没人愿意接手，但巴菲特不一样，因为他所遵循的是一个更为强大的原则，这一原则实际上是他投资哲学的核心——长期复利。

巴菲特很小的时候，就受到了有关复利的教育。更为重要的是，当他从各种工作中获得收入，并将其投入自己的小生意时，他有了亲身体验。拥有一个弹球机能带来财富，拥有三个则财富增加得更多。儿时的巴菲特就已经做好了准备，准备好如何使用赚来的钱。

巴菲特儿时做的生意就像一个综合型企业，让他可以将资金从一个生意转到另一个生意，甚至更妙的是，将更多的资金投入最好的生意。20 年后，他构建的伯克希尔－哈撒韦如出一辙，只不过很少有人意识到这一点。

很多人仅仅停留在这样的认知层面：巴菲特在一家不景气的纺织企业上下了重注，但是他们忽略了一个非常重要的大胆的环节，那就是巴菲特拥有的是一家名为伯克希尔－哈撒韦的公司实体，在这个实体之下拥有一家纺织公司。巴菲特认为，他所要做的是将伯克希尔－哈撒韦在纺织制造业务中竭尽全力所获得的每一分钱，都重新分配到那些更优秀的企业里。幸运的是，伯克希尔的纺织业务的确产生了足够的现金，让巴菲特用于收购其他企业。接下来的故事，就是我们后来看到的一个更加光芒四射的故事。不久之后，伯克希尔－哈撒韦完成了华丽蜕变，从一家业务单一的纺织制造商，变成了一家多元化的企业集团。

在 2014 年伯克希尔－哈撒韦的年度报告中，巴菲特向股东们简要介绍了拥有一家公司的好处："如果可以明智地使用企业集团的形式，它将会是一个实现长期资本最大化的理想架构。"他解释说，企业集团的形式可以完美地进行理性资本配置，并且实现成本最小化。此外，拥有不同业务的企业集团本身也处于有利位置，"在将巨额资金从回报有限的地方转移到更有前景的行业时，不会引发税务问题或其他成本"。[20]

你可能已经注意到，巴菲特对伯克希尔－哈撒韦的投资决策已经开始渐渐摆脱老师本·格雷厄姆所教授的范畴。长期资本收益最大化并不是本·格雷厄姆所考虑的，他投资股票的方法是，专注于便宜的、拥有硬资产的、价格下跌风险有限的股票。一旦股票价格恢复到公允价值，格雷厄姆就会迅速卖掉，转而进行下一笔投资。在格雷厄姆的投资计算中，并不考虑持仓股票数年会有怎样的复利表现。事实上，复利这个词，无论是在《证券分析》还是在《聪明的投资者》中从来没有出现过。

巴菲特在经营投资合伙企业最初的几年中，曾经在1963年的信中写过一段"复利之乐"的文字，他讲述了伊莎贝拉女王以30 000美元资助克里斯托弗·哥伦布远航的故事。在这段文字中，他指出，如果这项投资按照4%的复利计算，那么，500年后这笔资金将达到2万亿美元，这是一个令人瞠目结舌的结果。就这样年复一年，巴菲特耐心地教导他的投资合伙人成为复利赢家。他解释说，10万美元的投资按照4%的复利计算，30年后会变成22.4万美元，但如果按照16%计算，会变成848.494万美元。他的建议是：争取活得长久，并让钱以较高的复利增长。

但是，我们不应该忘记在合伙企业的那些年，格雷厄姆的思想对巴菲特的成功至关重要。巴菲特通过完美执行本·格雷厄姆的核心投资原则，增加了合伙企业的资产，这样的成功有助于他积累财富，每年的业绩报酬增加了他的财务安全性，这为他奠定了坚实的财务基础。一旦财务的未来得到了保障，下一个问题就是接下来会发生什么？

一种选择是继续合作，每年继续买卖股票，同时支付佣金和税款，始终在市场价格高企、礁石林立的资本海洋中航行。另一种选择是更换航船，绘制新航线。

现在，伯克希尔－哈撒韦是世界第六大公司。巴菲特在1962 年以 7.50 美元的价格最初购买的伯克希尔 A 股，现在每股价格达到 33.4 万美元[⊖]。这一成绩的惊人之处在于，伯克希尔实现了这一里程碑式的奇迹，并不是因为什么轰动一时的医药或新技术发明，而是因为它再现了一个古老的奇迹——17 世纪的金融复利理念。

⊖ 截至 2024 年 3 月，伯克希尔－哈撒韦 A 股每股价格已突破 60 万美元。

第 2 章

投资哲学的发展

投资是思想的游戏，它与你有多么强壮、你能跑多快多远无关，它与你如何定义这个世界，以及你如何扮演自己的角色高度相关。

与投资有关的另一个词是你的世界观，它是一个复杂的、独特的混合体，包括你天生的气质、你的生活经历、你对这些经历的反应，以及你从教育、阅读和生活中汲取的智慧，所有这些叠加在一起，会形成一个心理拼图，形成你的人生哲学，这是构成你一切的基础。一个人的人生哲学会在其人生的每一个节点上，以无数种方式呈现出来。但在这里，我们只关注一个方面——你的投资哲学，以及它如何影响你的投资决策，反之，你的决策又带来哪些影响。

曾有一个相当不错的关于投资哲学的定义，它是这样描述的，"投资哲学是关于金融市场如何运行的认知，以及如何运用这些认知为投资目标服务的一系列信念和见解"。[1] 就像所有的好定义一样，这个描述简洁明了，非常好。为了弄清楚它的全部含义，我们接下来一步一步，条分缕析，仔细研究它的各个方面。

首先，让我们看看什么是"一系列信念和见解"。它问的是，你的个人信念是什么？你对金融市场的运行有何看法？这些看法从何而来？你所学过的什么知识塑造了你的观点？巴菲特告诉我们，股票市场虽然常常是有效的，但并非时时有效。这就是他对金融市场的看法。

其次，什么是"运用认知"。这是一个更为复杂的问题，因为它涉及两个独立的因素——方法和个人特质。巴菲特在这里也给我们指引了方向，他认为，我们应该管理一个低换手率的集中投资组合，这个组合包括一揽子股票，建立在评估了基本面，以及未来自由现金流贴现折扣的基础上。这就是巴菲特的投资流程，也是他战胜市场的方法。关于个人特质，巴菲特曾谈到他认为一个投资者的"个人气质"非常重要。

所有这些独立的组成部分（包括你对市场的看法、你的投资方法、你作为投资者的气质）汇总在一起就反映出完整的你的投资哲学。当这三者和谐交融时，你就可以称为一个具有金钱心智的人。

人类之所以是幸运的，是因为我们具有学习的能力。如果你认为市场并没有如你所预期的那样为你服务，你可以去尝试理解新的理念，磨砺自己的金钱心智，最终使自己有能力做出改变。我想不出来比巴菲特投资哲学更好的理念了，因为他所具有的是终极金钱心智。

我们不乏可以借鉴的信息，但我相信，大多数时候，我们太过专注于分析巴菲特的投资方法，而对于他深厚的基础哲学理念关注太少，这些基础哲学使巴菲特能够成功地运用其方法。本章的目标就是教你像巴菲特一样，更好地理解投资世界。

我们将深入探讨，看看对巴菲特的投资理念产生重要影响的因素。我认为对巴菲特产生重大影响的人，最早应该始于一位尚未被大众完全了解的人——巴菲特的父亲。一旦我们清楚了巴菲特的父亲对他的影响有多大，我们就能更好地理解巴菲特投资哲学的根源，这一哲学不仅指导了他的个人生活，也指导了他在投资领域的行为。

父亲：霍华德·霍曼·巴菲特

谈到自己的成功，巴菲特一直都毫不犹豫地提醒大家，他的成功很大程度上归因于出生在正确的时间、正确的地点，他称之为"中了卵巢彩票"。他说："我实在算得上是这个世界上极其幸运的人，我是1930年出生的，我出生在美国的概率只有2%。从出生的那一天起，我就中了大奖，我出生在美国而不是其他国家，否则我面临的机遇将截然不同。"[2] 我补充一点，实际上巴菲特不但"中了卵巢彩票"，还中了更难得的强力球彩票⊖，因为他出生在内布拉斯加州的奥马哈，出生在巴菲特家族。

关于巴菲特家族，我们可以追溯到1696年[3]，当年有个叫约翰·巴菲特（John Buffett）的人与汉娜·提图斯在纽约长岛的北岸结婚。时间快速推进到1867年，西德尼·霍曼·巴菲

⊖ Power ball，美国最受欢迎的博彩彩票之一，中奖概率为1/1.75亿。——译者注

特（Sidney Homan Buffett）响应了政府当时的西进号召，离开纽约，驾着马车前往西部谋生。到达奥马哈之后，他决定留在当地。1869 年，他开了一个杂货店，名为 S.H. 巴菲特杂货店，由此开启了巴菲特家族在奥马哈的商业王朝，延绵不绝，直到今天。

那是一个充满机遇的时代，奥马哈市镇上熙熙攘攘，热闹非凡。大约不到 15 年，来自附近艾奥瓦州康瑟尔布拉夫斯的土地投机商跨过密苏里河，在孤树渡口这个地方圈下了大片土地，这是 1804 年刘易斯和克拉克探险队曾经过的地方，也是今天人们公认的早期奥马哈的雏形。在与当地印第安人签订了26 项独立条约之后，这块土地成了今天内布拉斯加州的中东部地区。1862 年，当时的美国总统亚伯拉罕·林肯指定奥马哈为跨越北美大陆的联合太平洋铁路（Union Pacific Railroad）东端的终点站。很快，这座城市就成了美国向西部持续扩张的新经济中心。

大多数美国人都知道这一历史阶段的大致轮廓，但为了本章的目标，还是应该思考一下这些先驱者的生活状况。他们离开家乡，去了未知的地方，没有工资或就业保障。一路走来，他们忍受着酷热、暴雨、泥沼，有人在熊、狼群、毒蛇的袭击中失去爱人，无数拓荒者死于疾病，所有人都必须时刻警惕着来自印第安人的袭击。

他们为什么要这么做？是什么驱使他们不断向西挺进？原

因有很多，其中包括追求自身商业机会的自由，想要为家庭提供有保障的经济未来。[4]

根据美国国家经济研究局（National Bureau of Economic Research）的数据，从 1854 年到 1913 年，美国经历了 15 次经济衰退，大约每隔 4 年一次，其中有很多次情况非常严重，包括自 1873 年一直持续到 1879 年的那次。对于这些经济衰退，从来不乏解释和指责，有的归咎于极端天气，有的归咎于未来的不确定性，有的归咎于现代社会的创新，有的指责新的工业设备取代了工人造成高失业率，有的甚至归咎于货币政策导致大规模生产过剩，银行倒闭，还有企业巨头的不道德行为。[5] 所有这些指责最终都归结为一个指向，那就是政治体制——华盛顿特区以及相关联的纽约，人们多认为政府多年以来对美国经济管理不善。西进的先驱者希望有一个新的开始，摆脱令他们绝望的束缚，他们想远离政府的糟糕决策。

到了 1900 年，奥马哈到处是高楼和有轨电车，城镇人口增加到了 14 万，西德尼·巴菲特的杂货店也随之扩大了规模。不久，他的两个儿子也加入了他的生意。后来，他最小的儿子欧内斯特离开父亲在市中心的店铺，在郊区新开了一家杂货店，他有些夸大地将其称作"欧内斯特·巴菲特大师级杂货店"。欧内斯特有四个儿子，其中一个名叫霍华德，就是我们今天熟知的沃伦·巴菲特的父亲。

但霍华德·巴菲特对杂货店兴趣不大，他的梦想是成为一名记者。在进入内布拉斯加大学后，他成了校报《内布拉斯加日报》的编辑。然而，大四时的一次偶遇改变了他的未来，他遇见了后来成为他妻子的莱拉·斯塔尔。为了赢得莱拉的芳心以及她父亲的认可，霍华德放弃了新闻专业的方向，转而从事更可靠的保险销售工作。再后来，他将这一销售经验运用到了一个新工作中，这个新工作就是证券销售，并由此成立了一家证券经纪公司——巴菲特·斯凯林卡公司。

霍华德·巴菲特为了能让家人过上好日子努力工作，在商业上取得了很大成功，但他并没有被赚更多钱的想法所驱使。他在奥马哈学校董事会任职，周末给成人上课。他既不饮酒，也不抽烟，是一个大家公认的正直、坦率的人。当客户的投资结果不佳时，他往往会感到非常难过，有时他会用自己的账户回购这些投资。他提醒他的所有孩子，包括沃伦·巴菲特和他的两个姐妹多丽丝、波蒂，他们对社区负有责任。他说："你们并不需要承担所有的责任，但也不许推卸自己应该担负的那部分责任。"[6]

1942 年，霍华德·巴菲特成为共和党在内布拉斯加州第二国会选区的候选人，他在报纸上刊登竞选广告，其中有他的妻子和孩子的照片，他承诺："如果你厌倦了自私的政客们搅乱我们的政府……那就让我们一起努力吧！"[7] 霍华德在竞选中原本处于劣势，但他很受欢迎，最终他赢得了 1942 年大选，并于 1944 年、1946 年和 1950 年再次当选。

今天，霍华德·巴菲特在政治上被认为是共和党"老右翼"（Old Right）的成员。"老右翼"是美国保守主义一个分支的非正式名称，其中包括共和党和民主党，他们联合反对海外军事干预，反对废除金本位作为纸币的后盾，尤其是反对罗斯福总统新政的联盟。霍华德·巴菲特坚信，政府的政策，尤其是罗斯福政府的政策，束缚了人类的创造力，正在导致国家走向毁灭。霍华德也是美国经济学家默里·罗斯巴德（Murray Rothbard）的密友。

罗杰·洛温斯坦（Roger Lowenstein）在《巴菲特传：一个美国资本家的成长》一书中写道："巴菲特标志性的独立思考，与从父亲那里学到的爱默生式的独立概念有关。"[8]

爱默生是个人主义的拥护者，也是社会对抗个人思想力量的批评家。他的著作《自立》（Self-Reliance）于 1841 年首次发表，这本书被认为是他最为著名的文集。他在书中提出了三大主题，首先是孤独和社群。爱默生警告我们，社群是自我成长的娱乐场所，他认为应该花更多的时间安静思考。其次是破除陈规。他写道："无论是谁，要成为一个人，必须不墨守成规。"他认为，无论别人怎么想，人都必须做正确的事。最后，一个人内在的信念尤其重要。爱默生告诉我们，真理就在你的内心，而依赖制度性思维会阻碍个人的心理成长。

读过《自立》这本书的人，很容易发现爱默生的哲学与巴菲特的投资行为之间的联系。我们是否可以将巴菲特描述为一个不墨守成规的人？将巴菲特广为人知的投资方法，与当今资产管理行业大行其道、居于主导地位的现代投资组合理论相比较，你应该就会有答案。爱默生所写的给了我们另外的启发，他写道："我所做的是我所关心的事，而不是别人所关心的。"巴菲特一直很疑惑，为什么人们总是拼命寻找关于股市的热门话题。这并不是说巴菲特不关心投资和市场，而是他觉得没有必要到处打听别人对于股市的看法。巴菲特说："我不想知道其他人怎么想，我只想知道事实，越多越好。我的意思是，说到底，我不会将自己的钱的命运交给别人。"[9]

爱默生谨慎地警告我们，在孤独中工作是一种挑战。他说："这很难，因为你总是会发现有一些人，他们认为自己比你更了解你的职责。在这个世界上，按照世界的意愿生活很容易；在孤独中，按照自己的意愿生活很容易；但伟大的人会在人群之中，以完美的方式保持孤独的独立。"

投资者面临的一个困难的挑战是，在令你注意力分散的纷繁环境中，如何保持一定的独立思考。对于那些具有金钱心智的人而言，他们十分清楚，保护和保持独处思维的"甜蜜的独立"（sweet independence）是多么重要。

然而，这种独立是有代价的。根据定义，独立的人往往是不走寻常路的人，是不墨守成规的人，正如爱默生提醒我们的那样，"无论在哪里，整个社会似乎都有共同的默契，约束其每一个成员"，尤其是那些特立独行的人。

大家要明白，独立思考、自我实现恰恰是具有金钱心智者的强有力的特质，它具有独立和反思双重要求。但是，这还不是全部，金钱心智还需要内在的精神力量，以克服来自外部的对思想和行动独立者的蔑视。爱默生写道："对于不合群的行为，外界会用它的不满来鞭打你。因此，一个人必须知道如何应对外界对你的不满。"此时，金钱心智会得到加强，这令人想起爱默生最著名的一句话："令人讨厌的小人物身上有着愚蠢的一致性，想要伟大就可能被误解。"

在执行股票买卖的指令之前，投资者应该独立做出最终决策。毫无疑问，成功的投资就是需要独立思考，这是金钱心智的核心。那些具备独立思考能力的人会做得很好，那些不这样做的人会深受其苦。对此，爱默生表示同情，他曾说："我们必须独立，独立必须先于真正的社会。"这是不是让你联想起一个场景——伯克希尔－哈撒韦的总部位于奥马哈，那里距离纽约有 1 200 英里之遥，那是一个安静的所在，远离华尔街的喧嚣与夸张，远离夸夸其谈的布道。

爱默生进一步说："我们的独立不是物质上的，而是精神上的，也就是说，我们必须从物质的层面上升到精神层面。当整个世界似乎都在暗中图谋，用琐事一次又一次侵扰你、纠缠你，当所有人都来敲你的门，并且说：'到我们这里来吧。'绝对不要动心，不要加入到他们的喧闹中。始终保有一颗自助自主的心，不受外界影响和左右，活在自己的意志里。"这就是爱默生透过霍华德传给巴菲特的思维。

* * *

巴菲特和父亲之间的亲密关系是众所周知的。在巴菲特的童年时代，父子二人经常形影不离。霍华德称他的这个小男孩为"火球"，而少年巴菲特什么都不想，只想成为父亲那样的人。很多年后，巴菲特说如果他的父亲是一个鞋子推销员，"我现在可能也是一个卖鞋的"。[10]

巴菲特经常说，父亲是自己一生中最重要的老师，是他引导了自己对书籍的热爱。我们都知道，巴菲特每天花时间最多的事情，就是独自安静地阅读和学习。我相信爱默生也会认同这一做法。

想象一下，在奥马哈成长起来的巴菲特，有一位令人崇拜的父亲，这是一个怎样的场景。他日复一日地聆听着父亲从自由意志论的角度出发，讨论当前的时事。晚上，餐桌上的话题常常涉及政治，而推演的逻辑经常是"这会增加或减少人们的自由"。[11]

毫无疑问，巴菲特从父亲那里继承了他的爱国主义精神，也学会了诚实、正直，以及将道德行为放在首位的思想。巴菲特说过："父亲曾经告诉我，建立一个好名声需要花 20 年，而失去它只需要 20 分钟。这是我从他那里得到的最好的建议。如果你能记住这句话，就会做一些与众不同的事情。"[12]

巴菲特的父亲、国会议员霍华德·巴菲特于 1964 年 4 月 30 日去世，他留下的遗嘱记录显示，遗产价值为 56.3292 万美元，其中 33.5 万美元投资在巴菲特投资合伙企业中。他为妻子莱拉和两个女儿多丽丝和波蒂建立了一个信托基金，巴菲特被任命为信托管理人，除了一些具有情感价值的个人物品外，他没有遗赠给巴菲特什么特别的东西。霍华德解释了这么做的原因："我没有留给我儿子沃伦更多的东西，并不是因为我不够爱他，而是因为他自己已经有了足够的财产，是他建议我这样安排的。"[13]

尽管获得的有形遗产的价值非常有限，但毫无疑问，巴菲特从父亲那里得到的无形资产的价值要高得多。爱默生有一句名言："除了原理的胜利，什么也不能给你带来平静。"这就是一个父亲给儿子的终极礼物。

曾经有人问巴菲特，如果他可以选择回到过去，和历史上的任何人交流，他会选择谁？巴菲特没有丝毫犹豫地回答说："我的父亲。"[14]

导师：本·格雷厄姆

本·格雷厄姆于 1894 年出生于伦敦的一个犹太商人家庭，

他们家做的生意是从奥地利和德国进口瓷器和小古董。1895 年，格雷厄姆的父亲举家迁往纽约，在美国开了一家分公司。不久之后，格雷厄姆的父亲不幸离世，时年 35 岁，留下他的母亲独自抚养他和他的两个兄弟。

　　尽管经济拮据，格雷厄姆的母亲还是把家人尽可能地团聚在一起。本·格雷厄姆就读于纽约布鲁克林著名的男校高中，然后进入哥伦比亚大学学习。后来，长大成人的格雷厄姆成了一个杰出的学者，长于教授数学和哲学，同时对希腊语和拉丁语颇有研究。他的老朋友欧文·卡恩（Irving Kahn）说，格雷厄姆"能在听到一个复杂问题后，直接解答这个问题。他的思维速度如此之快，以至于大多数人都困惑他是如何做到的"。卡恩还表示，"他的记忆广度和深度也极其不一般"。格雷厄姆能阅读希腊语、拉丁语、德语和西班牙语，但他从来没有正式学习过这些语言，他曾经将"一部西班牙小说翻译成英语，他的翻译如此专业，极富文采，以至于被一家美国出版商安排出版"。[15]

　　格雷厄姆以全班第二名的成绩毕业于哥伦比亚大学，一毕业就立即得到了哥伦比亚大学提供的哲学、数学和英语系的教学职位。但格雷厄姆担心学术界的起薪低，于是向院长弗雷德里克·凯佩尔（Frederick Keppel）寻求建议。凯佩尔院长当然非常了解他，因此将他推荐到了华尔街。于是，1914 年，格雷厄姆加入了纽堡·亨德森·勒布公司（Newburger, Henderson &

Loeb）做债券部的助理，每周的薪水是 12 美元。

本·格雷厄姆是历史上最伟大的投资思想家之一。1934年，随着《证券分析》（与大卫·多德合著）的出版，他成了无可争议的证券分析之父。15 年之后，格雷厄姆写下了投资经典《聪明的投资者》，巴菲特在 1950 年看到了这本具有开创性的著作，后来他将其描述为"迄今为止，这是所有关于投资的书中最好的书"。著名金融记者杰森·茨威格（Jason Zweig）参与过该书的修订版工作，按照他的说法，《聪明的投资者》"是第一本以个人投资者为对象的书，它描述了财务成功中的情感框架以及分析工具，这些因素至关重要"。[16] 我们会在本书的第 3 章进一步探索格雷厄姆用于识别价值的分析工具。但在这里，我们会继续关注格雷厄姆的哲学架构，以及它如何促进投资者的"气质"和金钱心智的形成。

你可能还记得作家罗杰·洛温斯坦在自己的书中，第一次将巴菲特的父亲霍华德秉承的爱默生哲学与沃伦的投资方式联系在一起。实际上，他还向我们展示了爱默生的哲学在格雷厄姆身上的显现。在《聪明的投资者》一书的结尾，格雷厄姆告诉我们，"要有勇气利用你的知识和经验。如果你已经从事实中得出了结论，如果你知道你的判断是正确的，那就应该采取行动，即使其他人可能会犹豫或持有不同看法。你既不会因为别人赞同而正确，也不会因为别人反对而错误。如果你是正确的，那是因为你的数据和你的推理是正确的"。[17] 这是典型的爱默生思想。

难怪，当巴菲特被问到在格雷厄姆的教学中，有哪些特别之处最有利于成功的投资时，他回答说："格雷厄姆既不会受他人想法的干扰，也不会在意某一天外界会怎样之类的事情。"[18]

沃伦·巴菲特和本·格雷厄姆之间的亲密关系是众所周知的，但通常人们都是从商业的角度来考虑他们之间的关系，特别是他们的投资方法如何吻合。现在，如果我们从潜在的哲学角度来看，仔细观察他们共同秉承的信念和价值观，我们会看到一个明显的关联。爱默生的思想影响了霍华德·巴菲特，再传导到沃伦·巴菲特的同时，爱默生也影响了格雷厄姆。

巴菲特的哲学基础已经由他的父亲建立了起来，现在他有了一种自然的联系，可以把他从父亲那里学到的东西和格雷厄姆的学说结合起来。洛温斯坦解释说："本·格雷厄姆打开了一扇门，并以某种形式与巴菲特进行个人对话。他给巴菲特提供了探索市场多种可能性的工具，也提供了一种适合其学生性格的方法。"因此，洛温斯坦写道："有了格雷厄姆的技术……以格雷厄姆的特质为榜样，巴菲特能够展现他标志性的独立思考。"[19] 但巴菲特和格雷厄姆的关系远不止于此，尽管巴菲特欣然接受了格雷厄姆的投资方法，但他"把格雷厄姆理想化了——就像一个英雄，就像他的父亲一样"。事实上，巴菲特曾经说过："本·格雷厄姆远不只是一名作家或老师。除了我父亲，他比任何人对我的影响都要大。"[20]

＊　＊　＊

今天，当巴菲特谈到格雷厄姆和投资时，他会向我们着重强调《聪明的投资者》中的两章，"特别注意这两章中的宝贵建议，第 8 章'投资者与市场波动'和第 20 章'作为投资核心概念的安全边际'"。这两章都包含了哲学上的智慧之珠，沃伦提醒我们，"要想获得一生的投资成功，并不需要过人的智商，需要的是一个健全的决策知识框架，以及防止情绪腐蚀该框架的能力"。[21] 一种结合了适当哲学架构的投资方法是投资成功的必备法宝。

正如我们所看到的，他们的哲学建立在爱默生思想和理想的基础上，这是霍华德·巴菲特和本·格雷厄姆共通的基础。但是，我们在讨论格雷厄姆看待世界的方式时，不应该忽略从他那里看到的另一个重要的哲学见解，这可能会让人感到惊讶。本·格雷厄姆的名声集中在他对金融和投资的贡献上，很少有人关注他在其他方面的热爱，那就是他对古典时代希腊和罗马作品的研究。

古典时代通常是指从荷马时代到罗马帝国的衰落，也就是说，从公元前 8 世纪到公元 6 世纪。古典时代见证了文明发展的惊人深度和广度，奠定了大多数历史学家今天公认的西方文明的基础。古希腊和古罗马的伟大思想明确阐述了很多我们今天依然赖以生存的概念，这涉及了很多方面，包括艺术、建筑、文学、哲学、科学、数学、法律，甚至战争等。

如今，我们的社会依然以多种多样的方式运行，所有的方式都建立古典时代的作家在许多个世纪前所表达的思想和原则的坚实基础之上。由于他们对人类经验普遍的、本质的见解，那些古老的作品现在仍至关重要，并被认为是全面教育的基石。如今，具有思想深度的人依然在不断重读这些古代先贤的著作，其思想之清晰，语言之优美，讲述的无论是人们在度过艰难时期，还是在追求生活意义，都可以从中找到灵感。

本·格雷厄姆当然也会有这种感觉，他阅读了所有主要的古典文学作品，其中很多是原文，从中寻找英雄和榜样。据我们所知，他特别钦佩罗马皇帝马可·奥勒留（Marcus Aurelius）。

这位皇帝自公元 161 年开始统治帝国，直到 180 年去世，是罗马帝国的最后一任皇帝，在此期间，罗马人生活在和平、稳定和繁荣的时代。他被认为是五佳皇帝之一，也是唯一一位具有哲学家身份的皇帝。马可·奥勒留最著名的著作是《沉思录》（Meditations），如今被广泛认为是伟大的哲学著作之一。

在很小的时候，马可就被他的老师灌输了斯多亚主义的哲学，并从中找到了指导他生活的基本原则。作为一个天生的学者，他很早就开始写作，记录如何最好地将这些原则应用于日常挑战。他一生都在坚持这样做，不断提醒自己斯多亚主义者应该如何生活。他的文字，只是为了写给自己，不是为了出版，不是为了面向更多的人，那些文字就是《沉思录》这本书的原始文本。

本·格雷厄姆对经典著作十分热爱，他对《沉思录》尤其情有独钟，并将其中的许多思想融入他自己的个人哲学中，特别是对斯多亚主义的拥抱，正如我们将看到的那样。

斯多亚主义最初的戒律，是在公元前 3 世纪由希腊哲学家芝诺首次提出的。现在，很多对于这些戒律的描述是错误的。今天，当我们描述一个人"清心寡欲"时，可能是说他对任何痛苦或坏消息的反馈方式是根本不回应，他默默忍受着不幸的打击，有时看起来就像木头人，因为他明显缺乏情感。其实这与最初的原则大不相同，最初的原则强调认识到生活中那些我们无法控制的事件的重要性，不要让这些事件引发的不良情绪影响良好的判断。

在古典时代，那些斯多亚学派的人开始明白，被负面情绪困扰的生活永远不会幸福。因此，良性的目标是开发出一些技巧来防止负面情绪出现，而不是强制一个人达到一个稳定、有利的心理状态，这被称为"理性"。[22] 斯多亚学派将理性的境界描述为处于一种坚实的平静状态，没有痛苦，没有担忧，并且可以忽略掉那些生活中我们无法控制的方面。

　　我们可以说本·格雷厄姆是斯多亚学派的人吗？珍妮特·洛在她的《格雷厄姆经典投资策略》一书中指出，他"把斯多亚学派包含在了自己的个人哲学中"[23]。虽然他本人从未使用过这个词，但很明显，斯多亚学派的基本原则符合他天生的气质，并深刻地影响了他的个人生活和职业生涯。

　　那么，斯多亚学派的本·格雷厄姆是如何看待投资的呢？没有比市场先生更好的寓言可以用来说明这一点了。[24]格雷厄姆让我们做一个设想，我们拥有一家私人企业和一个所谓的合伙人，他叫市场先生。市场先生是你的合作伙伴，你们共同拥有这家企业，他是个非常热心的人，每天都会跑来，要么想买下你在公司的持股，要么打算以同样的价格把他的持股卖给你。市场先生有严重的情绪问题，在某些日子里，他会非常兴奋，会报给你一个非常高的价格；而在其他日子里，他会非常沮丧，只看得到未来的麻烦，并会报一个非常低的价格。

　　当然，这位市场先生指的就是股市，市场先生疯狂躁郁的行为导致很多投资者会做出错误的决定。由于无法区分价格和价值，股民以贪婪和嫉妒的眼光看待价格上涨，用恐惧和焦虑的情绪对待价格下跌，而这些正是斯多亚学派试图避免的情绪。

　　格雷厄姆经常提醒我们，投资者最大的敌人是自己。当投资者无法从市场的情绪过山车中摆脱出来时，他们就不可避免地会屈服于市场的负面力量，这最终会令他们的投资组合受到惩罚。巴菲特用他自己的比喻，继续讲述他的老师关于市场先生的寓言，他写道："就像舞会上的灰姑娘一样，你必须听从那个警告，否则时间一到，一切都会变成南瓜。对于市场先生，你会发现有用的是他的钱包，而不是他的智慧。如果有一天他带着一种特别愚蠢的情绪出现，你可以自主选择忽视他或利用他，但如果你受到他的影响，那结果将是灾难性的。"斯多亚学派会告诉投资者如何应对市场先生，但正是巴菲特接下来说的这段话，让我们更好地了解了投资哲学发展过程中的联系。

"如果你不确定自己是否比市场先生更了解你的业务，那么你就不属于这个游戏。就像人们在玩扑克时所说的，如果你在游戏中已经玩了30分钟，还不知道傻瓜是谁，那么你就是那个傻瓜。"[25]这句话非常重要，每个投资者都需要认真理解。如果你已经确定了自己持股的一家公司的价值，那么在很大程度上，你会对股票市场的价格没有多大兴趣，因为股价不是你投资进展的主要衡量指标。你所投资对象的经济回报决定了你的财务状况，而股市的狂躁状态反而成为一个次要指标，对你决定增加持股或出售股票可能有利，也可能不利。一旦你的投资思维达到了这个水平，你很容易保持斯多亚派的漠不关心，会对股市固有的价格波动处变不惊。

事实上，我们的确可以清楚地看到巴菲特在投资方面的斯多亚派风格。他认为股市中所发生的事情非常矛盾，至少从短期走势来看是这样的。他写道："在我看来，投资的成功不会来自神秘的公式、计算机程序或股票价格变动所产生的闪烁信号。相反，能够将良好的商业判断与市场情绪隔离开来，保持思想和行动的独立性，才能使投资者获得成功。在我努力保持隔离的过程中，我发现牢记格雷厄姆讲的市场先生的故事是非常有用的。"[26]

查理·芒格

查理·芒格与巴菲特相处的时间，远比巴菲特和他父亲或老师相处的时间要长得多。他们于 1959 年相识，并立即成了好友。1962 年，芒格创立了自己的投资合伙企业惠勒·芒格公司（Wheeler, Munger& Co），他们成了投资上的铁哥们。1978年，芒格成为伯克希尔-哈撒韦公司的副董事长，他们之间的商业伙伴关系一直持续到今天。两人的友谊持续了超过 60 年，两人对投资的热情持续了 58 年，他们完美的"飞行员和副驾驶"的关系持续了 42 年，他们一起使伯克希尔成为世界上最大、最受尊敬的公司之一。总之，巴菲特和芒格超过一半的生命是在彼此的陪伴下度过的。

人们常说"这个世界真小"，芒格可以为这句话做个注脚。

查理·芒格于 1924 年 1 月 1 日出生在内布拉斯加州的奥马哈。他从小长大的地方，距离巴菲特现在住的地方仅有 200 码[⊖]远。他甚至在巴菲特的爷爷欧内斯特的杂货店工作过，但他和巴菲特小时候从未见过面。芒格后来离开奥马哈，进入密歇根大学和加州理工学院学习，但第二次世界大战（简称"二战"）中断了他的学业。他曾在美国空军担任气象员，二战结束后，尽管没有本科学位，芒格还是被哈佛大学法学院录取，并于 1948 年毕业。

1959 年，芒格的父亲过世，他赶回家料理后事。在朋友的介绍下，巴菲特和芒格终于在奥马哈相见。巴菲特当时已经处在创立自己投资合伙企业的初期，他向芒格建议，致富之路不是法律，而是投资。

据说，巴菲特最初被芒格吸引，很大程度上是因为芒格让他想起了自己的老师——本·格雷厄姆。这两个人都有一种对独立思想的信念，他们都以具有鲜明的个性，那就是"正直，以及致力于客观和现实主义"而闻名。[27] 两人都是狂热的阅读者，对历史、文学和科学有着浓厚的兴趣。正如我们所看到的，格雷厄姆的偏好更倾向于古典时代文学作品，而芒格则更偏好成百上千的传记。格雷厄姆和芒格还都是本杰明·富兰克林的崇拜者，他们都认同富兰克林关于终身学习的信条。

⊖ 1 码 = 0.9144 米。

芒格广学博识，他的知识范围之广令人震惊，似乎很少有他不知道的事情。和格雷厄姆一样，他也具有快速得出结论的能力。巴菲特说："芒格拥有世界上最棒的 30 秒思维能力。他可以一瞬间洞悉全局，在你说完一句话之前，他就已经看透了本质。"[28] 鉴于芒格所取得的成就，他完全值得有专人为其著书立传。谢天谢地，我们有几本关于芒格的书:《穷查理宝典》《查理·芒格的智慧》，以及其他优秀的描述了芒格宏大思想体系的书。[29]

探究芒格深邃的思想，要从三个方面入手，分别是:发展通识智慧;从失败中学习;拥抱理性。

1994 年 4 月，在南加州大学马歇尔商学院，查理·芒格在吉尔福德·巴布科克博士的学生投资研讨会上做了一场精彩演讲。这场演讲中，芒格思如泉涌，展现了令人惊叹的知识广度。开始之前，学生们已经准备好了，打算听听芒格对股市的观点，也许还想学会一些投资技巧。但是，芒格说要做个小变动，他不直接谈论投资，而是说"选股艺术是通识智慧艺术的一个小分支"。在接下来的一个半小时里，他要求学生们不要把市场、金融和经济学看作一个个割裂开来的话题，而是应该将其视为一个广泛的研究大集合，涵盖物理学、生物学、社会学、数学、哲学和心理学。

这就是芒格的风格。

1749 年，印刷工本杰明·富兰克林用笔名 B.富兰克出了一本小册子，名为《关于宾夕法尼亚青年教育的建议》。在这本小册子中，他阐述了自己关于高等教育根本目的的看法，并建议在这些理念的基础上建立一所学院。这在当时实在是惊世骇俗，因为当时高等教育机构建立的目的是培养牧师。富兰克林心中的愿景远远超出了这个范围，他认为，教育年轻人成为商业和政治方面的领导人物至关重要，要做到这一点，他们应该接触多种学科。他还坚定地认为，这样的教育应该不分阶层提供给所有学生。为了使自己的愿景成为现实，他仔细地规划，获得了费城一批领导人物的支持。于是，1751年，宾夕法尼亚慈善学院正式开学了，它就是今天的宾夕法尼亚大学。

对于富兰克林开创性的想法，实际上无论我们怎么夸赞都不过分。宾夕法尼亚大学文理学院前院长理查德·比曼（Richard Beeman）博士称本杰明·富兰克林是文科教育的创始人。富兰克林认为，在学生们掌握了阅读、写作、算术、体育和公共演讲的基本技能之后，他们应该将注意力转移，去发现存在于广泛的知识体系之间的所有联系。根据这些描述，比曼博士认为富兰克林是在培养某些思维习惯。

从本杰明·富兰克林的思维习惯到查理·芒格专注于获得通识智慧，我们可以看到一脉相承的脉络。根据芒格的说法，我们不需要成为每个学科的专家，我们所需要的只是对各个学科的主要模型有基本的理解。这样，在投资时我们就可以享受芒格所说的通识智慧"叠加效益"了。

但是，所谓的通识智慧在投资中到底会如何呈现呢？[30]

如果我们研究物理学，肯定绕不开艾萨克·牛顿。在其名著《数学原理》中，牛顿概述了三个运动定律，其中第三运动定律为：每一个力都存在一个大小相等，方向相反的反作用力。这直接与既定的经济学原理有关，主要是供求原理。当供给与需求处于平衡状态时，我们就说经济处于平衡状态。但是，如果这种平衡被生产或消费中的意外打破，那么经济将以相等的力量做出反应，从而恢复平衡。失衡状态不会长久存在，研究牛顿可以帮助我们掌握这个颠扑不破的真理。

然而，许多人并没有从物理学的角度来观察经济和股市，也许他们更喜欢生物学。在这种情况下，我建议阅读查尔斯·达尔文的书，他在书中告诉我们，生命系统的学习、进化、适应过程，以及突变。毫无疑问，市场也是鲜活的系统，这使得市场与原子物理系统完全不同。原子物理系统是高度可预测的，可以近乎精确地重复相同的动作成千上万次，物理系统通常处于完美的均衡状态。相比之下，生物系统表现出非均衡的特征，一些微小的变动有时会引发很大的反应，而一些较大的变动可能仅仅产生微小的反应。在物理学中，可预见的负反馈推动系统恢复到均衡状态，但在生物学中，我们观察到的正反馈循环可以将系统推向新的和不可预见的方向——就像股票市场那样。

研究社会学给了我们另一个模式：最理想和最有效的社会，主体是最多样性的。但一旦多样性系统出现崩溃，所有成员都只有一种心智时，系统就会变得不稳定，就会导致繁荣和萧条，就像股市一样。

从数学中，我们学习了由布莱斯·帕斯卡和皮埃尔·德·费马构建的概率论。我们进一步会注意到18世纪的长老会牧师托马斯·贝叶斯，他的定理给了我们一个数学公式，在信息和条件有限的情况下，基于过去的数据，通过动态调整的方法，帮助我们一步步预测出相关的概率。总之，帕斯卡、费马和贝叶斯给了我们一个框架，可以正确估计公司未来的自由现金流，这使我们确定投资的内在价值成为可能。

在哲学中，我们毫无疑问会同时研究古代斯多亚学派和现代哲学家，如勒内·笛卡尔、弗朗西斯·培根、大卫·休谟和伊曼努尔·康德（我们将在本章的后面再次提到他们）。我们会阅读奥地利哲学家路德维希·维特根斯坦，他的研究领域包括逻辑、数学和语言哲学。从维特根斯坦那里，我们了解到，当我们谈论"意义"时，指的是我们在语言使用中达成语言理解时所给出的解释。如果不能给出解释，往往是因为我们未能正确地描述事实。

如果没有阅读过威廉·詹姆斯，那么我们的哲学研究是不完整的，接下来我们将了解一下詹姆斯。他被认为是美国独特的实用主义哲学的创始人之一，我们将在本章后面对其进行详细的分析。而且，正如我们将在下一章中看到的，正是因为这位实用主义者，才使巴菲特在投资上从格雷厄姆式的以资产为中心的估值，转向芒格提倡的对优秀企业未来自由现金流进行估算。

如果没有对心理学的深入研究，那么投资中的通识智慧就是不完整的。由此我们将进入对于失败的研究，从失败中学习。在芒格看来，研究什么是有效的很重要，研究什么是无效的是绝对必要。要找到失败的根源就要从心理学开始，因为几乎无一例外，我们的失败、错误，都源于心理误区中的思维错误。

迪特里希·德尔纳（Dietrich Dörner）是出生于德国的哲学家，在他备受推崇的著作中，描述了困扰现代社会的破坏性思维模式，这本著作名为《失败的逻辑：事情因何出错，世间有无妙策》(*The Logic of Failure: Recognizing and Avoiding Error in Complex Situations*)。他向我们展示，在现代世界里，我们被要求做计划、谨慎行动，并且在缺乏对整个系统完整和正确的理解的情况下，去解决复杂、模糊和动态的系统问题。这听起来令人生畏，并且几乎注定会失败。然而，德尔纳认为，失败本身并不是不可避免的，它实际上是坏习惯的结果，他指的是不良的心理习惯。他认为，相对于一个巨大的错误，人类更有可能在那些逐渐累积起来的细小错误上栽跟头。一个不起眼的小错误、一个不起眼的错误决定，它们每一个看起来都微不足道，直到有一天它们加起来突然达到了临界点。他写道："失败不会像蓝色的闪电一般瞬间发生，它是按照自己的逻辑逐渐发展积累起来的。"[31] 又或者，正如芒格曾经说过的那样，失败本身来自它的非逻辑。

芒格说自己"一直对标准的思维错误很感兴趣"。甚至，当他还是一个年轻大学生的时候，他就想了解决策心理学，但从他所在大学的正式课程中他几乎没有找到相应的信息。所以，在 1948 年获得哈佛大学法律学位之后不久，芒格就开始了他所说的"一场长期的斗争，以摆脱我某些概念中的那些最有障碍的部分"。[32]

请注意，这发生在 1948 年，这是一个重要的线索，它让我们意识到，芒格想要学习决策心理学的这个时期，几乎没有任何关于心理学和投资之间联系的出版物。今天被广泛称为行为金融学的东西，在 20 世纪 50～70 年代并不是一个研究领域。相关领域的第一部严肃著作直到 1982 年才面世，书名为《不确定状况下的判断：启发式和偏差》，这本书的作者是丹尼尔·卡尼曼和阿莫斯·特沃斯基。即便是这本书，也被淹没在学术界的万千书海之中，在当时并未引起太多注意。第二年，罗伯特·西奥迪尼的《影响力》面世，这本书成了芒格最喜欢的书之一。现在，40 年过去了，我们仍然在努力推进思维错误方面的研究，而芒格已经在大约 70 年前就踏上了这样的旅程。简而言之，早在其他人认识到这个问题之前，芒格就已经制定了如何避免认知失败的路线图。

芒格通过建立自己的优化决策路线图，控制了自己"消除心理无知的斗争"，这一点毫不奇怪。1994 年在南加州大学马歇尔商学院的演讲之后不久，芒格在剑桥行为研究中心连续做了两次演讲，一次是在 1994 年的秋天，另一次是在 1995 年的春天。在"人类误判心理学"的演讲主题下，芒格列出了一份清单，他称之为"经常误导人的心理倾向，以及应对之策"。[33] 其中，芒格概述了 25 种人类心理倾向，从"奖励与惩罚 / 超级反应倾向"到"数种心理倾向共同作用产生极端后果的倾向"。对于其中每一种心理倾向，他都提供了思维错误的详细描述，以及避免犯错的应对之策。以上内容都可以在《穷查理宝典》中找到。

举一个例子，上述 25 种心理倾向中的第 15 种叫作"社会认同倾向"。它描述了一种非常普遍、常见的倾向，即采纳我们周围的人的思考和行为方式，而不考虑其内涵。从本质上讲，这与自信有关。芒格警告说，当一个人"不由自主地跟随他观察到的周围的人思考和做事"时，他的行为就变得过于简单化了。因此，由于他人的行为，我们有可能会卷入被误导的行动，或者，当我们确实需要采取行动时，我们有时反而会无动于衷。对于这种情况的应对方法也很简单——"学习如何在别人提出错误的例子时忽略它们，没有什么技能比这更有价值"。[34] 这就是纯粹的芒格式答案。

在过去的 40 年中，关于决策和投资心理的文章汗牛充栋，你一定会认为广大投资者应该已经调整了他们的思维技能，但我们知道事实并非如此。哲学家迪特里希·德尔纳告诉我们，问题出在那些想走捷径的人身上，他称之为"捷径思维"。他说，"相对于搞清楚系统中多变量相互之间的复杂关系"，人们倾向于只选择一个变量。这在心理上是经济的，是一种捷径，因为它使我们从大量额外的工作中解脱出来。[35] 但是，恰恰是这种偷工减料式的"捷径思维"引发了问题。

当定义"人类误判心理学"中的这些倾向时，芒格没有仅仅提到一两种，他一共写了25种。在给这25种倾向开药方的时候，他在一直挑战我们的思维，让我们不断重新审视自己所处的位置。芒格会问："在现实世界中，在这个倾向列表中提出的思维系统有什么益处？"然后给出答案："心理思维系统所描述的这些，如果人们使用得当，就能使智慧和良好的行为得以传播，并有助于避免灾难。"[36] 在这里，芒格用一句简洁的话总结了他的主要观点——发展通识智慧，从失败中学习，以及明智地展现自己。他称最后一种是"良好的行为"，这就是拥抱理性。

《巴菲特传》的作者罗杰·洛温斯坦曾说，巴菲特"在很大程度上是一个性格上的天才——耐心、有纪律和理性"。[37] 毫无疑问，芒格也是如此。事实上，如果只用一个词形容伯克希尔－哈撒韦公司，那就是理性。芒格曾说："伯克希尔是一个理性的殿堂。"[38] 但对芒格而言，理性并不仅仅是一个简单

的定义，它是指导一切的定海神针。对他来说，理性是一个人
所能达到的最高境界，是他的思维形成过程中最重要的心理要
素，也促使我们解析它的全部意义。

理性主义是多年以来发展起来的词汇之一。在最纯粹的意
义上，被称为理性主义的哲学结构指的是一种关于我们如何能
够获得知识的理论。在这个理论中，理性主义者通过思考和分
析来学习，是的，就是通过演绎推理和运用思维的力量，这被
称为先验知识。与之相反的理论被称为经验主义，经验主义认
为我们获得知识的唯一方法是通过直接观察自己的感觉和体验
（也就是后验）。对经验主义者来说，除非他们能看到它、听到
它、尝试它等，否则没有什么是真实的。当然，在现实生活
中，人们可以而且通常能够根据情况，使用这两种方法。这不
是一场非此即彼的游戏。

然而，在日常谈话中，我们经常使用理性这个词。当我们
听到别人说"你不是理性的"，他们通常的意思是不合乎逻辑
或不明智的，未经思考的。

无论是巴菲特还是芒格，都经常提到理性的概念。正如我
们很快就会看到的那样，他们倾向于把它看得比所有其他心理
模型都重要。所以，当他们谈到理性的重要性时，我们有必要
认真听一听。但我们真的能确定他们是什么意思吗？他们是否
在更随意的逻辑上使用了这个词？也许吧。或者他们是两个喜
欢认真阅读的人，思考两个学术学派之间的经典争论？也许也

是这样。

我怀疑，答案更有可能是这两者的结合。巴菲特和芒格花了多年的时间阅读和思考那些重要的概念，塑造了他们自己对于真理的感知。我认为花些时间去探索一下，形成这种独特的伯克希尔的理性方法，理清各种哲学之间的线索，是明智的。

* * *

现代哲学中有两个重要人物——弗朗西斯·培根和勒内·笛卡尔——举例说明过两种相反的观点。这两位是同时代的人物，都生活在 16 世纪晚期到 17 世纪中期，他们都拒绝接受自己所受到过的中世纪大学的教导，但对接下来应该怎么做，二人也存在分歧。经验主义者弗朗西斯·培根认为，所有的知识要么源于实际经验，要么由实际经验来检验。他相信实用知识的价值，就像建筑商、木匠、农民、水手，以及使用望远镜和显微镜的科学家们。在他看来，他们在哲学上的探究是通过事物原本的样子，而不是通过我们想象的样子。笛卡尔则相反，他是一个理性主义者，是相反阵营的缩影，在那里，真正的知识只能通过理性，通过推断第一原则或不言而喻的真理来实现。经验主义者和理性主义者之间的紧张关系是相当真实的，对于那些试图通过个人哲学的定义，来应对生活挑战的人而言，这两位几乎没有提供什么具有帮助性的指导。

一个世纪后，到了启蒙时代，一个新的声音出现了。这个声音来自伊曼努尔·康德，历史上最伟大的哲学思想家之一，他被认为通过综合理性主义者和经验主义者的概念，缓和了他们之间的僵局。

从 1755 年开始，康德在康尼斯堡大学任教，持续 40 年之久。这所大学位于当时的东普鲁士，康德曾经是这所大学的学生。康德的演讲反映出他令人惊讶的广泛兴趣，包括物理学、天文学、数学、地理学、人类学和心理学（这有没有让你想起了谁？）。但今天我们记得他的，主要是他在哲学领域的贡献。一些开创性的思想在他的著作中成形，特别是《纯粹理性批判》（*Critique of Pure Reason*），这本著作奠定了他在哲学领域的地位。

在康德努力解决理性主义者和经验主义者之间的争论时，他转向了苏格兰哲学家、经济学家和历史学家大卫·休谟。休谟避开了辩论，因为他更感兴趣的是理解大脑是如何工作的。休谟的主要哲学著作是《人性论》（*A Treatise of Human Nature*）。多年后，他重写了他的杰作，将论文分为两卷——《人类理解研究》和《道德原则研究》。在上卷中，他认为我们形成了"将思想联系在一起的心理习惯"，这样每当我们想到 X 时，我们的思想就会立即自动地、不可避免地思考 Y，我们假设这两个想法是有联系的。

休谟关于大脑如何运作的观点为康德发展一种新理论提供了所需要的洞察力，该理论将理性主义者和经验主义者的知识方法结合起来。在康德的新观点中，也就是后来被称为康德哲学的观点中，可以说两者都对，也可以说两者都错。英国哲学家和历史学家 A.C.格雷林（A.C. Grayling）这样总结道："经验主义者坚持认为，没有感官经验就不可能存在知识，这是正确的，但他们说头脑是一片空白、一无所有的，这是错误的。理性主义者坚持认为，我们的思想提供了先验概念，这是正确的，但是，他们说靠先验概念本身就足以了解世界，这是错误的。"[39]

现在，让我们从一些熟悉的人物的角度来考虑一下各种理论。我们可以把本·格雷厄姆看作一个理性主义者，属于坚定支持勒内·笛卡尔的阵营。格雷厄姆的知识是通过一系列简单的心理步骤建立起来的，他把每一个步骤都连接起来，然后仔细审查，直到链条完成。他的方法是数学上的，依赖于不言自明的真理。例如，他的估值方法是建立在先验推理之上的，而不是基于他购买公司的实际经验。因此，格雷厄姆倾向于廉价的"烟蒂"型股票，它们利润率低、资本需求很高而产生的现金很少——换句话说，数据可以通过研究，而不是通过感官体验收集。

相较而言，芒格属于弗朗西斯·培根的阵营。对他来说，真理是建立在可观察到的事实和个人经验之上的，这些经验为知识提供了证据。当芒格在 1962 年建立自己的投资合伙企业时，他对格雷厄姆的观点有所耳闻，但并未完全接受。对于自己的投资方式，芒格倾向于通过观察和分析公司整体的经营状况，来确定企业优劣，而不仅仅是通过一个便宜的价格。

芒格的思想帮助巴菲特渐渐远离了格雷厄姆的推理方式，巴菲特说："查理·芒格打破了我买烟蒂股（意指购买股价低廉但状况不佳的企业）的投资习惯，开始建立一个规模庞大、利润令人满意的企业投资组合。在我看来，芒格最重要的壮举是设计了今天伯克希尔的结构。他给我的蓝图很简单，别老想着以便宜的价格去购买平庸的企业，而是应该以公允的价格去购买优秀的企业。"[40]

通过研究巴菲特的投资哲学，我们可以看到伊曼努尔·康德的影子。一方面，巴菲特是一个理性主义者，他忠于格雷厄姆的方法，只有在股价提供了安全边际、低于该公司的内在价值时，他才会购买股票。他说："我仍然认为安全边际是个正确的词。"但他也很欣赏从已有公司的经验中吸取教训，由此我们可以说他是一位经验主义者。实际拥有一家企业的经验极大地增强了巴菲特对投资的理解，我们应该非常感谢芒格为巴菲特建立的哲学桥梁。巴菲特说："我是一个企业家，这使我成为一个更好的投资者；我是一个投资者，这使我成为一个更好的企业家。"[41]

在一次晚宴上，芒格被提问，请他说出促使他成功的一个品质。他回答说："我是理性的。这就是答案，我是理性的。"[42]
他补充说，"那些说自己是理性的人应该知道，事情是如何运作的，什么是有效的，什么是无效的，以及为什么。"[43] 这不是一个偶然的想法，这对他来说至关重要。正如芒格经常说的那样："保持尽可能多的理性是一种道德责任。"[44]

好消息是，理性是可以学习的。芒格说："理性的增加不是你选择或不选择的事情。"[45] 其含义很清楚：你必须这样做。"变得更加理性是一个漫长的过程。你只能慢慢得到它，而且结果并非固定不变，但几乎没有比这更重要的事情了。"[46]

* * *

在 2010 年伯克希尔年度股东大会上，一位股东提请巴菲特和芒格描述他们的生活理念。我想，答案一定是理性，但芒格让我很吃惊，他迅速抓起麦克风，大声说："实用主义！"我不由得在座位上坐直了身体，向前倾身听讲。没错，芒格说："实用主义。去做一些适合你性格的事，去做一些有效的事，然后坚持不懈。"他说，"这是生活的基本法则——重复有效的方法。"[47] 这是我第一次听到巴菲特或芒格使用实用主义这个词，我知道它值得去了解更多。

到底什么是实用主义，它适用于哪些方面？我们知道理性是获得投资成功所必需的，但我的阅读让我得出结论，实用主义是获得持续成功所必需的。

与我们在本章中所考察的其他哲学模式不同，美国的实用主义模式相对较新。它是由威廉·詹姆斯于 1898 年在加州大学伯克利分校的一次演讲中提出的，他将其命名为"哲学概念与实践成果"。在演讲中，詹姆斯介绍了他所谓的"皮尔士的原则，实用主义的原则"。这是他对他的朋友兼哲学家查尔斯·桑德斯·皮尔士（Charles Sanders Peirce）的致敬。20 年前，詹姆斯受到皮尔士出版的《如何形成清晰的观点》一书的深刻影响。皮尔士在书中写道："哲学的全部功能就是产生行动的习惯。"[48] 事实上，实用主义这个词来源于一个希腊语单词，意思是行动，从这里可看出"实用"和"行动"同源。皮尔士的观点是，我们的信仰实际上是采取行动的规则。

威廉·詹姆斯最初并不是一个哲学家，他在 1869 年获得了医学学位，但从未行过医。相反，他的兴趣集中在心理学上，研究他所谓的"灵魂疾病"。詹姆斯细致地研究了罗马斯多亚派的马可·奥勒留，这是一位同样对本·格雷厄姆影响很大的哲学家，并且他将自己的想法写在日记中，与精神健康状况不佳的朋友们分享。1890 年，詹姆斯出版了他的不朽著作《心理学原理》（*The Principles of Psychology*），该书一共两卷，共 1200 页，花了他 12 年时间完成。凭借此书，他立刻被公认为心理学领域的领军思想家之一。

那么，今天我们又为何把詹姆斯看作哲学家，而不是心理学家呢？事实上，这两者之间的距离并不遥远。这两者都涉及研究思维，心理学研究心理缺陷，而哲学则寻求提高深度思考的方法，作为更好决策的手段。詹姆斯的哲学被塑造成"他所谓的健康思想"，也就是我们今天所说的实用主义。[49]

威廉·詹姆斯的父亲和爱默生是朋友，爱默生后来成为威廉·詹姆斯的教父。1837 年，爱默生写了《论美国学者》（The American Scholar）一文，它"预示了一种新型思想家的诞生"。他当时几乎不可能想到他在谈论的正是威廉·詹姆斯的未来[50]。实用主义被称为一种独特的美国哲学，但它的核心并不是一种哲学，而是一种实践哲学的方式。实用主义者并不依赖于绝对的标准和抽象的想法，而是依赖于结果，即那些真正有效的、帮助你实现目标的东西。事实上，詹姆斯认为哲学家们浪费了太多的时间来辩论抽象的原则，试图证明或反驳形而上学的问题。相反，他认为，他们应该问，持有一种哲学观点而非另一种观点会产生什么实际影响。更直白地说，詹姆斯在他著名的陈述中问到，对于一个人的实践经验，一个特定信念的"现金价值是多少"？我们如何从旧的哲学信仰变成新的哲学信仰？根据詹姆斯的说法，这个过程与所有科学家所遵循的过程相同。在他题为《实用主义：真理的概念》（Pragmatism: Concept of Truth）的文章中，他解释道：

当一个人已经有了一些认知，在遇到新观点时，他会感到紧张。或是有人持有不同意见，或是他在思考中发现它们相互矛盾，或是他听到或得到了与先前不一致的事实，或是这些已经无法令他满意，无论如何，这样的情况会造成其内心的烦恼。反观内心，他会发现里面住着一个陌生人，放眼外界，他试图从以前的认知中摆脱出来。但他会尽可能多地保留那些原有的认知，因为在这个问题上，我们都是极端保守派。由于会遭到既有认知不同形式的抵制，所以他会一点点进行改变以往的尝试，直到最后，一些观念可以以最小的干扰代价，与过去嫁接在一起，这样过去的与新的经验充分调解，实现完美的水乳交融。[51]

那些具有务实倾向的人可以很容易地采用一个新的想法，同时保留既有的真理，以尽可能减少破坏。新的真理只是个过渡者，帮助我们从一个点到下一个点。詹姆斯说："我们的思想变得真实了，因为它们成功地发挥了它们牵线搭桥的功能。"[52] 如果一个信念能帮助我们从一个地方到另一个地方，那么它就真的具有"现金价值"。真理变成了一个动词，而不是一个名词。

所以，我们可以说，实用主义是一个过程，它允许人们在一个不确定的世界中航行，而不会被困在绝对的荒岛上。实用主义没有偏见、教条或严格的教规，它将考虑所有假设和证据，它忠于事实。詹姆斯说："简而言之，实用主义对可能的真理的唯一检验是最能引导我们的东西。"[53]

我们如何将实用主义哲学，与芒格的理性联系起来？碰巧，威廉·詹姆斯也纠结于同样的问题。根据马萨诸塞大学洛威尔分校的哲学教授约翰·卡格的说法，詹姆斯的实用主义不仅弥合了经验主义和理性主义之间的分歧，还使理性主义与实用主义之间的关系更融洽。

卡格教授告诉我们，美国的实用主义哲学"代表了一个哲学的中间地带，旨在对相互竞争的理论学派、对专注于树木的思想家和只看森林的思想家进行调解"。[54]他认为，詹姆斯想二者兼得。卡格教授把詹姆斯比作伊曼努尔·康德，你可能还记得，他在生命的最后几年综合了两种相互竞争的学派，以他的经历来说，这两派是理性主义和经验主义。詹姆斯称理性主义者是"温柔的"，而经验主义者是"强硬的"，他担心人们似乎都没有认识到，无论是从道德层面，还是科学层面，人们都会以自己的经历形成自己认知的核心。

所以詹姆斯的实用主义是一种康德哲学，为强硬的科学家和温柔的理想主义者提供了一座桥梁。从这个意义上说，按照卡格的说法，詹姆斯"继承了康德的立场"。[55]

比尔·米勒（Bill Miller）是米勒价值合伙企业的创始人兼首席投资官，也是美盛价值信托的前投资经理。长期以来，米勒一直在用心思考理性和实用主义。我们将在下一章中再次提到他。米勒认为，在严格的意义上，理性有可能并非实用主义，而务实也未必就一定是理性的。但他坚信，在实践中，这两种方法不可避免地会联系在一起的。按照米勒的解释："去做有效的事情，务实的做法就是理性。理性本身并不需要与推理所要求的抽象理论相结合，而需要与现实世界中有效的抽象理论相结合。"[56]

正如我们将在下一章中讨论的，"现金价值"是实用主义的标志，是它帮助巴菲特从价值投资的第一阶段走到第二阶段，然后走到第三阶段。一种将实用主义与康德式的理性方法相结合的观点，已被证明是巴菲特 65 年成功投资的有力基础。

结尾

要理解金钱心智的错综复杂，我们必须充分了解一些投资方法，这些方法能帮助我们去定义、收购和管理创造价值的企业。在第 4 章中，我们将深入探讨这一话题。但这并不是全部，因为我们在本章中也学到，哲学基础对我们理解投资世界同样重要。

那么，关于金钱心智这个话题，我们还能说些什么呢？

我们可以说金钱心智是独立思考、自我实现，正如爱默生的定义。一个具有金钱心智的人知道自己拥有什么以及为什么拥有，金钱心智不仅可以增强自信，还能面对股市的恐惧和贪婪保持理性。正如查理·芒格所概述的那样，一个具有金钱心智的人，通过研究不同学科的心理模型来发展通识的智慧。同样重要的是，以金钱心智去研究失败能避免犯别人犯过的错误。金钱心智是一种理性的思维，它既欣赏先验知识，又欣赏后验经验，它理解两者融合的最大好处。最后，金钱心智是务实的。

第 3 章

价值投资的演变

　　1914 年加入纽伯格、亨德森和勒布公司（Newburger,
Henderson & Loeb）之后不久，格雷厄姆开始焦躁不安。他的
新工作是普通职员，但很快就被调到债券部门，接受了推销员
的培训。但他真正想做的是写作，而不是当个推销员。尽管缺
乏经济学或会计方面的正式培训，格雷厄姆还是开始对铁路
行业进行研究，他尤其对铁路债券感兴趣，并开始撰写研究
报告。[1]

　　他的一份关于密苏里太平洋铁路公司的报告引起了 J. S. 贝
奇公司合伙人的注意，这家公司是一家体面的在纽约证券交易
所上市的公司。于是，格雷厄姆很快就得到了一份猎头提供的
数据员的工作，薪水增加了 50%。格雷厄姆让纽伯格公司知
道，尽管他对公司很忠诚，但他并没有动力成为一名推销员。
纽伯格公司即刻以加薪作为回应，虽然加薪幅度不到 50%，但
它的回应中还包括了一个好处：格雷厄姆有机会成立自己管理
的统计部门。于是，格雷厄姆决定留下来，同时继续他的写作。

　　当时的市场上，大部分资本的投资对象仅限于债券。普通
股投资被认为是一种投机游戏，不是基于财务数据，而是基于
内幕信息。尽管如此，格雷厄姆还是开始为《华尔街杂志》撰
稿，这是一份提供股票和债券投资建议的时事通讯。他很快就
培养出了一批追随者，接着出版了一本名为《投资者课堂》的
小册子。他在这本小册子中指出："如果一只股票的市场价值
远远低于其内在价值，那么它应该有极佳的价格上涨前景。"

这是"内在价值"一词第一次出现。[2]

1923 年，格雷厄姆离开纽伯格公司，创办了自己的投资公司。两年后，他聘用了杰瑞·纽曼，成立了格雷厄姆-纽曼公司，一直持续到 1956 年。格雷厄姆公司早期的投资结果看起来十分糟糕，他的投资组合大部分采用对冲或套利的方式，这令他在 1929 年的股市大崩盘中损失巨大。到了 1930 年，格雷厄姆认为股市已经触底，于是悄悄重返股市——这次没有进行对冲。但不幸的是，市场再次大跌，格雷厄姆遭遇了人生中的第二次濒临破产。

但这并不意味着他失去了一切。1927 年，在股市崩盘之前，格雷厄姆在母校开设了一门关于投资的夜校课程。哥伦比亚大学的课程教学目录上出现了一门新课程——"高级证券分析"，由华尔街投资专业人士教授，时间是每周一晚上，上课地点在舍尔默霍恩大厅的 305 室。教学目录上对这门课程的描述是："经过实际市场检验的投资理论，价格和价值差异的起源与验证。"正是在这个目录上，格雷厄姆创造了证券分析这个名词，并用证券分析师取代了华尔街传统上统计员这个岗位的名称。[3]

格雷厄姆同意在母校教授这门课时只提出了一个要求：必须安排专人在课堂上做详细的笔记。大卫·多德（David Dodd）荣幸地获得了这个志愿者岗位，他是一位年轻的金融学教授，不久前先后获得了宾夕法尼亚大学学士学位、哥伦比亚大学硕士学位。多德所做的这些笔记构成了后来问世的开创性的投资经典《证券分析》的实质内容。当这本书在 1934 年出版时，《纽约时报》的路易斯·里奇写道："它是一个全面、成熟、细致的学术探索和智慧实践的卓越成果。如果它的影响足够大，投资者的注意力就会集中在证券上，而不是市场上。"[4]

虽然本·格雷厄姆和大卫·多德两个人的名字通过《证券分析》永远地联系在了一起，但他们俩从未一起教过一节课。在哥伦比亚大学的秋季学期，大卫·多德给一年级的研究生教授"投资管理与策略"的课程，所使用的教材就是《证券分析》一书。在春季学期，格雷厄姆举办了一个规模更小、更私密的投资研讨会，仅限 20 名学生参与。在他的研讨会上，格雷厄姆从《证券分析》中选取内容进行讲解，额外的福利是，课程的内容与当时市场实际交易的股票密切相关。

1951 年，进入哥伦比亚大学的巴菲特第一次参加了多德的课程，在接下来的一学期他参加了格雷厄姆的研讨会。

第一阶段：经典价值投资

巴菲特从《证券分析》、大卫·多德和本·格雷厄姆的课程中，学到了关于价值投资的哪些内容？我们从最初开始看，《证券分析》开篇的第一行写着："分析意味着对现有事实的仔细研究，并试图根据既定的原则和逻辑从中得出结论。"[5]格雷厄姆和多德认为，证券分析是一种科学的方法，其方法与法律和医学差不多。但就像法律和医学一样，证券分析并不是一门精确的科学。格雷厄姆说，没有任何一种分析能够做出完美的预测，但如果分析师可以遵循既定的、可量化的事实和方法，成功的概率就会大大提高。

格雷厄姆在股票和债券市场中，寻找那些容易衡量且流通性好的对象。《证券分析》中概述的方法，更加强调此时此刻所发生的情况，同时对于明天可能发生的不确定性进行折现。在格雷厄姆看来，那些难以衡量的可能性无法衡量，而任何无法衡量的因素都会增加风险和损失。当人们过分强调未来时，格雷厄姆就会变得焦虑。他写道："投机这个词从词源上讲，意思是展望未来。"他对投资的传统定义更为满意，"它植根于过去既有的利益、财产权和价值观"。[6]

在《证券分析》一书中，格雷厄姆做了一个表格，以区分投机和投资。他描述的投机因素主要是"市场因素，包括技术、操纵和心理"等，他将投资与收益、股息、资产和资本结构等内在价值因素放在一起。站在投资和投机之间，格雷厄姆认为影响未来价值的因素包括管理层声誉、竞争态势和公司前景，还包括销售、价格和成本的变化。[7]

显然，我们不能完全区分内在价值因素和未来价值因素。即便如此，格雷厄姆对价值计算的偏好还是强调了内在价值因素，而不是未来的因素。事实上，在格雷厄姆－纽曼公司工作的分析师被建议不要访问或询问公司管理层对未来前景的看法，因为格雷厄姆担心这些信息会让人过于倾向未来因素，而不是内在价值因素。格雷厄姆甚至拒绝看 CEO 的照片，他担心如果他不喜欢某张照片，这可能会影响他对这家公司的分析。[8]

格雷厄姆和多德的价值投资方法的本质是，通过比较当前收益、当前股息和当前资产，支付较低的购买价格。如果你支付的购买价格足够低，你就已经建立了一个安全边际。有趣的是，安全边际一词并不源于格雷厄姆，他在 1930 年之前的《穆迪投资手册》中发现了这个词。"安全边际这个词代表一个比率，公司使用它表示在支付利息后归属股东利益的余额。"[9]事实上，当格雷厄姆要求在股票分析中留有安全边际时，他采用了与他在分析债券时相同的方法。他写道："投资普通股和投资债券的技术非常相似，普通股的投资者也希望公司有一个稳定的业务，并达到超过股息要求的足够的利润率。"[10]

格雷厄姆认为，拥有的安全边际越大，在遭遇市场抛售或公司未来前景恶化时，投资者面临的下行风险就会越小。他认为，投资者面临的最大危险是为利润、股息和资产支付过高的价格。他提醒投资者，要透过表面看实质。支付过高的危险不仅会来自不好的公司，也会来自好的公司，因为即便这些公司眼下的商业条件很有利，价格很高，但这并不是永久的。

* * *

价值投资的核心有两条黄金法则。第一条是不要亏损。第二条是不要忘了第一条。格雷厄姆的规则是：一个巨大的安全边际（一个公司目前前景与其股价之间的差异）对于投资者避免在股市上遭受财务损失至关重要。

在《证券分析》一书中，格雷厄姆指出了市场分析和证券分析之间的区别。他说："与市场分析相比，证券分析有几个优势，这使得证券分析成为那些受过培训、具备知识的人更可能获得成功的领域。"格雷厄姆认为，市场分析"本质上是一场战斗"，与其他具有同样想法的投资者竞争，试图猜测股市短期内会怎么走。在这个游戏中，没有对冲。"在市场分析中，没有安全边际。你要么对，要么错，如果你错了，你就会赔钱。"[11]

安全边际的概念无疑是一个明智的策略，它几乎是投资的完美对冲手段。以较大的折扣购买普通股，如果一切都非常顺利，可以给你带来可观的回报；如果未来发生意外，也会令你的损失有限。但这还不是全部，除了提供正回报外，安全边际也体现出投资者的投资心智以及投资气质，它使得盈利成为可能。

使用安全边际的另一个好处是，它能够坚定投资者的决心，以对抗市场固有的短期波动。在第 2 章中，我们指出了投资者对市场的情绪陷阱保持冷静有多么重要。了解你的投资的价值，了解你有一个很大的安全边际作为缓冲，这会增强你的毅力。安全边际的概念可以鼓励投资者采取他们需要的斯多亚学派的理性态度，保护自己。

在前文中，我把安全边际描述为几乎完美的对冲手段，这就意味着它并不总是完美的。格雷厄姆认为，如果对未来增长的诱人预测未能实现，那么关注流动资产要好得多，即使它们不会产生多少经济回报，因为在某个地方能够以某种方式从经营不善的企业中挤压出还不错的回报。作为最后的手段，这些资产可以被清算。当然，这是一种假设，假设的前提是有人会随时准备购买糟糕公司的账面价值。

数年之后，巴菲特亲身体验到了格雷厄姆的方法不是万无一失的。因为在变卖伯克希尔公司曾经持有的经济状况糟糕的账面资产时，巴菲特发现实际所得与想象的相去甚远。

运用格雷厄姆购买普通股的投资方法，巴菲特为重新构建的伯克希尔-哈撒韦买进了几项业务。尽管在早期的投资合伙企业期间，购买不良企业的廉价股票取得了不错的结果，但这在很大程度上是因为巴菲特可以迅速将其出手，并继续进行下一轮的操作。但他也渐渐开始意识到，对伯克希尔而言，购买和持有不良企业的廉价资产可能是一个失败的策略。巴菲特说："以短线的心态投资农场设备制造公司、三流的百货公司和新英格兰纺织制造公司，这些投资在经济上给我带来的教训是对我的惩罚。"[12]

　　巴菲特这里提到的农场设备制造公司指的是登普斯特农机制造公司，三流的百货公司指的是霍克希尔德·科恩，纺织制造公司就是伯克希尔－哈撒韦。虽然巴菲特可以直接拥有这些公司，从而只负责资本配置的工作，但简而言之，这些公司的经济回报率低于平均水平，实在很糟糕。直到巴菲特在芒格的极力敦促之下买下了喜诗糖果公司后，他才开始真正意识到一门优秀的生意所能带来的经济效益："芒格和我最终发现'巧妇难为无米之炊'这句话是真的有道理，我们的目标是以合理的价格找到优秀的企业，而不是以便宜的价格找到平庸的企业。"[13]

　　20 世纪 70 年代初期，伯克希尔－哈撒韦拥有一家名为多元零售的公司，而该公司又拥有一家名为蓝筹印花的公司。芒格的投资合伙企业持有蓝筹印花的股票，这样芒格也就拥有了该公司的股权。蓝筹印花公司的业务是为超市和加油站提供交易印花，让这些商家在顾客购物时予以他们奖励，顾客把这些印花收集起来，等积攒到一定的数量后拿去商家那里交换礼品。这就像保险公司的浮存金一样，未兑换的印花对于蓝筹印花公司而言是一种浮存金，蓝筹印花公司可将其用于投资，投资对象包括储贷公司、报纸以及一家糖果公司（喜诗糖果，这是一家位于美国西海岸的优质盒装巧克力制造商和零售商）的部分权益。

　　1972 年，蓝筹印花公司从创始人家族手中整体购买了喜诗糖果公司。对方要价为 4000 万美元，其中包括资产负债表上的 1000 万美元现金。喜诗糖果账面上的有形资产只有 800 万美元，年度税前利润为 400 万美元。芒格认为这笔交易很合算，但巴菲特却不太肯定。他指出，这个要价是有形资产的 3 倍，如果换作他的老师本·格雷厄姆，肯定不会同意的。于是巴菲特还价到 2500 万美元，但他仍然认为自己可能出价过高了。

　　回顾过去，我们现在可以看到当年巴菲特并没有为喜诗糖果支付过多的钱。事实上，喜诗糖果是有史以来给伯克希尔带来回报最高的公司之一。威廉·桑代克是胡萨托尼克公司的合伙人，他有一本非常受欢迎的书《商界局外人》，根据他的统计，从 1972 年到 1999 年（根据伯克希尔的报告）喜诗糖果产生的内部回报率（IRR）达到了惊人的 32%。威廉指出：“非常值得注意的、非常了不起的是，这个回报率的取得既没有使用杠杆，也不是阶段性的成果。如果你把购买价格翻倍，并保持包括现金流和时间段在内的其他一切因素不变，那么内部回报率是 21%，这简直不可思议。”[14]

　　在 2014 年伯克希尔－哈撒韦的年度报告中，巴菲特向股东更新了喜诗糖果的最新情况。在过去的 42 年里，喜诗糖果公司给伯克希尔公司带来了 19 亿美元的税前利润，而仅仅增加了 4000 万美元的额外资本投资。在被收购之后，喜诗糖果带来的利润被巴菲特重新配置，用于伯克希尔收购其他公司，而这些公司又产生了更多的利润。这就像看"兔子繁殖"，巴菲特说。[15]

从喜诗糖果的收购中巴菲特吸取了三重经验。首先，根据格雷厄姆购买股票的方法，喜诗糖果并不是被高估，而是被严重低估了。其次，从购买喜诗糖果的经验中，巴菲特得到了一个观点，即如果资本得到合理配置，即使是为一家增长缓慢的公司支付较高的溢价，也是一种明智的投资。最后，他说："我得到了关于强大品牌价值的教育，让我看到了许多其他有利可图的投资。"[16]

在巴菲特购买喜诗糖果公司时，他放弃了格雷厄姆的方法，也就是基于利润、股息和流动资产等相关数据的比较，购买那些价格较低的股票。喜诗糖果的投资案例，现在被解读为巴菲特投资生涯的一个重要转折点。喜诗糖果的成功经验在很大程度上促使巴菲特购买了更多具有强大品牌价值的消费品公司，比如可口可乐公司。

1988 年伯克希尔收购可口可乐时，该公司股票的价格相当于 15 倍市盈率，是现金流的 12 倍，分别较市场平均水平有 30% 和 50% 的溢价，成交价格的市净率是 5 倍。那些严格信奉本·格雷厄姆教授的价值投资原则的人不由得大声喊到，巴菲特已经背叛了他的老师！

1989 年，伯克希尔持有可口可乐公司 7% 的流通股，巴菲特将伯克希尔投资组合的三分之一持仓放在该公司，押注高达10亿美元。10年后，伯克希尔持有的可口可乐股票市值达到了116亿美元。同期，如果投资标准普尔500指数，10亿美元的投资会上升到30亿美元。巴菲特收购可口可乐的行为是一种价值投资吗？还是说，20世纪90年代成长股投资的势头很猛，巴菲特已经投奔了这个阵营？

巴菲特让我们思考一下，我们应该如何确定什么是有吸引力的投资？他说，大多数投资者在两种惯例——"价值"投资和"成长"投资之间做出选择，仿佛这两个概念在设计上是相互排斥的。"大多数分析人士认为，他们必须在通常被认为相反的两种方法中做出选择——'价值'还是'成长'。实际上，许多投资专业人士认为，这两个术语的所有混合都是一种智力上的混搭而已。"[17]

巴菲特解释说："通常价值投资意味着购买具有低市净率、低市盈率或高股息收益率等特点的股票。但不幸的是，即使这些特点结合在一起，也远远不能确定投资者是不是以物有所值的价格买入的，也无法确定投资者是否按照投资原则做了正确的事。与此相对应，一些相反的特征，例如高市净率、高市盈率、低股息收益率，也并非完全与价值购买相悖。"[18]

上述信息出现在1992年伯克希尔－哈撒韦年度报告的第9页，用102个英文单词清晰地表述了巴菲特对价值投资的观点。对他来说，价值投资并不仅仅是收购低市盈率的公司，价值投资者也不排斥市盈率较高的公司。

巴菲特承认，在他年轻的时候，也因成长与价值之争而有过困惑。但他后来明白了"这两种方法最终是相互交融的。在计算价值时，成长本身就是一个组成要素，本身就构成一个变量，其重要性从可以忽略不计到影响巨大，其影响可以是负面的，也可以是正面的。"[19]

1992 年，巴菲特公开放弃了本·格雷厄姆的方法，并不是说他放弃格雷厄姆的基本投资哲学，即强调以一定的安全边际购买股票，而是说他从格雷厄姆用来识别价值的简单会计方法中摆脱了出来。这就引出了一个重要的问题：低价格会计因素在识别价值方面有什么益处？

经典价值投资（在此特指格雷厄姆和多德所概述的方法）的本质是找到由于投资者对最近的坏消息反应过度，从而导致股价下跌的被低估的股票。同样，经典的价值投资者认为，同样的过度反应也会发生在流行的成长型股票上，这些成长型股票价格会因为预期未来会有更好的结果而上涨，如果发生下跌，是因为在市场看来，相对于当前收益，股票被高估了。

价值投资的核心是逆向投资的信念。价值投资者被信念驱使去买市场在卖出的东西，卖出市场在买进的东西。事实上，经典价值投资的成功依赖于均值回归的概念，即价格低迷的股票最终会上涨，而价格虚高的股票最终会下跌。[20] 在《证券分析》的封面上，格雷厄姆引用了罗马抒情诗人贺拉斯的一句诗："今天那些已然坍塌的，将来可能会浴火重生；今天那些备受尊荣的，将来可能会销声匿迹。"

然而，巴菲特最终得到了一个令人痛苦的经验："我们需要的是思考，而不是以人数多寡作为决策依据。"[21] 多年以来，格雷厄姆和多德提出的经典价值投资理论得到了包括尤金·法玛（Eugene Fama）和肯尼斯·弗伦奇（Kenneth French）在内的主要学者的维护和推广。他们的文字被广泛阅读和引用，帮助创办的价值投资公司数以百计，并获得了广泛的信任。很快，所有自称价值投资者的人都开始购买低市净率、高利润率、高股息的股票，同时避开高市盈率的股票。巴菲特也在做同样的事情，直到他拥有基于这些指标，以低价收购、完全控股企业的实际经验后发现，有时这样的公司带给伯克希尔的回报并不理想。

* * *

30 年前，巴菲特逐渐明白的事情，如今正困扰着经典价值投资阵营。自 2008 年金融危机以来，经典价值型股票的表现明显弱于高市盈率的成长型股票。成长型股票相对优异的表现已经持续了 10 多年。经典价值投资者对自己的困境感到遗憾，但他们依然坚定地认为，一旦价值投资的潮流回归，他们将再次获利，如同阳光会再次普照大地。他们中的很多人将经典价值型股票的表现不佳比作 20 世纪 90 年代末出现的情况，当时在科技和互联网革命的影响下，成长型股票的表现明显优于增长速度较慢的经典价值型股票。价值投资者称，成长型股票的透支必然会像 2000 年到 2002 年熊市那样悲惨收场，这只是时间早晚的问题罢了。

但是，20 世纪 90 年代末的科技公司和如今的成长型公司之间，存在着根本的区别。20 世纪 90 年代末，那时成长型股票的价格几乎没有潜在的经济基本面支撑。当时，投资者是通过统计浏览量，而不是利润，来证明高高在上的估值的合理性。不幸的是，购买浏览量的价格过高，很大程度上是因为这些浏览量没法转化为利润。今天，我们可以通过清晰的销售、利润和现金流来衡量成长型股票的出色表现。今天和 2000 年之间的另一个重要区别是利率的不同。2000 年，10 年期美国国债收益率为 6.00%，今天，它还不到 1.00%。较低的利率提升了股票的价值，尤其是成长型股票。

现在，有一些著名的思想家正处于经典价值型股票和成长型股票之间持续不断的拉锯战中。在一篇广为流传、经过深思熟虑的分析论文——《价值投资消亡的解析》（Explaining the Demise of Value Investing）中，来自纽约大学斯特恩商学院的巴鲁克·列夫（Baruch Lev）和来自卡尔加里大学哈斯凯恩商学院的阿努普·斯里瓦斯塔瓦（Anup Srivastava）认为，经典价值型股票之所以难有超越市场的表现，有一个合理的理由，那就是市场将越来越多的权重加于那些快速增长的成长型公司。[22]

这两位学者指出，自以《证券分析》一书为标志的经典价值投资诞生以来，公司的投资主要是在财产、厂房和设备上。厂房由有形的建筑物组成，主要是砖石和砂浆。会计规则规定，这些有形资产的资本化，必须充分反映在公司资产负债表的折旧费用数据上。与此相对应，放眼整个美国企业界，大多数公司的估值主要由其账面价值来定义。根据统计，两位学者指出，直到 20 世纪 80 年代中期，上市公司的市净率中值一直徘徊在 1 倍左右。在那时，一家公司的股票是被高估还是被低估，取决于其股价高于还是低于其账面价值。

然而，到 20 世纪 80 年代，美国的商业模式开始发生改变。自工业革命以来，对有形资产（财产、厂房和设备）的投资定义了企业的增长，但从这时开始，这些让位于对无形资产的投资，无形资产包括专利、版权、商标和品牌。有形资产由实物财产定义，而无形资产由知识产权定义。由于会计准则植根于工业时代，根据会计准则，公司必须立即将所有的无形投资成本化，简而言之，对无形资产的投资不会增加公司的账面价值。尽管对无形投资的投资确实能增加公司的内在价值，但在格雷厄姆和多德的方法中并没有提到这些。

这两位学者还指出，自 1980 年以来，公司投资于有形资产的资金逐渐减少，投资于无形资产的资金相应增加。20世纪90年代中期，无形资产投资的增长率超过了有形资产投资的增长率。"目前在美国，企业部门的无形资产投资率大约是有形资产投资率的两倍，而且还在持续增长之中。"[23]

上述这些情况，对典型的价值投资者意味着什么？简单地说，投资于无形资产的公司必须从当前利润中减去这一成本，同时由于不能将投资金额计入账面价值，反过来又使得其具有高市盈率和高市净率的特征，这使股票显得很昂贵。但是，如果将估值方法从一般公认会计原则（GAAP）转变为用调整后的现金流和资本回报率计算所带来的利润，那些从 GAAP 角度看起来昂贵的公司，实际上可能对具有公司股东心态的投资者而言，就具有了吸引力。

不应该忽视的是，作为一名价值投资者，巴菲特拥有的管理公司的实践经验，所揭示出来的结论，与这些学者数十年后的结论一致。在这个例子中，我们可以说巴菲特用他经营企业的后验知识战胜了这些金融数学家的先验推理。

虽然经典价值投资者渴望回到过去的好日子，但这两位学者警告说，过去可能不会重现。他们对经典价值型股票的企业盈利能力与成长型股票的回报率进行了比较，发现净资产收益率（ROE）中位数和净经营资产回报率（RNOA）中位数十分不同。成长型股票在过去10年里达到了它们最高的盈利水平，而经典价值型股票在50多年来维持了较糟糕的盈利水平。更糟糕的是，经典价值型股票投资于创新和增长，以改善其经济表现所需的盈利能力也乏善可陈。如果内部运营资金没有投资于高回报项目，这些股票就会陷入低估，其价格和流动资产之间的差异所带来的安全边际，乍一看可能很有吸引力，但实际上，这些股票中有很多价值陷阱。

顺便说一句，尤金·法玛和肯尼斯·弗伦奇因在 1992 年推出法玛 – 弗伦奇模型（Fama French Model）而广为人知，他们现在正在重新审视他们之前的假设。法玛和弗伦奇在 28 年前所讨论的价值股，也就是因其低市净率特征而被定义的那些价值股，表现出了"价值溢价"的现象，相对于股市大盘它们显示出了超额回报。从 1963 年到 1991 年，大市值的价值型股票溢价为 0.42%，表现出色。然而，在 1991 年至 2019 年期间，这种价值溢价下降到了 0.11%，很大程度上抵消了低市净率股票的相对表现。[24]

这一数据显示，基于市净率，价值股的超额表现在过去近 30 年里实际上呈下降趋势，这与前文两位学者的观察结果吻合。法玛教授和弗伦奇教授得出的最终结论，正如弗伦奇解释的那样，"28 年来回报率所呈现的下降，不足以确定价值因素是否已经停止起作用。它很可能正在经历一个长的坏运气周期"。[25]

本·格雷厄姆的价值公式值得它赢得的至高荣耀，它在半个世纪中的大部分时间里都非常有效。在投资者涉足资本市场却没有方向的情况下，格雷厄姆帮助投资者驾驭股市。但今天，我们对格雷厄姆和多德所提到的这些会计因素倍数最好的评价是，它们是价值标记，它们代表了市场对一只股票的预期。相对于利润、净资产，高股价反映了投资者对该股票的高预期，而低市盈率或低市净率则反映了较低的预期。然而，我们不能仅仅通过编制一个简单的比率来确定一只股票是否定价错误。

哥伦比亚大学商学院兼职教授迈克尔·莫布辛（Michael Mauboussin）是一位致力于全球一致性研究的机构主管，他同时也是出版了数本著作的著名作家。他写的一篇重要的题为《市盈率意味着什么？市盈率和实证经济学之间的分析桥梁》（What Does a Price-Earnings Multiple Mean; An Analytical Bridge between P/Es and Solid Economics）的文章有助于厘清以市盈率进行估值带来的持续困惑[26]。他指出，市盈率仍然是分析师用来评估股票价值的主要工具。最近一项来自 2000 名投资者的抽样调查发现，93% 的人使用倍数比率进行估值，其中绝大多数人使用市盈率。但他很快就指出了一个问题，"倍数并不是估值，它们只是估值过程的简化"。[27]

他解释说，投资者根本没有花足够的时间来理解市盈率意味着什么。你必须接受一个倍数比值实际上可能错误地计算了当前的业务模型，以及当前的倍数在未来发生变化的可能性。为了说明自己的观点，他与纽约大学斯特恩商学院的金融学教授阿斯瓦斯·达莫达兰（Aswath Damodaran）密切合作，后者还是估值领域的权威专家。达莫达兰说："定价本身并没有什么错，但定价不是估值。估值是挖掘一个企业，了解这个企业，了解它的现金流和风险，然后根据企业的价值给企业贴上一个数字标签。大多数人不会那样做，他们是在给企业定价。在估值问题上，最大的错误就是把定价错当成了估值。"[28]

在巴菲特澄清了他对价值投资与市盈率有关的看法后，他明确地指出了投资者必须关注的关键变量。"撇开价格不谈，"他写道，"最好的生意是那些长期而言，无须更多大规模的资本投入，却能保持稳定高回报率的公司。反之，糟糕的生意一定会发生或将会发生与此相反的情况，也就是说，投入越来越多的资本，只能带来非常低的回报率。"[29] 在巴菲特的金钱心智中，这一切都关乎复利。最重要的是，关乎价值的创造、企业的复利成长。

* * *

为了更好地理解高资本回报企业与低资本回报企业之间的估值差异，以及它们对市盈率的影响，我们需要回到迈克尔·莫布辛的文章。1961 年，金融学教授默顿·米勒（Merton Miller）和弗兰科·莫迪利安尼（Franco Modigliani）发表了一篇题为《股息政策、增长和股票估值》(Dividend Policy, Growth, and the Valuation of Shares) 的论文。莫布辛认为，这篇论文"开创了现代估值时代"[30]。米勒和莫迪利安尼问了一个相当简单的问题："市场真正的资本化是什么？"他们在衡量了收益、现金流、未来创造价值的机会和股息之后，得出了一个令人惊讶的结果，所有这些衡量手段都变成了同一个模型。他们确定，股票的价值是未来自由现金流的现值。但最值得我们注意的是他们接下来所做的事情。

为了帮助投资者掌握未来现金流对估值的影响，米勒和莫迪利安尼提出了一个将一家公司分为两部分的公式。当讨论一家公司的价值时，无论是股票还是生意，它的价值应该等于"现有稳定状态的价值 + 未来创造的价值"。他们将一家公司的"现有稳定状态的价值"定义为等于标准化的税后营业净利润除以资本成本，外加额外的现金。莫布辛解释说："一家公司的稳定状态价值，使用永续法计算，假设当前的税后营业净利润是可持续的，并且假设增量投资既不会增加价值，也不会减少价值。"[31]

关于"未来创造的价值"，米勒和莫迪利安尼用公司的投资乘以资本回报率，减去资本成本，乘以竞争优势期限，计算一家公司的未来价值。换句话说，企业未来创造的价值是它随着时间的推移所产生的现金，前提是投资回报高于资本成本。是不是觉得又长又拗口，的确，这真是又长又拗口的定义。但实际上，米勒和莫迪利安尼只是将巴菲特所说的内容公式化而已。最值得拥有的公司是将未来创造的价值最大化的公司，这样的公司在增量资本的基础上依然可以持续产生高回报（高于资本成本），然后再将产生的利润投回公司，从而在较长一段时间内持续产生高资本回报。

最重要的是，莫布辛精心地帮助学生领会米勒和莫迪利安尼两位教授关于未来价值创造回报的理论，因为它与市盈率有关。其中心论点是，如果一家公司从投资中获得的利润率高于资本成本，它就创造了价值，与此相反，一家公司从投资中获得的利润率低于资本成本，这样的公司就是在毁灭股东价值。而一家资本回报率等于资本成本的公司，无论增长速度是快还是慢，这样的公司既不创造价值，也不毁灭股东价值。[32]

很少有投资者认为，一个增长更快的公司实际上也有可能会毁掉他们的投资。但请考虑以下计算结果：假设资本成本为8%，资本使用的期限为15年，莫布辛告诉我们，一家资本回报率为8%的公司，它的市盈率估值为12.5倍，并且无论该公司以每年4%、8%还是10%的速度增长，其估值倍数都保持不变。但是，如果一家公司的资本回报率仅为4%，而资本成本为8%，即便其盈利有4%的增长率，它的市盈率估值也只有7.1倍，或其盈利有6%的增长率，其市盈率估值也只有3.3倍。然后，随着它增长的速度加快，它就会开始破坏股东价值。最终，一家资本回报率为 16%，资本成本为 8%，增长率为 4% 的公司，市盈率估值可达 15.2 倍。如果公司增长率为 6%，则市盈率估值为 17.1 倍，增长率为 8%，则市盈率估值为 19.4 倍，增长率为 10%，则市盈率估值为 22.4 倍。

简而言之，当一家公司的利润回报超过资本成本时，它增长得越快，价值就越高。实际的经验是，一家高市盈率、快速增长的公司，如果其资本现金回报率超过其资本成本，它实际上可能是一个极好的价值标的。

在评估股票时，如果我们首先从公司的现金回报、资本回报率和增长率开始，我们对市盈率能说什么呢？有一点是肯定的，这不是一个可以一概而论的事情，即我们不能简单地说，那些高市盈率的股票是被高估的，而那些低市盈率的股票是被低估的。所以，当下一次，分析师或媒体评论员告诉你一只股票以每股收益多少倍的价格在交易时，你应该立即想到要搞清楚这家公司实际产生了多少现金？该公司的资本回报率与资本成本相比是多少？最后，这些现金流的未来增长率是多少？以及，这些回报能持续多久？

当评估公司（即便是那些低市盈率的公司）的经济活力时，经典价值投资者应该将这些人视为先驱，他们是迈克尔·莫布辛、阿斯瓦斯·达莫达兰、默顿·米勒、弗兰科·莫迪利安尼，以及巴鲁克·列夫和阿努普·斯里瓦斯塔瓦。

第二阶段：对企业进行估值，而不是对股票进行估值

在内在价值的计算中，有多少取决于当前因素，有多少取决于未来因素，两者之间的拔河比赛成为价值投资进化的根源，推动我们从第一阶段走到第二阶段。

格雷厄姆的观点强调现在而不是未来，当巴菲特掌管投资合伙企业时，格雷厄姆给他的是地图，用以到达目的地。但当巴菲特换船并开始掌舵他的新航船时，就不得不考虑未来所需要的复合因素，以增加伯克希尔的价值。是的，他需要一张新地图，在这个过程中，巴菲特将注意力转向了解被投资公司的竞争地位，这些公司未来的销售前景、利润以及现金回报。更重要的是，他关注公司管理层配置资本的能力，从而使价值创造带来的复利效应最大化。

为了帮助我们更好地理解胜券在握的当下，与可能带来更大回报机会的未来之间的区别，巴菲特分享了一堂令人惊讶的投资入门课，这堂课来自 2600 年前古希腊的伊索寓言。[33] 其中有一则故事名为《鹰与夜莺》，故事中，一只鹰在一个晴朗的下午出去寻找食物，它在树上发现了一只夜莺时，它猛扑下去，迅速用利爪抓住这只小鸟。夜莺求饶说："我只是一只小鸟，无法填饱你的辘辘饥肠。"鹰笑了："我为什么要放你走呢？吃了你总比去找一个还没有抓到手的更大的猎物要好。"在那一刻，鹰做了一道投资计算题，伊索将其总结为"一鸟在

手，胜过两鸟在林"。

但根据巴菲特的说法，一只在手的鸟并非总是胜过藏在树林中更多的鸟，关键在于你要了解三个问题。首先，"你有多大把握确定树林里确实有鸟"。其次，"鸟什么时候会出现，以及会有多少"。最后，"无风险利率是多少"。[34] 从数学的角度，巴菲特告诉我们，如果树林中有两只鸟，我们要花 5 年时间才能捕获它们，其间我们需要承担 5% 的利率，那么我们应该对树林下注，因为它提供了 14% 的年化复合回报率[35]。巴菲特指出："将伊索寓言里的原理扩大、推演到资本上，道理是一样的。它适用的对象可以是农场、工厂、债券和股票。"[36]

暂时不考虑利率（这并非无关紧要，因为利率的提高可以使一项既有投资方案变得不明智），让我们关注一下前两个问题：我们有多大把握确定树林里会有两只鸟，我们什么时候能捕获它们？由于这与股票有关，巴菲特告诉我们："投资者应该对商业和经济学有些基本的了解，以及具备独立思考、得出论据充分的结论的能力。"[37]

巴菲特当年在哥伦比亚大学上学，师从大卫·多德和本·格雷厄姆，甚至后来还在格雷厄姆－纽曼投资公司工作、学习了两年，但这些经历，对他理解公司的长期商业策略和复利成长并没有什么帮助，因为这些内容并不是这门功课的一部分。巴菲特最终接受的关于公司内部运作和管理决策的教育来自现实，那些伯克希尔收购的、长期拥有实际控制权的企业，给巴菲特的内心留下了深刻的印记。那些真实经历，使巴菲特得到了大学课程和教科书永远无法教授的宝贵教训。

1965 年，在一场成功的争夺代理权之战后，巴菲特投资合伙企业接管了伯克希尔－哈撒韦。从此，巴菲特在担任其投资合伙企业的普通合伙人角色之外，又增加了一家纺织公司 CEO 的职责。尽管肯尼斯·蔡斯（Kenneth Chase）被任命为伯克希尔公司的新任总裁，取代了即将离任的西伯里·斯坦顿，但实际上巴菲特负责监督伯克希尔，他甚至直接撰写公司的年度报告。

此时，本·格雷厄姆早已离开了华尔街，他在加利福尼亚州住得很舒服，对投资已是兴趣寥寥。巴菲特的新朋友查理·芒格，还处于建立他自己的投资合伙企业的早期。尽管巴菲特和芒格保持着联系，但他们之间建立更紧密的合作关系还需要再等几年。此时的巴菲特独自经营着伯克希尔，这是他第一次掌管一家净资产为 2200 万美元的上市公司，但他并不孤单。

1958 年，菲利普·费雪（Philip Fisher）出版了《怎样选择成长股》一书。巴菲特读了这本书，几年后他去拜访了费雪，他说："读了费雪的书后，我找到了他。当我见到他的时候，我对这个人和对他的想法一样印象深刻。"[38] 费雪也立刻喜欢上了巴菲特，当时经常有人来拜访他，他通常会同意与有前途的投资界专业人士见上一次，但很少会见两次。因为，实际上费雪在心中将人分成两类：不是 A，就是 F。也就是说，如果你不是一流的，那么就是不入流的。在费雪那里，巴菲特是少有的不仅见了第二次，而且之后又见了若干次的投资界人士。费雪对此也很感自豪，因为远在巴菲特声名大噪之前，他就慧眼识珠，看出了巴菲特前途远大。[39]

费雪在年轻的巴菲特身上看到了什么？令他印象特别深刻的是，作为一名投资者，巴菲特使投资方法进化却不丧失自己的核心原则，这些核心原则包括诚信的品质、保持原有的投资气质以及坚守安全边际。费雪指出，大多数专业投资者学习的是技巧和方法，例如，他们只购买低市盈率的股票，他们一直在持续磨炼他们的技巧，但从未进化。相比之下，他看到巴菲特一直在进化，一个十年接着一个十年。

关于巴菲特投资方法的进化，费雪举例指出，没有人能够预测出，巴菲特早期受到的那些价值投资方面的教育，会使他在 20 世纪 70 年代投资具有特许经营权的媒体类股票。当时，巴菲特将华盛顿邮报公司、奈特－里德报业公司、大都会公司和美国广播公司陆续纳入伯克希尔的投资组合。费雪补充到，根据巴菲特之前的风格，人们无法预测到，在 20 世纪 80 年代，他会购买市盈率高于平均水平的消费品公司股票。当时，伯克希尔的投资组合中加入了一些世界上最好的消费品公司，例如通用食品、雷诺烟草、吉列和可口可乐。在巴菲特看来，根据资产负债表以外的情况分析，这些股票都很便宜。这些公司的品牌价值为数十亿美元，但账面上看起来只有 1 美元。巴菲特非常清楚，这些公司的无形资产比其持有的现金、存货和厂房更有价值。

给费雪留下深刻印象的还有巴菲特对进取的渴望，以及强大的执行力，而其他大多数试图进化的人最终都失败了。费雪说，巴菲特没有失败，是因为他一直忠于自己，从没有忘记自己是谁，以及要到哪里去。

对巴菲特而言，他从菲利普·费雪那里学到了什么呢？事实证明，他学到了很多。

当本·格雷厄姆在哥伦比亚大学教授高级证券分析课程时，菲利普·费雪开始了他投资顾问的职业生涯。从斯坦福大学工商管理研究生院毕业后，费雪开始在旧金山的盎格鲁·伦敦 – 巴黎国民银行工作。之后不到两年，他就被任命为统计部门的主管，这个岗位是不是有些熟悉？费雪挺过了 1929 年的股市大崩盘，然后在当地一家经纪公司开始了短暂的职业生涯，后来创办了自己的投资咨询公司。1931 年 3 月 31 日，也就是格雷厄姆 – 纽曼公司成立 6 年后，费雪公司开始招揽客户。

在斯坦福大学求学期间，费雪参与的一门工商课程要求他陪同教授定期走访一些位于旧金山地区的公司。教授会请企业管理人员谈论他们的运营状况，并经常帮助他们解决一些问题。在开车回斯坦福的路上，教授会和学生们交流对拜访过的公司和管理人员的感受。费雪后来回忆说:"每周访问公司的那几个小时,是我接受过的最有用的训练。"[40]

在拜访公司管理层、了解这些公司过往的成功以及面临的挑战的过程中,费雪学到了很多东西,并将这些应用到自己的投资过程中。其中最重要的是,费雪认为,投资于经济潜力高于平均水平和最具管理能力的公司,才能获得卓越的长期利润。为了找出这些公司,费雪开发了一个打分系统,根据公司的业务和管理特点对公司进行打分。这个打分系统构成了他1958 年出版的里程碑式的著作《怎样选择成长股》的第三章,毫无疑问,巴菲特仔细研究了第三章,这章的标题是"买什么:普通股投资的 15 个原则"。

费雪选股最看重的一点是,公司多年来有能力以高于业内同行的速度,实现销售额和利润的增长。费雪认为一家公司需要"拥有市场潜力足够大的产品或服务,使销售额在至少几年内大幅增长"。[41]费雪的方法使巴菲特更加看重以复利增长的销售额和利润,并提高了对产品品牌价值的重视程度,好的品牌可以推动消费者年复一年地重复购买。

费雪还认为,投资没有前景的公司,很少能获得更高的投资回报。这些公司在扩张期可以产生足够的利润,但在衰退期,其利润会迅速下降。巴菲特已经亲身经历了伯克希尔所处的衰退产业的惨淡回报,对此感同身受。

费雪对一家公司的长期盈利能力也非常敏感,他被那些不需要额外融资就能在未来保持成长的公司所吸引。费雪知道，如果一家公司只能通过发行股票来增长，那么流通股数量的增加，将抵消股东从公司增长中获得的所有好处。我们将在下一章了解到，投资的关键在于找到那些不增发股票也能实现成长的公司，而不是仅仅关注那些整体销售额和收益不断增长的公司。

费雪意识到，优秀的公司不仅拥有高于平均水平的商业利润，同样重要的是，这些公司的管理层也拥有高于平均水平的管理能力。费雪会问，公司是否有值得信任的、正直且诚实的管理层？公司高管们的表现是以股东利益为导向，将其视为合伙人，还是看起来只关心自己的福祉？他说，确定管理层意图的一种方法是观察管理层如何与股东沟通。所有企业，无论好还是坏，都有可能经历一段意想不到的困难时期。通常，当生意好时，管理层会自由开放、无所不谈；但当业务下滑、结果不利时，我们会学到更多。费雪会问，管理层是公开谈论公司的困难，还是保持沉默？他说，管理层如何应对困难，会告诉你很多关于公司管理层的信息。

那些学习巴菲特的人，可以很容易地将费雪的教导与巴菲特判断管理层的方法联系起来。此外，我们还可以看到费雪对于管理层应该如何表现的观点，也反映在巴菲特自己作为公司管理者的行为之中，无论是在伯克希尔阶段，还是在投资合伙企业阶段。

费雪还认为，要想取得成功，投资者应该只投资那些能让人真正了解公司在做什么，以及如何为股东创造利润的公司。这个观点也在巴菲特的名言中得到了呼应，即投资者应该只在他们的"能力圈"内投资。费雪说，他早期的错误源于他试图"让自己超越经验的极限。我当时踏出自己完全了解的公司范围之外，投资了那些自己没有相关背景知识的对象"[42]。

为了向人们展示如何强化和扩大能力圈，费雪在他的《怎样选择成长股》一书中讨论了一种随机调查式的收集信息的方法，他称之为"闲聊法"。该书的第二章，标题是"'闲聊'有什么用"。这一章非常短，只有 3 页，但它向投资者传达的信息却颇具权威性。我相信当巴菲特读到这 3 页内容时，一定会发出会心的微笑，因为这会使他想到自己 11 岁时读到的米纳克那本《1000 种赚 1000 美元的方法》。那本书提出了同样的建议："阅读市面上可以找到的所有书籍，找到你打算进入的那个行业的前人经验，将这些经验融入你的计划之中，然后出发，这样你就站在别人的肩膀上，有了更高的起点。"

费雪说，所有投资者都必须阅读公司的财务报告，这是可以理解的，但这项研究本身并不足以证明投资是合理的。谨慎投资的关键步骤是，从熟悉该公司的人那里尽可能多地了解该公司的情况。你可以把它看作一种商业小道消息。费雪的闲聊调查法让他去采访客户和供应商，甚至寻找曾为该公司工作过的员工和顾问。他还会联系大学里进行研究的科学家、政府雇员和行业协会的高管，也会去拜访竞争对手。费雪说："这太棒了，从来自不同部门的人员代表所持有的不同观点中，以及从他们的观点中获得的交叉印证中，你可以得到每家公司在一个行业中相对强弱的精确画像。"[43]

费雪教会巴菲特的另一个投资原则是不要过度强调分散，也就是不要过度多元化。尽管费雪承认分散投资广受好评，但他认为将很多鸡蛋放在太多不同的篮子里，实际上会增加一个投资组合的风险。他解释说，那些顾问从来没有想过，在对目标公司、产品和管理团队没有足够了解的情况下持有它们的股票，可能比那些所谓的不够多元化的集中投资更危险。

* * *

格雷厄姆和费雪之间的不同是显而易见的。格雷厄姆是一位定量分析师，他着重强调那些可以确定衡量的因素，例如固定资产、当前利润以及股息。格雷厄姆不会去采访客户、竞争对手或经理。正如我们所知道的那样，格雷厄姆的这套方法在巴菲特管理投资合伙企业时期非常有效，但当他管理伯克希尔时，他开始需要不同的想法、不同的理念。

费雪是一位定性分析师，他强调那些他认为增加了公司未来价值的因素，例如公司的竞争战略和管理能力。就像一个大学毕业之后的人需要继续深造一样，费雪的书正是巴菲特所需要的，费雪引导他去创造伯克希尔未来的价值，巴菲特可谓是在对的时间遇见了对的人。

对于巴菲特所受到的教育，最好的理解是两位传奇投资家两种不同投资理念的综合。巴菲特曾经说过："我是 15% 的费雪，85% 的本·格雷厄姆。"[44] 但那是在 1969 年，在接手掌管伯克希尔之前，在收购喜诗糖果、华盛顿邮报公司、大都会公司和可口可乐公司之前。巴菲特说："尽管他们二人的投资方法不同，但他们在投资界是平行的。"对他来说，从个人角度而言，更重要的是"费雪与本·格雷厄姆非常像，他也具有谦逊、慷慨的精神，是一位非凡的老师"[45]。

然而，格雷厄姆为巴菲特提供了一个重要的经验，这是菲利普·费雪的教导所缺乏的。这个来自格雷厄姆的经验就是：如何思考估值，以及始终关注安全边际的重要性。直到今天，安全边际的概念对成功投资依然至关重要，简单地说，这是毫无商量余地的。但由于公司利润、账面价值和股息并不再被简单地视为估值的信号，巴菲特不得不再采取其他方式，以确定如何准确地对一只股票估值。

* * *

约翰·伯尔·威廉斯（John Burr Williams），美国经济学家，1900 年 11 月 27 日出生于康涅狄格州的哈特福德。他在哈佛大学接受教育，专业是数学和化学。后来，威廉斯被投资所吸引，并于 1923 年进入哈佛商学院学习。他很快发现，要想成为一名优秀的统计学家，他必须成为一名优秀的经济学家，所以他在 1932 年回到哈佛大学继续攻读经济学博士学位。他的研究目标是：了解到底是什么导致了 1929 年的华尔街崩盘和 20 世纪 30 年代的经济大萧条。

约翰·伯尔·威廉斯非常幸运地得到了一个机会，跟随经济学家约瑟夫·熊彼特（Joseph Schumpeter）学习。熊彼特不久前刚从奥地利移民到美国，因其著作《资本主义、社会主义与民主》（*Capitalism, Socialism, and Democracy*）以及提出"创造性破坏"这个概念而闻名业界。威廉斯报名参加了熊彼特的"经济理论"课程，在进行博士论文选题时，他去寻求熊彼特的建议。熊彼特认为，将"一只普通股的内在价值"作为选题更加符合威廉斯的背景和经验。威廉斯后来评论说，也许熊彼特有一个有点讽刺的动机，这个话题可以防止威廉斯与其他教员"发生冲突，没有人愿意挑战自己在投资方面的想法"。[46]

威廉斯的论文果然引起了几位教授的极大愤慨，在尚未获得通过的情况下，他将自己的作品提交给麦克米伦出版社出版，但是遭到了出版社的拒绝。换了另一家出版公司——麦格劳-希尔教育出版公司后，他同样遭到了拒绝，因为两家出版社都觉得这本书太长了，书中的代数符号也过于繁多。最后，直到 1938 年，威廉斯在哈佛大学出版社找到了一位出品人，在他同意支付部分印刷费用之后，出书的愿望才得以实现。两年后，威廉斯参加了论文答辩，就"大萧条的原因"进行了激烈辩论，他顺利地通过了毕业流程。

威廉斯的著作《投资价值理论》(*The Theory of Investment Value*) 在格雷厄姆和多德出版《证券分析》之后 4 年问世。在书中，威廉斯提出了一个观点：资产的内在价值应使用"现值法评估"来计算。今天，在金融中，现值被称为净现值 (net present value, NPV)，并被用来在估值的时候确定未来预期收入现金流的当前价值。在《投资价值理论》一书中，威廉斯提出，普通股的内在价值是其未来净现金流的现值，按分红形式计算。威廉斯的模型被称为股利贴现模型 (dividend discount model, DDM)。

对巴菲特而言，威廉斯和他的书的吸引力在于两个重要的概念。首先，威廉斯将股息称为未来的息票。这与巴菲特的观点完全相符，因为伯克希尔旗下公司每年会将利润提交给总部。其次，也是非常重要的是，巴菲特将威廉斯关于未来净现金流现值的概念，与自己从格雷厄姆那里学到的安全边际的概念联系在了一起。

尽管威廉斯没有使用"安全边际"这个词，但他写道："投资价值，可以定义为未来股息或未来息票和本金的当前价值，它对于每个投资者的实际投资都非常重要，因为一旦超过这个界限，投资者就不能在不增加风险的情况下购买和持有股票。如果一个人付出的价格低于证券的投资价值，他就永远不会损失，即使股价立即下跌，他仍然可以在持有中获得收入，并获得高于正常水平的回报；但如果他购买的价格高于投资价值，他避免损失的唯一希望是以更高的价格卖给其他人，后者则会遭受损失。因此，所有那些认为无法预测市场波动的人，以及不希望仅仅靠猜测股价变动而获利的人，都应该以估算投资价值作为他们买卖的指南。"[47]

在很多方面，约翰·伯尔·威廉斯实际上在将本·格雷厄姆重新引回巴菲特，因为他们对同一基本概念（购买价格低于内在价值的股票，同时避免购买价格高于内在价值的股票）有不同的演绎。但是，威廉斯并没有使用会计因素倍数（市盈率、市净率），而是给了巴菲特另外一种方法：计算一家企业未来利润的净现值。这真是完美的方案，与巴菲特在伯克希尔所做的事情一样，而这也正是巴菲特继续前进所需要的东西。

1992 年，巴菲特否定了低市盈率的投资方法，他向伯克希尔的股东介绍了约翰·伯尔·威廉斯。在那年的年度报告中，他写道："50 多年前，约翰·伯尔·威廉斯在他的著作《投资价值理论》一书中，提出价值方程式，我们在这里浓缩一下：

任何股票、债券或生意，它们今天的价值，取决于资产在可预期的剩余寿命中，所产生的现金流入和现金流出的总和，以及适当的贴现率。"巴菲特继续写道，"投资者应该购买的对象是，按照现金流贴现计算出来的结果显示最便宜的标的，无论其业务是否增长，利润是波动还是平稳，也无论其市盈率或市净率是高还是低。"[48]

尽管约翰·伯尔·威廉斯的理论在数学上是正确的，但它非常不容易计算。正如巴菲特所说："每一家企业的价值都是其未来自由现金流的现值，如果你有机会将一家公司从今天到其寿命最后一天之间所有产生的现金流做成统计表格，你就会得到一个精确的关于这家公司到底值多少钱的数字。"[49] 但这就是挑战。"债券有票面利率和到期日，可以用来定义未来的现金流，但对于股票，投资分析师必须自己估计未来的息票。"[50]

威廉斯也意识到了同样的挑战，所以，他在《投资价值理论》的第 15 章 "怀疑论者的一章" 中写道："长期预测是否太缺乏确定性？"他承认，没有人展望未来的时候可以有十足的把握。尽管如此，威廉斯也提出了一个反问："过去的经验不是表明，那些严谨的预测（当这样的预测被证明是正确的时候，它经常被称为远见）对投资者帮助极大吗？"[51]

巴菲特同意这个观点，回到之前提到的伊索寓言，他很有同感。有时候做估计是一项困难的任务，投资者需要等多久才能捕获这些鸟？丛林里有多少只鸟？利率是多少？巴菲特说：

"通常，估算的范围太宽泛，以至于无法得出有用的结论。不过，有时候，即便是对未来鸟群出现的机会进行非常保守的估计，股价相对于价值而言还是低得惊人。投资者并不需要天赋异禀，也不需要目光如炬，事实上，使用精确的数字有时是愚蠢的，使用一个概率范围可能是更好的方法。"[52] 对巴菲特来说，一个大约的近似值就足够了，"无法确定一个精确的数字并不会使我们烦恼，我们宁愿要模糊的正确，也不要精确的错误。"[53]

* * *

《价值投资：从格雷厄姆到巴菲特的头号投资法则》一书有四位作者，分别是布鲁斯·格林沃尔德、贾德·卡恩、保罗·索金和迈克尔·范·比拜玛，他们将价值投资选择股票的方法分为三个不同的阵营：经典、混合、现代。"经典"派的方法侧重于有形资产；"混合"派的方法强调非公开市场价值或重置价值；"现代"派的方法就是像巴菲特这样的价值投资者所采用的方法，价值投资者被称为企业的主人，他们喜欢特许经营权的价值，可以在大众熟视无睹的地方独具慧眼，发现价值。[54]

"熟视无睹"一词是对埃德加·爱伦·坡的致敬，他的《失窃的信》写于 1844 年，是其侦探小说三部曲之一，书中的主

角是世界上第一位文学侦探——C.奥古斯特·杜宾。作者认为
《失窃的信》是自己最好的推理故事，是一本关于推理艺术的
书。[55]

　　书中的故事情节很简单，一个男人偷了一封机密的破损了
的私人信件，用它去勒索一个女人。警察例行公事，在小偷家
里搜寻这封信，但没有找到。于是，一位高级警官向侦探杜宾
求助。

　　很快，侦探发现这封信就放在写字台上的卡片架上，这是
一个所有人都可以看到的地方。勒索者预计到警方会认为这封
信一定会被藏在一个隐秘的地方，所以做了恰恰相反的处理，
把信放在了一个显而易见的地方，这样人们反而会熟视无睹。
侦探解释了为什么警方反而忽略了显而易见的地方："他们自
认为很聪明，所以在寻找藏匿的东西时，只会注意那些他们认
为自己会隐藏的地方。"

　　读者的心理局限性揭示了侦探故事的美。在《失窃的信》
中，警方先入为主的想法如此强大，以至于看不到放在他们眼
前的东西，这是一种认知偏差。与此类似，投资者也存在认
知偏差，他们凭借自己的想象形成了对股市应该如何的先入为
主，拒不承认那些显而易见的东西。

　　这让人想起了一个故事，两个华尔街银行家走着去吃午
饭，其中一个发现人行道上有一张 100 美元的钞票，便弯下腰
去捡。

朋友问他："你在做什么？"

他回答："捡这张 100 美元的钞票啊，还能怎么样？"

朋友说："别开玩笑了，如果那真的是一张百元大钞，早被人捡走了。"

投资者一直痴迷于寻找市场中最为隐秘的东西，他们认为越是隐秘难寻才越有价值。这种观点有时是正确的，但并不总是正确的。我们也可以说，光天化日下的存在通常被认为是合理的，但在某些情况下，它没有得到充分重视。巴菲特收购可口可乐公司的案例，就是这样的故事。

历史上，瓶装可口可乐的第一次销售发生在 1886 年。该公司于 1919 年以每股 40 美元的价格在股市挂牌上市。17 年后，少年巴菲特在街边摆摊卖可乐赚钱。但在投资合伙企业期间，他从未购买过可口可乐的股票，又过了 23 年，他才扣动了扳机，为伯克希尔买入了一些。

巴菲特说："我过于小心谨慎，始终没有买可口可乐的股票，相反，我把我的大部分净资产投到了铁路公司、农机制造公司、无烟煤生产公司、纺织企业和交易印花发行商等。直到 1988 年夏天，我的大脑才终于与我的眼睛建立起了联系，我当时感觉这既清晰又迷人。20 世纪 70 年代，可口可乐一度呈现出衰落景象，但随着郭思达（Roberto Goizueta）出任公司 CEO，可口可乐发生了脱胎换骨的变化。"[56]

20 世纪 70 年代，可口可乐呈现给世人的形象是一家焦点分散、跨界活跃的公司，而不是一家引领饮料行业前进的创新者。保罗·奥斯汀（Paul Austin）自 1962 年以来一直担任总裁，1971 年被任命为公司董事长。尽管可口可乐继续创造了数百万美元的利润，但这些利润并没有被再投资于回报更高的汽水业务，而是投在了与主业不相干的水利、养虾场、葡萄酒等行业上，甚至投在了奥斯汀妻子随意看上的现代艺术收藏品上。从 1974 年到 1980 年，可口可乐公司的市值年平均涨幅为 5.6%，大大低于标准普尔 500 指数的表现。

1980 年 5 月，可口可乐 91 岁的创始人罗伯特·伍德拉夫罢免了奥斯汀，取而代之的是郭思达。他在古巴长大，是可口可乐公司第一位在外国出生的 CEO。郭思达脚踏实地，提出了该公司的 "80 年代战略"，这是一本 900 字的小册子，概述了可口可乐的企业目标。这个计划看起来很简单，对于那些利润没有大幅增长、没有有效提升资本回报率的部门，公司采取的措施是全部出售，所有收回的资金都将再投资于饮料业务，因为这是该公司增长最快、回报最高的部分。

1980 年，郭思达接管时，可口可乐的利润率为 13%。到 1988 年，巴菲特首次购买可口可乐股票时，公司利润率已经攀升至创纪录的 19%。1980 年，可口可乐的净资产收益率略高于 20%。1988 年，净资产收益率增长了 50%，达到 32%。到 1992 年，可口可乐的净资产收益率已接近 50%。

任何不能谨慎地再投到饮料业务的资金，公司都会用来提高股东股息和回购股票。1984 年，郭思达批准了公司有史以来的首次回购计划，宣布回购 600 万股股票。在接下来的 10 年时间里，郭思达回购了 4.14 亿股可口可乐的股票，占该公司 1984 年初已发行总股本的 25%。

巴菲特观察到了可口可乐公司正在发生的事情，并清楚郭思达的行动将会大幅增加公司的内在价值。只要郭思达没有以增发股票的方式稀释可口可乐的经济成果，并继续使用过剩的现金回购股票，可口可乐的内在价值将大大高于市场的预期。

让我们使用约翰·伯尔·威廉斯的股利贴现模型来计算可口可乐公司净利润增长的折现值。如果公司未来 10 年的增长率为 5%，10 年之后保持 5% 的永续增长率，那么公司将价值 207 亿美元；如果增长率为 10%，则价值 324 亿美元；如果增长率为 15%，则价值 483 亿美元。在巴菲特购买可口可乐的股票时，其平均购买价格相当于市值 151 亿美元。因此，根据对增长的估计，巴菲特购买可口可乐股票的价格相对于其内在价值，保守估计大约低了 27%，按最乐观的情况估计大约低了 70%。对于那些处于第一阶段的价值投资者而言，他们看到的是巴菲特购买可口可乐的股票时，其市盈率、市净率如此之高，他们都认为可口可乐被高估了。[57]

为了帮助投资者观察价值投资方法第一阶段和第二阶段之间的区别，马克尔公司的联合 CEO 和首席投资官汤姆·盖纳

（Tom Gayner）提供了一个寓意深刻的比喻：这种不同相当于一张快照和一部完整电影之间的区别。前者定格了一个特定时刻，后者则是随着时间展开的完整影片。[58]

做出这个比喻的盖纳接受过会计方面的培训，他认为会计很重要，因为会计是商业的语言。因此，当盖纳开始投资时，他强调从会计课程里学到的定量方法，也就是本·格雷厄姆教授的方法。

盖纳称定量投资为"发现价值"，它就像一台可以拍摄快照的照相机。在快照摄影中，时间是静止的。盖纳说，这种方法在大萧条和二战后的投资中非常有效。几十年来，投资那些在数学上看来便宜的股票一直是一种有利可图的投资方法，这种方法一直在被使用，直到它不再起作用。为什么会这样呢？因为随着市场的发展，股市参与者会知道什么是有效的方法。一开始只有几十个投资者，然后是数百，再后是数千，最终是成千上万的投资者，他们都选择同样的廉价股票，所以利润差距缩小了。如此一来，格雷厄姆和多德选股的价值投资方法就无法再提供额外的回报。

盖纳说，价值投资的演变可以被视为一种过渡，从用快照发现价值，到理解价值会像电影一样随着时间的推移而展开。对此，芒格表示同意，他说："那种按一按计数器，简单计算一下哪个市盈率低，哪个市净率低，然后以清算价值25%～50%的折扣购买资产，一转手就可以赚钱的日子已经结束了。"这个世界已经清醒过来。游戏变得越来越难。你必须进入巴菲特的思维[59]。所以我们要说，巴菲特对可口可乐内在价值的观察就像在看郭思达执导电影一样。

从价值投资的第一阶段进化到第二阶段是一项挑战，第二阶段的电影制作比第一阶段的拍摄快照难度要大得多。如果投资者对电影的看法与现实不同，就会出现财务上的失误。即便如此，基本的电影制作是理解第二阶段价值投资的关键因素。

芒格说："有些人对学习如此抗拒，以至于有点不可思议。"对此，巴菲特补充道："更加令人震惊的是，即使学习符合他们的利益，他们也会非常抗拒。"然后，巴菲特以一种更深沉的语气继续说道，"人们对思考或改变有着令人难以置信的抗拒。我有一次引用伯特兰·罗素的话说'大多数人宁愿死也不愿思考。很多人真的这么做了'。从经济意义上来说，的确如此。"[60]

第三阶段：网络经济学的价值

价值投资从第二阶段到第三阶段，其中的考量因素与其说是增加了新的财务指标，不如说是引入了新的商业模式。在第一阶段中，商业模式是由其有形资产来定义的。要在第一阶段发展业务，需要发展公司的有形资产，例如建更多的工厂，买更多的设备。在第二阶段，企业发展依赖于企业的无形要素，例如产品的吸引力、品牌价值，以及涉及各种渠道的供应链。在第二阶段，服务方面的要素推动了销售和利润的增长，它需要的资本明显少于第一阶段。

在第三阶段，投资者会学习知识、信息和娱乐的价值创造方面的内容，开始很慢，但会越来越信心十足，所有这些都是通过新技术实现的，包括全球互联网相连的更强大的个人电脑和智能手机。在第三阶段，商业模式的有形资产投入成本大幅下降，而价值产出却呈指数级增长，创造数亿美元利润的公司往往能有数十亿美元的市值，而推动这些所需的资本仅仅是工业革命时代所需资本的一部分而已。

价值投资者一直对增长感兴趣，但不可否认，在如何自信地估算增长的安全边际方面，他们的确存在困惑。对大多数人来说，伊索笔下的灌木丛中的那两只鸟总是遥不可及的。尽管大多数价值投资者在学习如何给增长进行估值方面进展缓慢，但没有什么能阻挡学者们积极研究经济增长的属性。

在这方面，第一个著名人物就是约瑟夫·熊彼特。熊彼特认为经济是动态的、创新的、以变化为导向的，这起源于历史经济学院，是在 19 世纪的德国发展起来的广泛经济理论观点。在创新研究方面，英国经济学家克里斯托弗·弗里曼（Christopher Freeman）被认为是一位杰出的研究者，他的大部分研究都致力于熊彼特的工作。根据他的研究，"熊彼特一生工作的中心观点是，资本主义可以被理解为一个持续创新和

'创造性破坏'的进化过程"。[61]熊彼特认为，经济增长发生在一系列长时间的周期中，而且每一次的速度都随着时间的推移而加快，他称这个周期为波浪。

1962 年，俄亥俄州立大学农村社会学的助理教授埃弗雷特·罗杰斯（Everett Rogers）出版了《创新的扩散》（*Diffusions of Innovation*），当时他年仅 31 岁。如今，罗杰斯已经成为学术界知名人士，他的书现在已更新到第 5 版，并且成为 21 世纪初期社会科学类图书中被引用次数第二多的著作。罗杰斯试图将熊彼特的滚动波理论整合到一个独特波动理论之中，以解释技术思想是如何传播的、为什么传播以及传播的速度，他将技术采用者归纳为"创新者、早期采用者、早期多数、晚期多数和落后者"等几类。

但是将这些问题联系起来的人是英籍委内瑞拉学者卡萝塔·佩蕾丝（Carlota Perez），她的推演逻辑是这样的：熊彼特提出的经济变革始于创新，然后引发创业活动，导致金融投资爆发。佩蕾丝的研究集中在技术经济范式转变的概念上，显示了金融市场的非规则形态与技术革命的生命周期平行发展。

在她的《技术革命与金融资本：泡沫与黄金时代的动力学》一书中，佩蕾丝列出了从 18 世纪 70 年代到 21 世纪初的五次技术革命。第一次是工业革命，始于 1771 年，当时阿克赖特⊖

⊖ Arkwright，1732—1792，英国纺织机发明人。——译者注

的水力棉纺纱厂在英国的克伦福德开业。第二次是在 1829 年，蒸汽和铁路时代，随着利物浦 – 曼彻斯特铁路的蒸汽机测试而拉开帷幕。第三次是钢铁、电力和重型工程的时代，它始于 1875 年卡内基的贝塞默工厂在匹兹堡开业。第四次是石油、汽车和大规模生产的时代，它始于 1908 年，当时第一个 Model-T 在底特律的福特工厂推出。今天，佩蕾丝说，我们正处于第五次技术革命之中，她称第五次技术革命为信息和电信时代。它始于 1971 年加利福尼亚州的圣克拉拉，当时英特尔推出了微处理器。[62]

第五次技术革命的新技术包括微电子学、计算机、软件、智能手机和控制系统。新的基础设施包括全球数字电信、电缆、光纤、无线电频率，以及提供互联网、电子邮件和其他电子服务的卫星。

第五次技术革命的原则包括信息聚集、去中心化和全球化。信息聚集意味着知识如同资本一样可以增值，当网络结构去中心化时，市场会呈现碎片化，产生大量强大的利基市场。全球连通使本地运营商之间的即时全球化互动成为可能，从而实现大范围和规模化的经济，创造一个历史上无与伦比的整体可定位的经济市场。[63]

佩蕾丝的关于技术革命的生命周期理论，与罗杰斯的创新扩散理论并没有太大的不同。佩蕾丝的生命周期包括四个不同的阶段。在第一阶段，一个范式开始形成。在这个阶段，产品被发明出来，公司成立，产业诞生。增长是爆炸性的，创新继续高速发展。在第二阶段，我们将看到各种新产业、新技术系统和新基础设施的整体结构。在第三阶段，这些创新在新产品和新服务的市场潜力上得以充分显示。最后，在第四阶段，最后的新产品进入市场，而早期的产品正迅速接近成熟和市场饱和。[64]

更重要的是，佩蕾丝走得比罗杰斯、熊彼特更远。她指出，"技术革命的轨迹并不像教科书中反映的程式化曲线那样流畅"[65]。至于原因，她认为，是金融市场参与了技术革命的资金筹措。

佩蕾丝描述了所有技术革命中会出现的标准流程。每一次革命都要经历两波浪潮，每一波浪潮依次由两个阶段组成。她将第一波浪潮定义为安装调试期，"在这个阶段，新技术杀入成熟的既有经济环境，并像推土机一样进行突破，破坏现有的结构，连接并构建新的工业网络，建立新的基础设施，传播新的行为方式"。第二波浪潮被称为部署运用期。在这个阶段，佩蕾丝说，"整个经济环境被胜利范本的现代化力量重新构建，再次塑造，然后成为广泛的最佳实践，使财富创造潜力得以充分发挥"。[66]

在某种程度上，这与其他人的描述相呼应。然而，在第一波浪潮（安装调试期）和第二波浪潮（部署运用期）之间，存在着一个中断之处——"程式化曲线"断点，佩蕾丝将其称为转折点。她解释说，在安装调试期的第一阶段——她称之为"急速蔓延期"，有一段对技术革命大量投入的时期。在这一阶段，"变革仅仅是一个小事实，却是一个大征兆"。接下来，资金会以疯狂的速度投入新业务和新基础设施，这就到了安装调试期的第二阶段——"疯狂展开期"。股市繁荣，形成泡沫，然后崩溃，这就是一个转折点。随着股市崩溃，出现了经济衰退。但经济衰退为机构重组创造了条件，这是对科技公司未来市场潜力的金融力量的再平衡。"重要的重组发生在转折点，它经历了动荡的重组和范式转换的时代，进入随之而来的'黄金时代'。"[67]

在第二波浪潮——部署运用期中，会有两个不同的阶段——"协同"阶段和"成熟"阶段。佩蕾丝称"协同"阶段为"黄金时代"，在这个阶段，公司实现外部生产、雇员和客户增加的协同增长。以销售额、现金收入和高资本回报率为形式的实体经济回报增加变得明显。接下来是"成熟"阶段，市场开始饱和，技术渐趋成熟，最后一批新进入者开始涌入市场。

佩蕾丝提供的这张路线图，让投资者可以很轻松地追踪20世纪七八十年代发生的事情，首先是"急速蔓延期"，然后是90年代的"疯狂展开期"，这导致了市场泡沫，直到2000年泡沫破裂，以及随之而来的经济衰退。佩蕾丝说，现在，我们坚定地站在转折点的另一边，而且很明显，我们现在正处于第五次技术革命的黄金时代。资本、基础设施、劳动力、服务和客户之间的协同作用正在达到一个大家可以接受的水平。在信息和电信时代，投资的黄金时期很有可能会持续许多年。"成熟"阶段还有多长时间到来目前还不清楚，但对许多行业和公司来说，全球目标市场依然存在相当大的空间。

* * *

熊彼特、罗杰斯和佩蕾丝这些学者从各自的研究出发，为广大投资者提供了一个深刻的思维方式，那就是从宏观经济的角度来思考增长。目前仍然缺少的是，如何确定在这场科技革命中，哪些公司具有哪些竞争优势。为了得到这方面的洞见，我们必须求助于另一位院士，一位温和的爱尔兰经济学家，他的名字叫布莱恩·阿瑟（Brian Arthur）。

阿瑟于 1945 年出生在北爱尔兰的贝尔法斯特，1966 年他从贝尔法斯特女王大学获得了电气工程学位，然后前往美国继续他的研究。他从密歇根大学获得数学硕士学位，从加州大学伯克利分校获得运筹学博士和经济学硕士学位。1996 年，他被任命为斯坦福大学莫里森经济和人口研究院主席，当时他年仅37 岁，是有史以来最年轻的主席。1990 年，他凭借著作《进化经济学：理论与实践》（*Evolutionary Economics: Theory and Practice*）获得了著名的熊彼特经济学奖。

到了斯坦福大学后不久，阿瑟就开始以日记的形式记录他对经济的观察。在其中一篇日记中，他写下了"新旧经济学"，并划分出两栏，列出两个概念的各自特点。在"旧经济学"中，他写下了"理性"和"对均值的回归"，一切都处于"平衡状态"。这些是基于经典物理学的经济学，基于认为系统结构简单的认知。在"新经济学"中，阿瑟写到，人们"情绪化且不理性"。这个系统"复杂而不简单"，而且处于"不断变化之中，而不是静态的"。在阿瑟看来，经济学更类似于生物学，而不是物理学。

布莱恩·阿瑟与诺贝尔经济学家肯·阿罗（Ken Arrow）建立了私人联系，阿罗把他介绍给了位于美国新墨西哥州圣塔菲研究所（Santa Fe Institute）的科学家组织。1987 年秋天，阿罗邀请阿瑟在该研究所举行的一次会议中展示他最近的研究成果，与会者中有物理学家、生物学家，也有经济学家。组织这次会议的目的，是希望当时在自然科学界，即复杂的自适应系统科学中存在的各种思想，能够激发出思考经济学的新方式。当时，花旗集团董事长兼首席执行官约翰·里德资助了这次会议，希望找到新思路，能够知道资本市场如何运作，让自己的经济学家不至于一直犯错。

研究复杂的自适应系统的共同之处是，识别系统由多个自主元素组成，每个自主元素都会对系统自身产生的模式进行反应和适应，这种复杂的自适应系统会一直处在一个随时间推移不断演化的进程中。虽然这些类型的系统对于生物学家和生态学家而言都十分熟悉，但圣塔菲研究所的会议小组认为，也许这个概念应该扩展、延伸至其他学科，也许现在是时候将经济系统和股票市场的研究纳入一个复杂的总体概念了。

今天，经济学作为一个复杂的自适应系统被称为"复杂经济学"（complexity economics），这是阿瑟在 1999 年为《科学》杂志写的一篇文章中创造的一个新术语。在以物理学为标准的基础上建立的经济理论中，市场呈现出收益递减状态。收益递减定律是标准经济学的一个基本原则，其内涵包括，在其他因素保持不变的情况下，多增加一个因素，即要求，就会在某个时点上降低单位生产的增量回报。换句话说，收益递减定律是指当到达某一点后，所获得的经济回报水平相对于所投资的资金而言，会下降。

然而，复杂经济学认为，有些公司注定不会受长期收益递减定律的影响。根据阿瑟的观点，有一些公司的经济回报会继续增长，他解释说："加速回报，是指那些领先的会进一步领先，而那些失去优势的会进一步落后。"收益递减是旧的实体经济的一个特征，与此同时，"加速回报正在成为新经济，也就是知识型产业的特征"。[68]

阿瑟说，加速回报在网络效应常见的特定技术领域中尤为显著。网络效应是指随着越来越多的人使用某个产品或服

务，其价值会有所增加的现象。阿瑟指出，网络已经存在了
很长一段时间，但在新的以知识为基础的经济中，数字网络
是一种价值创造的象征。而数字网络与实体网络存在很大不
同，阿瑟预测，在以新技术为基础的经济中，网络之间肯定
会有竞争，但最终，在洗牌之后，"剩下来的网络赢家屈指
可数"。[69]

* * *

比尔·米勒在结束了在约翰霍普金斯大学的法律和政治
伦理学博士课程的学习之后，每天都会去美盛证券公司位于巴
尔的摩的办公室，他的妻子莱丝莉是该公司顶级股票经纪人哈
里·福特的助手。在等待妻子结束一天工作的时间里，米勒会
坐在角落里研究各种报告。

一个哲学方向的毕业生用下午的大把时间去阅读股票报
告，看起来似乎有点奇怪。但对于比尔·米勒来说，这并不算
越界，因为当他还是个 9 岁孩子的时候，就在佛罗里达炎热的
阳光下用割草机除草，不断寻找新的赚钱方法。

一天，年轻的比尔·米勒注意到他的父亲在看报纸，不是
通常的体育版面，而是财经版面。当他让父亲解释上面那些数
字时，父亲说："如果你昨天拥有这家公司的股票，今天就能
赚 25 美分。"他的父亲还说，这些股票会自己涨。

"你的意思是，如果你搞懂了股票，就可以不用工作也能赚钱？"比尔·米勒问。

"是的。"

"嗯，我想赚很多钱，但我不想工作，所以我想搞明白股票。"[70]

高中时，米勒读到的第一本投资书名叫《我如何在股市赚了200万》。16岁时，他把自己的75美元投资在一只代码为RCA的股票上，获得了可观的利润，由此，他更是被股票迷住了。从那时起，投资就一直是他生活的一部分。米勒并没有走典型的商学院路线，他就读于弗吉尼亚州列克星敦的华盛顿与李大学，1972年以优异的成绩毕业，获得欧洲历史学和经济学学位。正是在华盛顿与李大学，他经人推荐知道了本·格雷厄姆，并开始认真学习投资。"一旦有人向你解释了价值的概念，你要么会立刻接受，要么会不认同。"米勒说，"我发现这个概念是很有道理的，我认同它。"[71]

大学毕业之后，米勒在陆军担任情报官员并被派驻海外。之后，他继续攻读哲学博士学位。当时，比尔·米勒计划寻求哲学教学方面的岗位，当迈克尔·胡克教授提醒他可能找不到合适的工作岗位时，他决定放弃继续在约翰霍普金斯大学写博士论文。根据胡克教授的回忆，米勒每天早上都会到教师图书馆阅读《华尔街日报》，于是，他鼓励米勒从事金融事业。因此，米勒去了制造业公司 J.E. 贝克公司做财务方面的工作，后来担任财务主管。这项工作的特权之一是负责监督公司的投资组合，米勒很快发现，这部分工作恰恰是他最喜欢的。[72]

没想到经常去美盛证券公司接妻子下班这样的闲逛竟很快为米勒带来了别样的回报。美盛证券公司的创始人兼董事长雷蒙德·奇普·梅森回忆说："当米勒的妻子快下班的时候，米勒会出现，他是如此沉浸在研究报告中，以至于他的妻子不忍催促他赶快离开。"[73] 不久之后，妻子莱丝莉就把米勒介绍给了美盛证券公司的研究主管厄尼·基恩。碰巧基恩计划退休，正在寻找继任者。因此，在 1981 年，比尔·米勒加入了美盛证券公司，成为厄尼·基恩的预备接班人。第二年，雷蒙德·奇普·梅森推出了名为美盛价值信托的共同基金，以展示该公司的研究能力，基恩和米勒被任命为联席投资经理。

美盛价值信托这只基金是观察价值投资在三个不同阶段演变的完美研究案例。一开始，美盛价值信托的管理基于格雷厄姆和多德论述的原则，这是一个经典的第一阶段案例。这只共同基金的投资对象广泛、多元，相当分散，拥有 100 多只股票，几乎所有股票都属于低市盈率和低市净率的范畴，格雷厄姆和多德的做法受到厄尼·基恩的青睐。自 1962 年雷蒙德·奇普·梅森成立公司以来，投资管理人就一直在执行这些策略。但在美盛价值信托成立后不久，米勒的影响力开始慢慢

显现出来，他开始改变投资组合的构成。米勒专注于一家公司
未来的现金流和净资产收益率，这也是巴菲特价值投资方法的
一个标志。在这个过程中，米勒逐步减少了投资组合中的股票
数量，并像巴菲特一样，开始把注意力集中在最好的想法上，
而不是撒胡椒面式地广泛分散。到 20 世纪 80 年代末，美盛价
值信托已经演变到了价值投资的第二阶段。

1990 年 10 月，厄尼·基恩将基金的掌控权交给了比
尔·米勒，从此，米勒成为该基金唯一的投资经理。1991 年，
他开始了出色的表现。从 1991 年到 2005 年，美盛价值信托连
续 15 年跑赢其对标基准——标普 500 指数。[74]

事后来看，人们可以非常清晰地观察到，美盛价值信托从
价值投资的第一阶段发展到第二阶段的演化路径。毕竟，巴菲
特在 20 世纪 80 年代的大部分时间里一直在阐述第二种方法。
但当米勒完全掌管这个基金时，他准备将投资组合继续推进到
第三阶段，这一阶段的价值投资方法专注于那些尚未被认可是
价值投资对象的公司。

1993 年，经过安排，米勒在纽约会见了花旗集团的 CEO
约翰·里德。当时，这家美国最大的银行正陷于困境之中，但
在米勒看来它很便宜。他与里德的会面证实了花旗采取了正确
的做法，包括成本控制，以及向股东返还资金。在会面结束之
前，里德提到，花旗集团资助了圣塔菲研究所的一个研究项
目，也许米勒对此会有兴趣。后来，圣塔菲研究所会议中的

文章和讲稿被收集在一起，出版了一本书，名为《不断进化的复杂自适应系统经济学》（*The Economy As an Evolving Complex Adaptive System*），由菲利普·安德森、肯·阿罗和大卫·皮恩斯编辑。

米勒看到了这本书，正是因为读了这本书，他随后去了新墨西哥州。

* * *

圣塔菲研究所位于落基山脉最南端的桑格雷-德克里斯托山的高处，它是一个多学科的研究和教育基地。在这里，物理学家、生物学家、数学家、计算机科学家、心理学家和经济学家济济一堂，研究复杂的自适应系统。这些科学家试图解释和预测免疫系统、中枢神经系统、生态系统、经济系统以及股票市场，凡是新的思维方式他们都非常感兴趣。

米勒到达研究所后，遇到了菲利普·安德森和肯·阿罗，他们都是诺贝尔奖得主。安德森正在研究突现性质的科学，阿罗为理解新兴增长理论和信息经济学奠定了基础。米勒还被介绍认识了默里·盖尔曼（Murray Gell-Mann），他已经成了圣塔菲的常客。盖尔曼曾与理查德·费曼（Richard Feynman）合作，并因其在基本粒子物理学理论方面的工作而获得诺贝尔奖，他将其称为"夸克"（quarks）。米勒还见到了英国理论物理学家杰弗里·韦斯特（Geoffrey West），他当时正致力于适用于生物体、城市和公司普遍增长规律的研究。正是在这里，米勒遇见了前文提到的布莱恩·阿瑟，两人还成了朋友。

阿瑟向米勒解释了他的回报递增经济学（increasing-returns economics）的观点，他进一步指出，那些正在经历回报递增的公司具有哪些属性，以及如何进一步巩固它们在某个行业中的主导地位。他们讨论了网络效应，阿瑟指出，人们更喜欢连接到一个更大的网络之中，而不是局限在一个小的网络里。如果存在两个相互竞争的网络，一个有 2500 万会员，另一个有 500 万会员，那么，对于一个新成员而言，他将倾向于选择那个更大的网络，因为它更有可能满足他与其他成员连接的需求，提供更多的服务和好处。

网络效应是需求方面的规模经济，因此，要想拥有网络效应，快速变大非常重要，因为只有自身迅速壮大才能有效阻止竞争对手扩张。

米勒和阿瑟讨论了正向反馈的概念，这是由行为心理学家 B. F. 斯金纳（B. F. Skinner）提出的人性行为的组成部分。积极的经历会给我们愉悦感或满足感，但凡经历过的人都想重温这种经历。在使用技术产品或其他任何产品时有正向反馈经历的人，往往会有再次回归该产品的倾向。在企业经营中，正向反馈所带来的效应是强者更强，弱者更弱。

在人类心理学中另一个与科技投资有关的行为被称为锚

定效应。当我们习惯用一种方式做事时，对学习另一种方式就没有兴趣。技术产品，特别是软件，一开始可能很难掌握，但一旦我们熟练使用某种产品或软件后，就会强烈抵制改变现状，去使用另一种产品或软件。因此，我们变得依赖于路径，更愿意重复使用同样的技术功能。改变需要学习一套新的指令，这通常非常困难。一旦消费者对自己使用技术的方式感到满意，即使竞争对手的产品被认为更具优越性，他们也难以切换。

所有这些因素（网络效应、正向反馈、锚定效应和路径依赖）都导致了高昂的切换成本。有时切换成本是表面的，因为切换技术和软件需要花费很多钱，所以无法说服客户去改变。在许多情况下，诸如正向反馈、锚定效应、路径依赖等属性形成了一种心理劝阻，这些都是高昂的切换成本的形式。

巴菲特告诉我们，那些长期前景优秀的最佳企业具有一种特质，它被称为特许经营权。具有特许经营权的公司，其销售的产品或服务是人们所需要或渴望的，并且没有替代品。巴菲特还表示，他相信下一波巨大的财富将由那些能识别新特许经营权的人获得。在第一次访问圣塔菲研究所后，米勒强烈地认为新技术公司相当于巴菲特提到的特许经营权。

当米勒回到巴尔的摩时，他发现市场上所谓的价值型股票名单中包含了常见的、令人存疑的对象：银行股、能源股、工业股，包括股价低迷的造纸类公司，以及个人电脑类公司。投资者开始意识到，个人电脑已经渐渐成为一种普通型商品，这类股票历史上的市盈率在 6～12 倍之间。价值型投资者会以 6 倍的市盈率购买这类股票，然后以 12 倍的市盈率卖出。因此，在 1996 年，在个人电脑销售放缓期间，价值投资者再次开始购买，米勒也不例外。他投资了戴尔电脑公司，该公司和其他个人电脑类股票的市盈率很快就回到了 12 倍。在这个价位，价值投资者卖出了他们的持股，但米勒的美盛价值信托仍然保持着自己的持仓。

许多人都知道戴尔电脑的创始人迈克尔·戴尔的传奇故事，他是一个少年天才，在大学宿舍里就开始倒腾个人电脑，把一份兼职工作变成了一家价值数十亿美元的公司，但很少有人意识到戴尔开创的向消费者直销的模式，创下了一家公司盈利能力的历史新纪录。大多数个人电脑公司，如捷威、康柏和惠普，它们的产品都是卖给零售商，再由零售商加价之后卖给客户的。而戴尔是直接面向消费者出售产品，所以它的价格更有优势。

如果客户要购买一台戴尔电脑，可拨打 1-800 电话号码（再后来是通过互联网），订购显示器、键盘，以及具有内存和速度选项的桌面设备。典型的购买流程是：某天，戴尔公司的操作员接到客户订单，指导客户使用信用卡付款，承诺电脑将在未来几周内被送到他们家中或公司。当晚，戴尔从客户的信用卡公司收到购买电脑的付款后，就从供应商那里订购零部件，该供应商给戴尔公司的账期为 30 天，甚至长达 60 天之久。因此，戴尔的这种直接面向个人的电脑业务商业模式，会先收到客户预付的现金，这被称为"负资本营运"。由于戴尔的直销模式让价格更便宜，它不仅比其他竞争对手的销售速度更快、销售额更高，还成为历史上第一家资本回报率超过 100% 的公司，甚至它最高的资本回报率曾达到过 229%。

正是由于这些原因，米勒并没有像其他价值投资者一样，在 12 倍市盈率左右选择抛出戴尔电脑的股票，这在当时倒也不是什么大新闻。但当戴尔以 35 倍的市盈率成为美盛价值信托的最大持仓时，这引起了许多价值投资者的关注和相当程度的震惊。他们问，米勒在想什么？如果他想持有一只个人电脑类股票，为什么不持有捷威股票呢？捷威的市盈率仅为 12 倍。米勒的回答很简单：戴尔的资本回报率为 200%，而同行的捷威公司资本回报率为 40%，这意味着戴尔的赚钱能力是捷威的 5 倍，但市盈率只是对手的 3 倍。[75]

米勒的投资方法都是公开透明的，它就在那里，所有人都能看到。他遵循了与巴菲特相同的投资方法——一种贴现现金流模型。他还运用了巴菲特的观点，即"最好的生意意味着，在很长一段时间内可以使用大量增量资本，带来非常高的回报率"。请回想一下迈克尔·莫布辛关于合理市盈率的说明，如

果一家公司的利润以 10% 的速度增长，资本回报率是 16%，
而资本成本为 8%，那么它的市盈率估值就应该是 22.4 倍。戴
尔电脑的增长率远远高于 10%，它的资本回报率为 200%，资
本成本为 10%。这只股票应该卖多少钱呢？米勒只是根据戴尔
电脑的估值得出了有逻辑的结论，他说："从理论的角度来看，
使用逆向观察的方法存在着根本性的缺陷，"比如使用市盈率
指标，"跳到历史的终点回望今天，任何股票的价值 100% 取决
于未来，而不是过去。"[76]

* * *

米勒经常去圣塔菲研究所学习，这使他充满了新鲜的活
力。他知道市场正处于一场新技术革命之中，他也知道自己有
一张确定一家科技公司竞争优势的路线图。与此同时，社会上
关于如何看待科技公司和投资的文献正在不断涌现，甚至可以
说这类研究的图书馆正在形成。1991 年杰弗里·摩尔（Geoffrey
Moore）作为一位组织理论家横空出世，出版了他的畅销书
《跨越鸿沟：颠覆性产品营销指南》（*Crossing the Chasm*）[⊖]。布
莱恩·阿瑟发表了他的研究报告，并在 1994 年出版了《经
济学中的回报递增和路径依赖》（*Increasing Returns and Path*

⊖ 此书中文版已由机械工业出版社出版。

Dependence in the Economy），肯·阿罗为该书写了前言。1997年，备受尊敬的哈佛大学管理学教授克莱顿·克里斯坦森写了《创新者的窘境：领先企业如何被新兴企业颠覆》。第 2 年，商业策略教授卡尔·夏皮罗（Carl Shapiro）和专攻微观经济学和信息经济学的经济学家哈尔·瓦里安（Hal Varian）出版了一本具有开创性的时代著作——《信息规则：网络经济的策略指导》。哈尔·瓦里安是加州大学伯克利分校信息学院的创始院长，后来被任命为谷歌的首席经济学家。

同年，杰弗里·摩尔在他以往畅销书的基础上，又出版了一本书，名为《猩猩游戏：高科技潜力股投资指南》，这本书是与保罗·约翰逊和汤姆·基波拉合著的。在书中，他们概述了甲骨文公司和相关数据库业务的投资案例、思科公司和网络硬件的经济状况，以及对客户服务软件日益重要的详细分析。结果证明，这一切都颇具预见性。

保罗·约翰逊在加州大学伯克利分校获得经济学学位，之后在宾夕法尼亚大学沃顿商学院获得工商管理硕士学位。在沃顿商学院，约翰逊了解到，价值创造是资本回报的一个功能。有一天，在课堂上，有人问他，一家公司的价值是如何增长的。当约翰逊阐述资本资产定价模型（CAPM）时，他的教授打断了他，并指点他，让他研究一下哈佛商学院教授威廉·弗拉汉（William Fruhan）的研究方向。弗拉汉写了三本书，其中的第二本书《财务战略：股东价值的创造、转让和毁灭的研究》(*Financial Strategy: Studies in the Creation, Transfer, and Destruction of Shareholder Value*)，为公司融资提出了一种新的思考方式，到底需要什么来提高公司的市场价值。在这本书的第二章"管理者可以利用的提高股东价值的杠杆"中，弗拉汉简洁地解释道："任何投资的经济价值，都是该项投资所预期产生的未来现金流，以及为该项投资融资所需资本成本的函数。"他接着说，"如果一家公司能将其对资本的需求度降低到竞争对手以下，那么它的现金流就可以相应增多。"[77]

弗拉汉强调的是，公司的价值不仅与现金产生能力有关，还与资本成本[⊖]相应的现金回报有关。一家公司的资本现金回报很高，就相应地增加了公司的价值。实现这一目标的其中一种方法是，与竞争对手相比，减少产生现金回报所需的资本，想想戴尔电脑的案例。弗拉汉让约翰逊看到了价值创造的杠杆——现金、资本回报和资本成本。

从沃顿商学院毕业之后，约翰逊在 CS 第一波士顿公司获得了分析员的工作，后来跳槽到罗伯逊·斯蒂芬斯公司，在那里他成了董事总经理和高级技术分析师，跟踪分析电信和计算机网络设备行业。20 世纪 90 年代，科技行业的四大金刚分别是戴尔、思科、英特尔和微软。约翰逊研究的对象覆盖了四大

⊖ 即融资成本。——译者注

之一的思科公司。

1996 年 12 月，约翰逊写了一篇题为《网络产业：倾听音乐的一种新方式——ROIC》的研究报告。约翰逊的论点是，对于长期投资者来说，价值创造是一家公司投资和使用资本创造了多少经济价值的函数。他提出，投资资本回报率（ROIC）是确定价值创造的优越方法，比通常使用的传统方式，例如每股收益（EPS），扣除利息、税项、折旧和摊销前利润（EBITDA）等指标所包含的信息更丰富。

两个月后，也就是 1997 年 2 月，约翰逊给巴菲特写了一封信，推荐思科公司。他写道："亲爱的沃伦，如果你认为可口可乐是一项很好的投资，那就看看思科吧。"约翰逊的理由是，帮助提高可口可乐内在价值的战略（将公司利润再投资于产生高资本回报的项目）同样也适用于思科。

约翰逊承认，可口可乐确实是一项伟大的生意。从 1991 年到 1996 年，可口可乐每年的 ROIC 值在 25%~35%，而加权平均资本成本为 14%。但他同时指出，思科在同一时期的年 ROIC 值在 130%~195%，而据约翰逊估计其加权平均资本成本仅为 18%。

约翰逊在信中引用了巴菲特自己在伯克希尔 - 哈撒韦 1992 年致股东的信中的话："最好的生意意味着，在很长一段时间内可以使用大量增量资本，带来非常高的回报率。只有当企业能够以诱人的增量回报进行投资时，这样的成长才会使投资者受益，换言之，只有当用每一美元的增量投资创造出超过一美元的长期市场价值时，投资者才会获得价值。"

比尔·米勒和保罗·约翰逊都注意到戴尔电脑和思科公司每再投资一美元，都能创造出数倍于此的市场价值。

* * *

比尔·米勒对价值的定义，来源于约翰·伯尔·威廉斯在金融教科书中的概念，这个概念之后被巴菲特进一步加强，这个概念就是，任何投资的价值都是投资所带来的未来自由现金流的现值。很快，米勒指出，教科书中没有任何一个人说过，价值是用低市盈率来定义的。巴菲特、米勒和约翰逊从他们对企业的研究中观察到的是，高增量投资回报极大地提高了未来现金流的价值。

米勒与其他价值投资者的区别不在于他对价值的定义不同，而是他愿意在一切地方寻找价值。最重要的是，他没有排除科技公司包含价值的可能性。他说："我们相信并继续相信，科技可以基于商业基本面进行分析。内在价值是可以估计的。在科技领域使用价值方法是一种竞争优势，因为这个领域的投资者完全或主要关注成长，而这往往被关注价值的投资者所忽视。"[78] 典型的价值投资者习惯于依赖简单的会计指标，无法真正了解科技型公司。

在持有戴尔电脑的股票后，米勒原本可以投资另一家像思科这样能获得高资本回报的技术硬件公司，但他决定向另一个方向发展。1996 年底，米勒开始为美盛价值信托买入美国在线（AOL）的股票。美国在线的创始人兼首席执行官史蒂夫·凯斯提供的服务迅速将 2900 万人接入互联网。一旦美国在线的网络达到 50% 的市场份额，米勒认为它就可以创造一个坚不可摧的实体。此外，他得出的结论是，尽管当时微软非常强大，但它无法干掉美国在线。

按照布莱恩·阿瑟提供的路线图，米勒可以看到美国在线（AOL）内生的网络效应具有强大的力量。它最初是一个简单的通信系统，但后来开始通过为会员提供各种渠道而使自己更具特质，包括电子邮件、聊天室、留言板以及即时信息。美国在线获得的正向反馈是显而易见的，随着美国在线提供越来越多的新功能，越来越多的人有了积极良好的体验，并渴望再回来。米勒可以测算个人的使用情况，他知道美国在线的用户花在这个网站上的时间越来越多。

从技术的角度来看，美国在线并不令人望而生畏。会员们很快就拥有了以某种方式发送和接收电子邮件的习惯，并且不打算改变。即使其他供应商提供了更多花哨的功能，美国在线的会员也对切换供应商不感兴趣，锚定效应非常明显。

更有趣的是，当该公司转向统一价格时，成千上万的互联网用户认为这个价格非常划算，用户数量惊人跃升，人们蜂拥而至以至于系统崩溃。任何试图访问美国在线的用户都只能听到繁忙的信号声。新客户很生气，老顾客也很愤怒，媒体的报道非常负面。但是人们会切换到另一个供应商吗？不！尽管信号繁忙且宣传负面，但美国在线的用户人数仍在继续增长。

米勒采用了一个标准的贴现现金流模型，来确定美国在线的内在价值。为了提供足够的安全边际，他将现金流的贴现率定为30%，是他为IBM估值时的贴现率的3倍。米勒开始以平均每股15美元的价格买进美国在线，他认为该公司的价值约为每股30美元。到1998年，他认为美国在线的价值最低为110美元，最高可达175美元，这时，他仍在使用保守的贴现率。1998～1999年，美国在线曾进行过四次拆股。米勒的基金在美国在线上大赚了50倍，该股的仓位很快在基金的整个投资组合中占到了19%，加上戴尔电脑和其他科技股，美盛价值信托对新经济股的投资占到整个投资组合的41%。

米勒已经成为价值投资阵营中的一道谜题，但他接下来所做的事情，更是让华尔街感到震惊。

1994年，日后创立了亚马逊的杰夫·贝佐斯离开了备受尊敬的纽约对冲基金D. E. Shaw。他阅读了一份研究报告，预测

互联网商务的增长将达到 2300%，贝佐斯随即制定了他所谓的
"遗憾最小化框架"，决定不错过这个时代最伟大的商业浪潮，
以免后悔一生。他列出了可以在网上销售的前 20 种产品，然
后将名单缩小到最有前途的 5 种，即计算机硬件、软件、电脑
光盘、视频和书籍。贝佐斯开着自己的旅行车到了华盛顿州，
很快就在他位于贝尔维尤东北 28 街的房子的车库里开始了卖
书生涯。

　　1994 年 7 月 25 日，贝佐斯成立了自己的新公司，名为卡
达布拉，但他很快就将公司改名为亚马逊。一年之后，亚马逊
向全美 50 个州和 45 个国家销售图书，在两个月内就达到了每
周 2 万美元的销售额。1997 年 5 月 15 日，亚马逊以每股 18 美
元的价格进行 IPO。米勒通过美盛价值信托买入亚马逊，并在
股价迅速翻一番后卖出。两年之后，米勒再次以每股 88 美元
的价格买入亚马逊，而《华尔街日报》称这是他职业生涯中最
大胆的举动。[79]

　　到 1999 年底，亚马逊的市销率高达 22 倍。自成立以来，
亚马逊一直在亏损，但米勒觉得它的亏损并不像市场想象的那
么多。每当现金回流，贝佐斯就以最快的速度将资金重新投回
业务之中。由于早期亚马逊在网上图书销售方面遥遥领先，米
勒认为该公司在同行中遥遥领先于竞争对手，网络头部效应已
经显现。此外，米勒还看清了亚马逊商业模式的竞争优势，它
可以迅速增长，而且不需要大量追加资本。

当然，美盛的专业人士应该了解投资策略和投资组合管理，以及会计和金融等基础知识。但要加入比尔·米勒的团队，要求会更多，甚至需要你从哲学中获得启发。美国实用主义之父威廉·詹姆斯为米勒的投资团队提供了智慧之光，来自哲学家路德维希·维特根斯坦的教导也起到了同样的作用。

路德维希·约瑟夫·约翰·维特根斯坦是出生于奥地利的哲学家，1929～1947 年在剑桥大学任教，被认为是 20 世纪最杰出的哲学家之一。同样著名的哲学家伯特兰·罗素说他"也许是我所知道的，传统上认为是天才的最完美的例子"。[80] 维特根斯坦的研究领域包括逻辑学、数学、思想哲学和语言哲学。他的语言理论帮助我们认识到词语是有意义的——我们选择的词语形成了一种描述，这最终提供了一种解释。

1951 年路德维希·维特根斯坦离世，他去世后，他的朋友和同事收集了他所有的个人作品、笔记和论文，并组织出版。1953 年，《哲学研究》问世，这是他的第二本也是最后一本书，这本书现在被认为是 20 世纪最重要的哲学作品之一。

在《哲学研究》的第 200 页是一张图表，一个由维特根斯坦手绘的简单三角形。在这张图下面，他写道："这个三角形可以被看作一个三角形的洞，一个实心的几何图形，或是立于它的基座，或是悬挂于它的顶端；它可以是一座山，可以是楔形、箭头或指针，也可以是颠倒的物体；它还可以是半个平行四边形，或其他各种东西。"维特根斯坦总共对一幅相当朴素的铅笔画进行了 12 种不同的描述。他的观点非常清楚，我们如何看待这个世界，取决于我们如何描述它。对于这个世界存在许多非常不同的描述，它们可以相互兼容。

如果连一个简单的一维三角形都可以有多种描述，可以想象一下，对于更复杂事物的描述有何其多。例如，对股票市场正在发生的事情不会只有一种描述，而是会有很多。同样，对公司也不会只有一种描述。与比尔·米勒合作过的分析师和投资经理不断受到挑战，他要求他们想出其他描述方式，以解释他们正在分析的公司。

当亚马逊成为一家上市公司时，华尔街提供了一个简单的描述。市场认为，亚马逊相当于当时图书行业的领军者——巴诺书店（Barnes & Noble）的在线演化版本。分析师对两家公司的会计因素倍数进行了比较，得出的结论是，巴诺比亚马逊便宜得多。因此，聪明的投资者应该买进巴诺，卖出亚马逊。后来，随着亚马逊的销售范围开始突破书籍，分析师们又将亚马逊比作沃尔玛。使用相同的估值指标，分析师建议进行一对交易，即做多沃尔玛，同时做空亚马逊。

米勒也分析了亚马逊，但他所看到的情况并不太像巴诺书店。作为一家在线零售商，与实体店相比，亚马逊每 10 万美元销售额的资本支出微不足道。此外，亚马逊通过网上销售从客户那里获得收入，在3～6个月内不需要向供应商——也就是图书出版商付款。而出版商通常会接受图书退货且不扣定金。米勒以前见过这种商业模式，在他与杰夫·贝佐斯会面讨论亚马逊的商业模式后，更证实了他的想法。亚马逊不是巴诺书店类型，而是戴尔电脑类型的公司。

亚马逊和戴尔的毛利率和运营利润率大致相同，它们有相同的直接面向客户的模式，在支付供应商的同时能立即确认收入。亚马逊和戴尔拥有相同的现金流动性，相同的负资本营运模式和相同的现金转换周期。这两家公司都不是通过利润表，而是通过资产负债表上的营运资本账户来推动其增长的。这两家公司都有相同的运营口号——尽快获得现金，这意味着它们的客户在为公司的扩张买单。和戴尔一样，亚马逊也成了一家资本回报率超过100%的公司。

米勒还认为，华尔街将亚马逊模式描述为一个永久亏损的经营模式是不正确的。在2000年的一次格兰特利率观察者会议上，米勒分发了一份调查问卷，要求出席会议的基金经理猜测亚马逊自首次公开募股以来的累计现金损失。大家的估计从2亿美元到40亿美元不等。米勒说，正确的答案是6200万美元。由此，他坚持认为："我们不认为市场对于亚马逊的分析是正确的。我的意思是，这些人可都是专业的。"[81]

维特根斯坦给投资者的批评尤为尖锐——无法解释是由无描述能力造成的。在接下来的20年里（2000～2019年），尽管遭遇了 2000 年科技股熊市和 2008 年金融危机，亚马逊的股价还是上涨了 2327%，而同期标普 500 指数的总回报率为 224%。

米勒之前被称为价值投资者，但他把自己归类为动量投资者。如今，他被普遍认为是第一批成功解决科技公司估值难题的投资者之一。米勒从未偏离过价值投资的基本原则，他使用现金流贴现模型计算企业的价值，只在有安全边际时才出手。"相较于基金经理每年换手率超过 100%，我们 11% 的换手率是反常的。"米勒说，"以便宜的价格找到好的企业，重仓持有多年，这在过去是明智的投资。当人们使用简单的、基于会计的指标，将其进行线性排列，然后利用它们来做出买卖决策时，我们会很高兴。相较于弄清楚一项业务的价值这要容易得多，它也使我们能够通过做更彻底的分析，为客户获得更好的结果。"[82]

和巴菲特一样，比尔·米勒也是一位教育家。但与现代对冲基金经理不同的是，在良好业绩公布之前，那些对冲基金经理很少说话。而米勒像是一本打开的书，他很乐于告诉你他在读什么，以及堆在他书桌上像比萨斜塔一样高的准备阅读的书籍有哪些。米勒喜欢在投资会议上与同事见面，然后进行长达数小时的晚餐谈话。当投资组合经理和分析师要求去圣塔菲研究所进行复杂自适应系统方面的学习时，他总是非常高兴。

回顾过去，我们可以看到，米勒的成功是由三种不同的影响产生的结果。首先，他是一个很有成就的会计、金融专业的学生，并且研究了包括巴菲特在内的其他成功投资者的投资方法。其次，在他孜孜不倦地追求了解什么是最好的过程中，他愿意在所有华尔街常客出现之前就全力投入圣塔菲研究所的研究。最后，也是最重要的一点是，比尔·米勒是一位哲学家兼投资者，更重要的是，他是一个实用主义者。

大多数成功投资者的成功仅限于有限期间内的成功，在相应的期限内持有真理。他们认为，他们的观点与市场运作方式有着某种深刻的、有充分根据的一致结构。真理依赖于绝对性，固执是一枚荣誉勋章。现在，把这些与务实的方法进行对比。如果你是一个实用主义者，你通常会在一个较短的时间周期内，持有一个无效的模型。实用主义者会意识到，任何模型都只是为了帮助你完成某项任务。他们运用有用和有效的测试，而不考虑其他人对绝对性的迷恋。

布莱恩·阿瑟曾问米勒，一个哲学博士生是如何踏入投资领域的。米勒回答说，他并非因为学习哲学而成为投资者，而是由于对哲学的研究引发了他对资金管理的兴趣，他说："多亏了这些训练，我甚至可以在几英里之外洞察一场糟糕的争吵。"[83]

* * *

2019年第二季度，巴菲特宣布伯克希尔购买了537 300股的亚马逊普通股，当时市价约为 9.47 亿美元。就规模而言，这算不上是一笔大买卖。事实上，巴菲特告诉大家，买下亚马逊股票不是他的决定，而是他旗下的投资经理托德·库姆斯或泰德·韦斯勒的决定。托德·库姆斯于 2010 年加入伯克希尔，帮助管理伯克希尔部分投资组合。两年后，泰德·韦斯勒也加入了这个团队，他们一共管理着约 10% 的伯克希尔普通股投资组合。

在亚马逊上市后不久，巴菲特就和杰夫·贝佐斯见过面。2003 年，伯克希尔持有 4.59 亿美元的亚马逊债券。当时，巴菲特在互联网上只购买三种东西：《华尔街日报》、在线桥牌，还有从亚马逊买的书。巴菲特说："我不知道亚马逊的体重是 150 磅⊖还是 300 磅，但我知道的一件事是，它没有厌食症。贝佐斯将正确的东西（卖书）呈现在我们面前，把它和新技术结合在一起，在几年内创造出世界上最知名的品牌。"[84]

15 年后，在伯克希尔 2019 年年会上，巴菲特仍在赞扬贝佐斯。一个白手起家的企业成了世界上最大的企业，这简直就是奥运速度。巴菲特指出，贝佐斯有两次干得都非常棒，第一次是在线零售，第二次是亚马逊网络服务（AWS）——这是世界上最大的面向个人、公司和政府的按需付费的云计算平台。巴菲特说："我一直都非常钦佩他，我是个不爱买东西的人，我

⊖　1 磅 = 0.4536 千克。

一直认为他非常特别，但我没有意识到他可以从图书领域发展到如今的局面。他是一个心怀梦想的人，并以一种令人难以置信的方式实现了梦想。"[85]

在伯克希尔年会上，芒格更加谦虚，他说："我们比大多数人年纪都大，我们不像其他人那么灵活。"巴菲特补充说，自己和芒格这一代人是在学习约翰·洛克菲勒和安德鲁·卡内基的社会环境中长大的，他们是20世纪最伟大的实业家和最富有的人。他和芒格从来没想到会有人能在只有这么少的起步资金的情况下，建立一个价值万亿美元的企业，创造数十亿美元的利润，以历史的眼光看，这是难以想象的。

在同一次年会上，芒格承认自己没有购买亚马逊股票，他还说"觉得自己没有买谷歌像个傻瓜"。谷歌2015年重组后成立了现在的Alphabet公司，2004年8月以每股85美元的价格上市，如今它是世界上最大的公司之一，市值超过1万亿美元。多年以来，巴菲特和芒格一直看着自家的盖可保险公司给谷歌送钱，以支付消费者在其搜索引擎上点击了解盖可保险的费用。芒格说："我们对此仅仅是作壁上观，毫无作为。"然后，他大方地承认自己的遗憾，补充道："也许苹果可以让我们扳回一城。"[86]

伯克希尔-哈撒韦于2016年开始买入苹果。2016年5月16日，该公司宣布购买了980万股苹果股票。截至当年年底，伯克希尔拥有6700万股，总价值67亿美元，平均买入价格约为每股 100 美元。第 2 年，巴菲特又购买了 1 亿股，使苹果成为伯克希尔的第二大持仓股。这样，在伯克希尔的投资组合持股名单上，苹果公司的市值为 280 亿美元，仅略低于富国银行的 290 亿美元。2018 年，巴菲特又增持了 9000 万股，使苹果成为伯克希尔迄今为止持仓最大的股票，相当于富国银行的两倍，美国银行的两倍，也是可口可乐的两倍。在接受哥伦比亚广播公司简·保利的采访时，巴菲特承认他已经关注苹果好几年了："我不靠消息买股票，我并非基于即时消息做出交易决策。在我们买入苹果之前，我已经观察了很久。"[87]

巴菲特认为苹果是具有非常价值的产品，人们围绕 iPhone 打造他们的生活。"对 8 岁和 80 岁的人都是如此，大家都想要这个产品。"他说，"而且他们不想要最便宜的产品。"[88] 如今，苹果每年销售的手机数量约占全球手机销量的 13%，却获得了该行业全球利润的 85%，因为它的消费者愿意支付溢价。当巴菲特第一次买进苹果时，许多人都在挠头，想知道为什么伯克希尔会收购像摩托罗拉或诺基亚这样的公司，这两家手机制造商已经过了黄金时代。但在这样一个"失败的解释是由失败的描述造成"的案例中，苹果不是摩托罗拉或诺基亚，而是奢侈品牌路易威登。位于纽约第五大道和巴黎香榭丽舍大道上的苹果专卖店，紧邻路易威登专卖店不是没有原因的。苹果公司是手机奢侈品制造商，消费者对其产品有着很强的喜爱。[89]

苹果的第二个增值组成部分是其不断增长的网络。多年以来，苹果广泛开发了一系列产品，包括 Mac 电脑、iPod、iPhone 和 iPad，下一步包括可穿戴设备、苹果手表和 AirPods 等。所有这些产品都被连接到同一个服务系统上，其中包括应用程序商店、苹果音乐、苹果电视和 iCloud，接下来还有金融服务组件——苹果支付和苹果健康。如今，苹果的服务部门是该公司增长最快的部门，而这种增长也是苹果股价在过去几年快速增长的主要原因。2016 年，当伯克希尔首次购买苹果公司股票时，市场对该公司的隐含增长没有给出任何价值评估，如今，苹果超过三分之一的企业价值要归功于未来的增长。[90]

苹果的 iPhone 是盈利的，而且其服务业务的回报率已经达到了三位数。截至 2019 年底，苹果的投资资本回报率为143%，而加权平均资本成本仅为 7%。[91]该公司拥有大量现金，截至 2020 年第二季度末，苹果拥有 1920 亿美元现金，相当于该公司 1.3 万亿美元市值的 15%。苹果公司会如何使用它的现金呢？用于维持资本支出和未来的投资机会是很不错的选择，但苹果最大的现金用途是直接通过派息和回购股票的方式返给股东，苹果公司目前每年都要向公司股东支付130 亿美元的股息，更多的现金使用方式为进行股票回购。2016 年，伯克希尔首次购买苹果公司股票时，该公司的总股本为 53 亿股。截至 2019 年底，苹果的总股本为 44 亿股。在过去的 4 年中，苹果公司回购了其 17% 的股份。这相当于每年巴菲特对苹果的持股比例都在增加，而伯克希尔却无须多花一美元。

如果我们后退一步远观苹果，会发现它是跨越第二阶段和第三阶段价值投资的完美投资案例。它是一家品牌价值强大的全球消费品公司，每年都能够吸引客户。它产生了很高的资本回报，并利用其多余的现金回购股票。在很多方面，苹果都是巴菲特 30 年前投资的可口可乐公司的翻版。此外，值得注意的是，苹果和可口可乐一样，都属于"隐藏在显而易见的地方"的宝石，属于"大隐隐于市"。

苹果同时也是一只新经济类型的股票，苹果的所有产品和服务都使用了苹果的 iOS 操作系统，一旦产品成为苹果生态系统的一部分，网络效应就会形成，正向反馈、路径依赖和锚定效应等将创造一个强大的全球特许经营权，因为苹果客户的转换成本实在是太高了。

有趣的是，巴菲特并不认为苹果公司是伯克希尔公司股票投资组合的一部分，而将其视为伯克希尔公司的独立业务之一。他称苹果为伯克希尔的三杰之一，与旗下的盖可保险、伯灵顿北圣达菲铁路公司并立。"苹果可能是我所知道的世界上最好的生意，"巴菲特说，"它是一种有价值的产品，是人们生活的核心。"在 2019 年伯克希尔年会上，芒格指出，巴菲特愿意投资苹果对伯克希尔来说是一个好兆头。芒格打趣道："要么是你发疯了，要么就是你正在学习，我更喜欢学习的这种解释。"[92]

研究巴菲特的最大回报之一，是观察他作为投资者在过去65年里是如何发展的，从价值投资的第一阶段到第二阶段，现在再到第三阶段。我们在当年巴菲特给合伙人的信中，看到了他解释投资新泽西州联合城市联邦信托公司的理由（1958年）、对桑伯恩地图公司的巨额押注（1960年），以及他在登普斯特制造公司的控股地位（1962年）。后来，在给伯克希尔－哈撒韦股东的信中，他解释了收购喜诗糖果公司的原因，以及对可口可乐公司数十亿美元的押注。他讨论了拥有特许经营权的媒体公司的战略重要性，以及使用保险公司浮存金的好处。现在，巴菲特正在说明在第五次技术革命中，拥有世界上最大公司——苹果公司的价值。

巴菲特的另一位导师菲利普·费雪说得对，很少有投资者能从第一种方法进化到第二种方法，更不用说第三种方法了。要想在一个市场周期中取得成功，需要灵活的头脑、合适的投资气质以及持续学习的强烈愿望。这是金钱心智运作的心理结构的重要组成部分。

* * *

1956年，当本·格雷厄姆从投资行业退休并离开纽约时，罗杰·默里（Roger Murray）接手了哥伦比亚大学的价值投资课程。默里不仅主持格雷厄姆春季学期的价值投资研讨会，还在 1961 年多德退休时接手了多德的秋季课程。[93]

默里在华尔街非常有名，其职业生涯受人尊敬，他在银行家信托公司担任首席经济学家，是该行历史上最年轻的副总裁。他为国会议员提供建议，也是国家个人退休账户（IRA）计划的初创者，他是投资者责任研究中心（IRRC）的创始董事，并成为美国金融协会的第 23 任主席。但是，尽管有一长串的专业荣誉，默里发现，成为一名教授是最有回报的。他深受学生们的喜爱，并且总是为他们毕业后所取得的职业成功倍感自豪。在罗杰·默里教过的学生中，有一些业内尽人皆知的名字：马里奥·加贝利、查克·罗伊斯、莱昂·库珀曼、阿特·萨姆伯格和罗伯特·布鲁斯。

20 世纪 60 年代末，全美各地的投资思维开始发生变化。随着第二次世界大战之后婴儿潮一代的诞生，美国进入了一个长期繁荣的时期。道琼斯工业平均指数首次突破 1000 点。增长，而不是价值，成了投资的新咒语，一种新型的投资经理浮出水面并领导了这次冲锋。

格拉德·蔡⊖出生于上海，1947 年，他随父母移居美国，毕业于波士顿大学，获得经济学学士和硕士学位。蔡在巴奇

⊖　即蔡至勇。——译者注

公司开始了他的职业生涯，但很快就加入富达公司，在那里他被任命为新成立的富达资本共同基金的基金经理。蔡的投资管理风格是动量投资，这在当时推动富达成了共同基金行业的巨头。1965 年，蔡离开富达公司，创立了自己的积极增长战略风格基金——曼哈顿基金。

蔡的投资方式是集中押注在成长型股票上，与多元化的价值投资方式形成对比。他投了施乐、宝丽来和雅芳产品等当时魅力四射的股票；而价值投资型的投资组合通常持有增长较慢的工业、公用事业和能源公司。不久，蔡的曼哈顿基金的业绩超过了价值类基金。很快，投资者就被所谓的"漂亮 50"⊖那些处于风口的热门股票所吸引，这些公司是美国增长最快的公司，而那些经过考验、真正有价值的股票却被抛诸脑后。一切都很顺利，直到泡沫破裂。1973～1974 年的残酷大熊市是自大萧条以来最严重的熊市，它彻底摧毁了那些追随"漂亮 50"的成长型投资者，令他们损失惨重。

有人可能会认为价值投资会以再次繁荣的方式崛起，来填补留下来的空白，但这种对于价值方法复兴的呼吁没有得到回应，于是出现了一群新的投资思想家——不是投资者，而是学者。现代投资组合理论（MPT）1956 年诞生于芝加哥大学，为投资者的伤口提供了疗伤的药膏，MPT 鼓吹保守的

⊖ 当时股市上最引人注目的 50 只股票。——译者注

回报和较低的价格波动性，投资者纷纷采取这种安抚情绪的策略。1977 年，随着罗杰·默里从哥伦比亚大学退休，50 年前由本·格雷厄姆和大卫·多德发起的价值投资课程就此销声匿迹。

1984 年，哥伦比亚大学商学院举办了一次庆祝会议，祝贺格雷厄姆的投资经典《证券分析》出版 50 周年，巴菲特应邀出席并介绍本·格雷厄姆的价值投资方法。罗切斯特大学的金融学教授迈克尔·詹森代表有效市场假说进行辩护，詹森和包括尤金·法玛在内的其他学者认为，股市会对股票快速而准确地定价，因此主动管理型投资实在是在浪费时间，没有人能打败大盘。巴菲特并不认同这些人的观点，并在题为"格雷厄姆和多德部落的超级投资者"的演讲中提供了论据。[94]

巴菲特首先重述了现代投资组合理论的核心论点，它们认为股票市场是有效的，所有股票的定价都是对的，因此任何年复一年击败市场的人都是运气使然。巴菲特说："情况或许是他们说的那样，但我知道有些人，他们的成功不能仅凭随机的运气来解释，他们的经历证实了这点。"

接下来他讨论了是否运气使然的问题，为了公平起见，巴菲特请观众想象举行一场全国性的抛硬币大赛，2.25 亿美国人都下注 1 美元，每次抛出的硬币落下后，猜错的输家退出，获胜者赢得奖金，并晋级下一轮。经过 10 轮比赛，将剩下 22 万名获奖者，他们每人已经赢得 1064 美元。再接着 10 轮之后，将剩下 215 名获奖者，每人赢得 100 万美元。

这时，巴菲特继续说，商学院的教授们会在分析这场全国性比赛时指出，赢得投硬币比赛的人并没有表现出什么非凡的技能。这种比赛很容易被复制，他们也可以找来 2.25 亿只猩猩进行同样的抛硬币大赛。

巴菲特慢慢地展开他的观点，他承认在统计上具有这样的可能性，即猩猩抛硬币大赛可能会得到同样的结果。但他请观众想象一下，如果最终获胜的 215 只猩猩中有 40 只来自同一家动物园，难道，我们不打算问一问动物园的管理员到底喂了这些很有钱的猩猩什么吗？

巴菲特说，关键在于，当任何东西在一个特定区域高度集中时，那个地点可能发生了一些不同寻常的事，需要调查研究一番。这里的关键来了，如果这个群体的成员的独特性不是由他们的居住地所定义的，而是由他们跟谁学习所定义的，你会怎么想？

就这样，我们来到了巴菲特所说的格雷厄姆和多德智慧部落。他那天举的所有例子都集中在那些长期持续击败市场的人身上，这不是因为运气，而是因为他们都遵循了所学到的原则，这些原则都来自同一个地方：本·格雷厄姆和大卫·多德。

巴菲特解释说，这些投资者对抛硬币这种游戏的称呼有所不同，但他们都通过一种共同的方法联系在一起，这种方法就是试图找出并利用市场价格和内在价值之间的差异。巴菲特说："毫无疑问，这些格雷厄姆和多德部落的投资者从不讨论贝塔，不讨论资本资产定价模型或协方差回报，这些都不是他们感兴趣的主题。事实上，他们中的大多数人都搞不清楚这些术语是什么意思。"

巴菲特 1984 年在哥伦比亚大学商学院的演讲是认知的助力器，促使高等院校重新恢复了价值投资课程。同年，大卫·多德的家人向学校做了价值不菲的经济捐赠，开立了格雷厄姆和多德资产管理课程。罗伯特·海布伦（Robert Heilbrunn）的家人以他的名字设立了教授教席。海布伦在 20 世纪 30 年代遇到了本·格雷厄姆，参加过他的课程，并最终成为巴菲特投资合伙企业的早期投资者。后来，海兰·海布伦和希德·勒纳为格雷厄姆和多德投资研究机构捐赠了海布伦中心，在哥伦比亚大学商学院创建了一个永久的价值投资家园。

马里奥·加贝利也对重振价值投资课程非常感兴趣，1993年，加贝利资产管理公司（GAMCO）在电视和广播博物馆赞助了一个共四集的关于价值投资的系列讲座。演讲者是退休教授罗杰·默里，当时他已经 81 岁，但据说他做一次 90 分钟的演讲连讲义都不用准备。

但一直到了布鲁斯·格林沃尔德教授接手主持哥伦比亚大学重新开设的价值投资课程，该项目才重新焕发异彩。在接下来的 25 年里，他指导的价值投资研究赢得了极大的赞誉。格林沃尔德于 1991 年加入哥伦比亚大学商学院，并于 1993 年被任命为罗伯特·海布伦金融和资产管理课程教授。后来，他成了海布伦中心的第一位学术主任。格林沃尔德参加了罗杰·默里的 GAMCO 的讲座，不久之后，他说服默里以兼职教授的角色重新展现了他的教授才能。他们两个一起重新启动了本·格雷厄姆自 1927 年开始的价值投资课程，此前，默里自己已经教了 21 年。

哥伦比亚大学重新恢复的价值投资课程包括 12 节 3 小时的课。默里和格林沃尔德共同教授其中的 5 节课，另外 7 节课邀请了七位嘉宾来给学生演讲，包括马里奥·加贝利、查克·罗伊斯、迈克尔·普莱斯、沃尔特·施洛斯，赛斯·克拉曼会主持最后一次的演讲。1995 年，罗杰·默里第二次从哥伦比亚大学退休，留下格林沃尔德在接下来的 20 年里继续教授课程。

布鲁斯·格林沃尔德凭借自己的智力和非凡的决心，以两种不同的方式重启了哥伦比亚大学的价值投资课程。首先，不像以往在秋季学期或春季学期将价值投资课程作为一门单一课的学期课程，格林沃尔德将该课程大大扩展为一个分支广泛的系统课程。在 2020 学年，学校一共有 32 门不同但相互关联的价值投资课程，由 42 位不同的教授讲课，这还不包括客座演讲者。此外，在 2002 年，格林沃尔德说服保罗·约翰逊为哥伦比亚大学的 EMBA 项目举办了一个价值投资研讨会，被吸引前来参加研讨会的人，不仅有对格林沃尔德教授价值投资感兴趣的学生，还有数百名返回哥伦比亚大学接受继续教育的各界专业人士。当格林沃尔德休假时，保罗·约翰逊执教格林沃尔德的价值投资课程。你可能还记得约翰逊是罗伯逊·斯蒂芬斯公司 36 岁的技术分析师，他在 1997 年给巴菲特发出了一封公开信，向他推荐思科公司。约翰逊是哥伦比亚大学一位很受欢迎的教授，所以格林沃尔德知道他是适合 EMBA 课程的老师。直到今天，约翰逊还保持着在哥伦比亚大学商学院的教学记录，这个记录长达 47 个学期。

格林沃尔德在重启价值投资计划时，提出的第二项倡议是解决成长问题，尤其是如何解释价值投资中如何面对成长这一重要课题。数十年来，成长型投资从未被邀请加入价值投资俱乐部，就像一个错位的局外人。但当巴菲特在 1992 年正式将成长作为价值计算的一个组成部分时，格林沃尔德知道他必须适应成长这一要素的教学，因为它与价值有关。格林沃尔德放眼望去，越来越多著名的价值投资者将成长型公司纳入他们的投资组合。

当格林沃尔德于 1991 年加入哥伦比亚大学时，他特别专注于重新推动价值投资的研究。但在幕后，他已经在考虑如何将"成长"纳入价值投资课程。格林沃尔德展示了他即将出版的新书《价值投资：从格雷厄姆到巴菲特的头号投资法则》。他从 20 世纪 90 年代末开始写这本书，并决定加入一个关于英特尔公司的章节，章标题为"特许经营权内增长的价值"。4
年后，格林沃尔德和贾德·卡恩一起出版了《竞争优势：透视
企业护城河》一书。在第 16 章"从战略角度出发的估值"中，
格林沃尔德总结了他对估值的看法，认为估值应该包括"资产
价值、收益能力价值、竞争优势评估和增长价值"。

与此同时，格林沃尔德也开始扩大价值投资课程的工作，
内容涵盖如何考虑评估成长型公司。迈克尔·莫布辛加入了教
授队伍，他曾在瑞士信贷与保罗·约翰逊合作，然后加入比
尔·米勒的美盛资本管理公司，他当时担任首席投资策略师，
后来成为圣塔菲研究所的理事会主席。莫布辛带到哥伦比亚大
学的教学内容包括：复杂的自适应系统，以及如何思考新经济
网络公司的价值。保罗·约翰逊更是不需要任何人的推动，他
已经在教他的学生们如何思考成长了。今天，他的价值投资研
讨会包括了关于苹果、亚马逊和优步技术公司的案例研究。保
罗最近的新书与保罗·索金合著，名为《证券分析师进阶指
南》，在哥伦比亚大学的学生中很受欢迎。第三章的题目是"如
何评估竞争优势和价值增长"。保罗·索金在哥伦比亚大学时
曾是保罗·约翰逊的学生，在商学院任教 16 年，并于 1998 年
启动了商学院的应用价值投资课程。索金还与布鲁斯·格林
沃尔德合著了《价值投资：从格雷厄姆到巴菲特的头号投资
法则》。

如今，哥伦比亚大学商学院的同学可以参加价值投资课程

和综合价值投资课程，研究那些内在价值快速增长的公司。塔诺·桑托斯、大卫·L和埃尔西·多德金融学教授作为海布伦中心的联合主任和研究主管，他们讲授的现代价值课程，包括研究颠覆者，即从老牌公司手中夺取市场份额的新创企业。哥伦比亚大学的同学可以选修一门关于信贷市场的价值投资课程，涉及特殊情况投资或战略行为经济学，这些都主要基于格林沃尔德的著作《竞争优势：透视企业护城河》。总之，哥伦比亚大学商学院教授的价值投资课程所覆盖的范围快速扩大。

长期以来，投资者一直错误且狭隘地定义了价值投资。沃伦·巴菲特、查理·芒格、比尔·米勒、布鲁斯·格林沃尔德、保罗·约翰逊和迈克尔·莫布辛，还有其他许多人，他们一直都在努力拓宽寻找价值的视角。通过不懈努力，他们为人们提供了一个值得深思熟虑的投资视角。价值不会永远冬眠，但它可能会蛰伏很长一段时间。价值会迁移，有时，价值会存在于那些快速增长、资本回报高的企业中；有时，价值存在于那些增长较慢、资本密集的公司里。通常，在这两个阵营里都能找到价值。当某些价值投资者声称，一旦市场再次确认价值所在，他们的业绩就会有所改善时，这实际上等于公开承认他们自己对于价值的观念具有局限性，他们的视野仅限于所有可能的价值机会的一小部分。

正如巴菲特和芒格努力提醒我们的那样："所有明智的投

资都是价值投资。'价值投资'这个词本身是多余的。如果寻求价值的行为本身不足以证明物有所值，那么'投资'有什么必要呢？"[95]

在下一章"企业驱动型投资"中，我们将详细研究巴菲特的金钱心智结构，因为巴菲特所购买的不是有价值的股票，而是有价值的企业。

第 4 章

企业驱动型投资

"像做企业一样做投资，这样的投资是最明智的。"[1]

这是本·格雷厄姆在他里程碑式的著作《聪明的投资者》中的一段文字。

"这是关于投资的最重要的一句话。"[2]这是来自格雷厄姆最著名的学生巴菲特的评价。

尽管我们已经超越了格雷厄姆的股票估值方法，但他关于看待股票如同企业的建议既是永恒的，也是无价的。

早在1917年，当年轻的格雷厄姆为《华尔街杂志》撰写他的第一篇文章时，他就坚定地相信有一种更好的投资思维存在，而不需要总去猜测下一个家伙将如何处理手中的股票。格雷厄姆方法的核心是认识到，在投资上，企业家的气质远胜于投机者。话虽如此，当他看到"很多有能力的商人试图在华尔街翻云覆雨，完全无视所有合理的原则，而那些原则是他们曾经在自己的事业上赖以成功的基础"时，格雷厄姆感到非常失望。[3]

格雷厄姆认为，当一个人购买了一家公司的股票后，实际上，他就已经获得了"双重身份"，至于采取哪种行动是他们自己的选择。他们可以把自己视为"企业的股东"，其财富"依赖于企业的利润或其资产的潜在价值变化"。或者，他们也可以将自己持有的股票视为"一张纸，一张印有信息的证书，可以在几分钟内以变动的价格在公开市场的交易时间内卖出，而且交易价格往往与资产负债表上的价值相差很远"。[4]也就是说，这些买了股票的人可以在成为企业主和股票投机者之间做出选择。

　　这些观点之间的角力是格雷厄姆深切关注的重点。在他的一生中，他记录过不少失败，他在 1973 年写道："近几十年来的股市发展，使传统的投资者变得更加依赖股市报价，而不再像以前一样认为自己是企业的主人。"[5] 在他看来，一切即时信息，都会让大家忽略对一家公司长期前景更具重要性的财务数据。他写道："投资者对自己的持股在市场上不合理的下跌会感到恐慌或过度担忧，这种随波逐流的情绪会将其基本优势转化成劣势。如果这个人没有股票的市场报价，他的境况反而会更好，因为这样他就能避免别人的错误判断给他带来的精神上的痛苦。"[6]

　　格雷厄姆最著名的学生巴菲特也持有同样的想法。60 多年来，"股票就是企业"这个观点一直是巴菲特进行投资的基石。他曾经说过，股票市场本身"并非不可或缺。我们持有的证券即便长期没有市场报价也不会令我们感到困扰，就像我们持有的世界图书或费希海默这些公司没有每日报价一样"。这两家公司是伯克希尔旗下的两家全资企业。"我们最终的经济命运，取决于我们所拥有的企业的经济命运，无论我们持有的所有权是部分还是全部。"[7] 巴菲特补充说，"在我看来，股市并不存在。股市的存在只是为了看看是否有人打算做些愚蠢的事。"[8]

这样一来，我们就被人留下了一道难题。格雷厄姆和巴菲特都在告诉我们同样的事情：投资者想要取得成功，市场的每日报价并非必要的存在。事实上，对大多数投资者来说，股市行情造成的损失毋庸置疑。与此同时，世界各地的投资者却都在关注股市行情，他们每天都看财经新闻，在手机上盯着实时报价，尤其关心自己持股的涨跌。

格雷厄姆和巴菲特几乎很少考虑股市行情，而绝大多数投资者除了股市行情，其他什么都不考虑。

作为一种心理练习，想象一下。如果没有每天的股市行情，你的行为会有何改变？如果股市一年只开放一次——仅仅在那特定的一天，投资者才能买卖股票，你会怎样做？在一年剩余的364天里，对于投资者而言，唯一有用的特定信息就是公司每个季度的财务报告，以及关于公司的新闻。

在这个假设的世界里，我们将去适应一个新的金融维度。在本章中，我们称之为投资大世界[9]。你需要知道的关于买卖股票的一切都可以在这个投资大世界里找到，在这里你可以吸取教训，也可以获得经验。对于那些愿意进入投资大世界的人来说，这里有成为成功投资者必备的所有要素。如果你能置身其中，就不再会感到孤单，因为，自1956年以来，巴菲特就生活在这样的世界里。

投资大世界

当巴菲特透过伯克希尔购买股票时，他考虑的重点并不仅仅是股价。对他来说，股票是一种抽象的概念，[10] 他说："我们处理一笔交易，就像收购一家非上市企业。"他说的是收购整个企业。此外，巴菲特购买一家公司的股票时，他几乎不会考虑在将来的某个日子以更高的价格出售这些股票，他说："我们愿意无限期地持有一只股票，只要我们预期该公司的内在价值会以令人满意的速度增长。"[11] 尽管华尔街到处都是市场分析师和证券分析师，但这不是巴菲特在伯克希尔公司的角色，相反，他说："我们把自己视为企业分析师。"[12]

当巴菲特进行投资时，他眼中看到的不是股票，而是企业，而大多数投资者看到的仅仅是股价。他们花了太多的时间和精力来观察和预测股价的变化，而只花了很少的时间来了解他们手中持有的公司到底是怎么回事。巴菲特认为，投资者和企业家应该以同样的方式看待公司，因为他们想要的东西本质上是相同的。企业家想收购整个公司的全部股份，投资者想购买公司的部分股份，两者都将从他们所拥有的企业内在价值的增长中获益。

拥有和经营企业给了巴菲特一个明显的优势，巴菲特说："你能向一条鱼解释在陆地上行走的感觉吗？也许在陆地上一天的感觉，你需要用一千年向鱼去描述，股市里的投资者很难理解经营企业的真正感觉，就像在水里的鱼很难理解陆地一样。"¹³ 多年来，巴菲特在他的商业生涯中经历了无数次成功与失败，并将他学到的经验应用到股市投资上，那是大多数其他投资者所没有的经历。当他们忙于研究资本资产定价模型、贝塔模型和现代投资组合理论时，巴菲特研究的是利润表、资本再投资需求以及他旗下公司的现金产生能力。

本章的目的是给你一个不用天天沉溺于股市行情的心理架构，让我们想象去这样投资一家公司，像巴菲特一样，当作股票市场并不存在。

这句话并非夸张，形成金钱心智的基石是刻意远离股市。你必须在心理上戴上一副眼罩，这样股市就不会在你醒着的时候夺走你的注意力，它将不再是你关注的焦点，充其量是次要的关注对象，市场只有在价格大幅波动时才会时不时地被关注一下，这时一个具有金钱心智的企业的主人应该将注意力转向股市，因为这是一个时机：一个判断买卖自家企业股份是否有利可图的明智时机。其他时候，关于股市的每日、每周、每月的新闻他都会兴趣寥寥。

在《巴菲特之道》一书中，我们概述了巴菲特在分析公司时所使用的投资准则。无论他是在考虑直接收购一家公司，还是在考虑购买其股票，过程都是一样的。这些准则可分为四类：企业准则、财务准则、市场准则和管理准则。

企业准则

在巴菲特看来，投资者的成功与他们对投资的理解程度成正比。记住米纳克的建议：建立一家企业或购买一家公司的第一步是对其有所了解。那些具有金钱心智的人，会阅读他们自己持有股票的公司的年度报告和季度报告，以及其他关于公司业务、竞争对手和行业观察等的文章。请记住，在投资大世界里，关于你所投资公司的唯一信息就是公司本身的信息，这里没有每日的市场报价。这种理解是一个鲜明的特征，它将企业驱动型的投资者与那些炒股的投机者区分开来。

巴菲特能够对他投资的对象保持高水平的洞察力，无论是上市公司还是非上市公司，因为他有意识地将自己的决策置于所能理解的范围内。他建议："在你的能力圈内进行投资。重要的不是能力圈有多大，而是你如何定义它。"[14] 巴菲特告诉我们，投资的成功不在于你知道什么，而在于你知道自己不知道什么。"只要投资者能够避免重大失误，他并不需要做太多的事情。"[15] 他解释说，做普通的事就可以产生高于平均水平的结果。关键在于，如何将这些普通的事做好。

巴菲特不仅回避复杂的问题，还尽量避免去收购那些试图解决困难或转型的公司。关于后者，根据巴菲特的经验，他最好的回报往往来自那些很多年生产同样的产品或提供同样的服务的公司，想一想可口可乐和苹果公司。他认为："转化困境和良好的回报通常不会同时出现。"[16] 他在商业运作和投资方面的经验告诉他所谓的"困境反转"很少能真正发生。他说："芒格和我还没有学会解决陷于困境的商业问题，我们所学到的是应该避开它们。已有的成功，是因为我们专注于跨越一英尺[○]栏，而不是因为我们获得了跨越七英尺栏的能力。"[17]

成为一个成功的企业家并不需要你成为各种业务类型的专家，但的确需要你至少了解一家公司。你理解这个公司的目标吗？你知道它出售什么产品和服务，以及它的客户是谁吗？更进一步，你知道竞争对手有哪些吗？对手的表现比你这家公司更好还是更差？最后，作为一个企业驱动型的投资者，你应该避免所谓"困境反转"的故事，无论一个失败企业的东山再起看起来多么令人兴奋。

巴菲特告诉我们，最好的企业应该拥有良好的长期前景："一个伟大公司的定义应该是一个会持续伟大二三十年的公司。"[18] 它们销售的产品或服务是人们需要或想要的，且没有类似的替代品，他将这样的公司称为具有特许经营权的公司。巴菲特解释说，这些特点使公司能定期提高产品或服务的价格，而不用担心失去市场份额或销量降低。

通常，具有良好长期前景的企业，其所处的市场空间往往巨大且在不断增长之中。所谓的整体目标市场规模，就是指一

○ 1 英尺 = 0.3048 米。

家公司如果拥有 100% 的市场份额,所能实现的销售额,这是决定一家公司潜在价值的关键因素。公司最终能做到多大,能创造多少股东价值,与它所处的市场规模有关。自 1960 年以来,标普 500 指数价值上升的大约三分之一来自对未来投资获得的回报[19]。因此,要理解价值创造这个问题,我们需要了解一家公司的再投资潜力和市场整体发展的规模。

拥有特许经营权能够使企业熬过经济灾难并继续生存。巴菲特说,如果一家公司处于一个即便可能犯错误,但仍然可以获得高于平均水平回报的行业,这是令人欣慰的。他告诉我们:"特许经营权还可以容忍管理不善,无能的管理者可能会削弱特许经营权企业的盈利能力,但不会造成致命的损害。"[20]

做一个简洁的总结,用巴菲特自己的话来说:"我喜欢的投资对象是一个在我所理解的领域内,具有经济实力的企业,并且我认为它会持续下去。"[21]

财务准则

如果金融界有一个摩西,他带着一块石碑下山,上面刻着三条准则:现金利润、投资资本回报和安全边际。我们将在市场准则部分讨论第三条财务准则。现在,让我们来关注对企业主最重要的两个财务准则。

如果你问一个企业主,他的主要目标是什么,他会告诉你,是产生利润,特别是现金。企业主都理解并重视现金的重要性，每到月底或年底，他们都会收到现金利润，部分用于支付个人债务，部分用于休闲活动，其余用于为以后的退休生活投资。在伯克希尔，巴菲特从他的业务中提取现金，要么再投资回业务中，要么重新分配资金，以获得更好的投资回报。无论如何安排，他都选择以现金的形式。

我们需要记住，一家公司所报告的每股收益并不总是等于一个企业主所期望获得的现金利润。巴菲特警告投资者，会计上的每股收益是决定企业经济价值的起点，而不是终点。他解释说："首先要明白的是，并不是所有的利润都是以同样的方式创造出来的。"[22]那些资产负债率高企的公司，其利润往往是人造的，这些公司的利润犹如海市蜃楼。总而言之，财报上所显示的每股收益，只有在它们接近预期的现金流水平时才对投资者有价值。

即便是会计上经常使用的"现金流"这个概念，也不是企业主所希望的管理现金账单的完美工具。巴菲特说，现金流是衡量那些起步投资较大、产出较小的企业的合适方法。在这个名单上，我们可以添加一些能够以少量资本支出产生大量现金利润的新科技公司。然而，工业类和制造类的公司需要持续的资本支出，并不能仅凭借现金流的数字对其进行准确估值。

一家公司财报上所显示的现金流通常被定义为：税后净利润加上折旧、损耗和摊销等所有非现金费用。巴菲特解释说，这个定义的问题在于，它忽略了一个关键的经济因素：资本支出。公司的年收入中有多少必须用于设备更新、工厂升级以及其他方面，以维持其经济地位和产量呢？按照巴菲特的估计，大约95%的美国工业制造企业需要的资本支出大致与它们的折旧差不多。他说，你可以将资本支出推迟一年左右，但如果你很长一段时间没有必要的支出，公司的业务水平就会下降。必要的资本支出对公司而言，就像劳动力和公用事业成本一样，都是一种费用。

巴菲特还警告我们，不要被EBITDA（扣除利息、税项、折旧和摊销前利润）的数据所迷惑。他认为，这些数字"经常被商界和证券界的营销人员用来试图论证一些不合理的理由，从而推销那些原本卖不出去的东西。当利润看起来不足以偿还垃圾债券的债务或为愚蠢的股价提供合理的理由时，关注现金流是多么方便"。[23] 他警告说，除非你愿意减少必要的资本支出，否则你不能光盯着现金流。

巴菲特不使用现金流，他更喜欢使用他所谓的"股东盈余"（owner-earnings），也就是公司的净利润，加上折旧和摊销，减去维持企业运营所需要的资本支出和额外的营运资本。巴菲特所使用的"股东盈余"相当于企业主从企业运营中所要求的现金。

现金利润到底有多重要？一家名为实证研究的合伙企业做了一项研究，这家机构是由迈克尔·戈尔茨坦于2002年创立的独立研究机构，它研究了1952～2019年的750只大盘股，对其中一个类似于股东盈余的指标——"自由现金流收益率"进行了比较。它取了自由现金流收益率最高的 1/5 和最低的 1/5 的股票作为样本，经过计算月回报率并将结果按年化计算，发现收益率最高的 1/5 股票样本，比收益率最低的 1/5 股票样本，年度表现高出 850 个基点。即便是次高的 1/5 股票样本，年度表现也比最低的一组高出 200 个基点。[24]

我们应该记住，股东盈余是一个推动器，它是一家公司在整个潜在市场上扩大其业务的燃料。因此，在投资大世界中的金钱心智，犹如激光一般聚焦在公司的股东盈余上。

华尔街分析师一般会用每股收益（EPS）来衡量一家公司的年度业绩，该公司在过去一年中的每股收益是否增加了？利润增加的幅度是否足以值得炫耀？利润增长是否超过了市场预期？尽管市场对于每股收益非常痴迷，但巴菲特认为每股收益增长其实是一个烟幕弹。由于大多数公司都保留了前一年的部分利润，这就增加了公司的净资产，他认为没有理由对创纪录的每股利润感到兴奋。如果一家公司的净资产增加了 10%，那么其每股收益同时增加 10%，这并没有什么了不起的。他解释说，这就像把钱存入储蓄账户，让利息积累的复利增长一样，并没有什么特别之处。

巴菲特认为："对公司管理层经济检验的主要指标，是公司权益资本的收益水平（在没有过分的融资杠杆、会计伎俩的情况下），而不是每股利润的增长。"[25] 衡量一家公司的年度业绩表现，巴菲特更喜欢使用净资产收益率。他的目标是单独看待年度业绩，他根据企业所使用的资本，了解管理层是如何完成其业务任务，产生运营回报的。他说，这是判断公司管理层表现的最佳方法。

巴菲特认为，优秀的企业应该在负债极少，或者没有债务的前提下获得良好的资本回报。他当然明白，一家公司可以通过提高负债率来提高净资产收益率，但他提醒我们："好的商业决策或投资决策，即便在没有加杠杆的情况下，也能产生相当令人满意的结果。"[26]巴菲特对借钱并不感到恐惧，他只是对那些大量举债以增加回报的公司持怀疑态度，高杠杆的公司容易遭受经济放缓的不利影响。

身处投资大世界中的企业主，经常会遇到从银行或通过发债融资的情况。的确，在日用消费品领域，有些公司可以用资产负债表上的债务安全地运营。因此，在我们计算经济回报时，不仅要考虑净资产，更要考虑公司动用的投资资本总额，这个数字是净资产加上公司的留存利润以及负债。

资本回报率（ROIC）是价值创造的一种衡量标准。如果我们的业务回报高于由股权和债务所构成的加权平均资本成本，那么就可以说，管理层提升了公司的内在价值。但如果投资资本的回报率低于加权平均资本成本，这家公司就是在破坏股东价值。

无论你是以净资产收益率衡量，还是以总投资资本回报率来衡量，计算这些回报和每股利润的增长，以获得对公司经济表现的全面了解都非常重要。投资大世界中的投资者不仅需要现金形式的股东盈余增长，他们还应该坚持，股东盈余回报除以公司的投资资本必须高于资本成本。永远不要忘记，高于资本成本的回报率是一家企业为其股东创造长期价值所必需的最低要求。

一旦我们挑选出来一个股东盈余高于资本成本的企业，接下来就应该将注意力转向销售增长。我们知道，对于具有良好长期前景的公司来说，未来增长潜力是关键。一家具有绝佳商业模式的公司，其销售增长是其内在价值增长的重要驱动力。

我们研究了从 2009 年到 2018 年十年期间标普 500 指数成分股公司的销售增长和资本回报之间的关系，资本回报可以定义为经济增加值。我们将股票分为四组：销售增长高于平均水平、销售增长低于平均水平、经济增加值为正（回报率高于资本成本）和经济增加值为负（回报率低于资本成本）的公司。看看能得到什么样的结果。

在过去的三年里，销售增长高于平均水平的股票产生了14.0% 的平均年回报率；销售增长低于平均水平的股票，其平均年回报率为 12.3%。经济增加值为正的股票的平均年回报率为 16.0%；经济增加值为负的股票的平均年回报率为 11.3%。在此期间，标普 500 指数的复合年增长回报率为 13.0%。

当我们把销售增长和经济增加值结合起来时，结果如何呢？销售增长低于平均水平、经济增加值为负的股票的平均年回报率为 11.0%，远低于标普 500 指数的平均回报率。销售增长高于平均水平，但经济增加值为负的股票产生了 12% 的平均年回报率，仍然低于指数回报。销售增长高于平均水平，且经济增加值为正的股票，其业绩回报要好得多。即使是销售增长低于平均水平，但只要经济增加值为正，这样的公司平均年回报率也达到 15%，高于市场回报率。表现最好的群体是销售增长高于平均水平、经济增加值为正的股票，它们的平均年回报率为 17.1%，也就是说，在长达十年的时间里，比标普 500 指数平均年回报率高出 4 个百分点 [27]。当一家公司的利润率超过资本成本时，那么公司的销售增长就是一台增加公司内在价值的涡轮增压器。

由此，我们得到的经验是，作为企业驱动型投资者，关注的应该是具有良好长期前景、市场潜力巨大的企业。这样的企业能够以稳定的销售增长速度，创造超过资本成本的资本回报。

所有这些要素综合在一起，推动了我们投资的内在价值的增长。

市场准则

具有公司股东导向投资的第三条准则是，只有在股票价格低于公司内在价值时，才出手买入。价格由股票市场决定，价值由公司业务决定。当这两个数字之间的差异对投资者有利时，这就是你的安全边际。本·格雷厄姆建议只购买有安全边际的股票，这个建议具有永恒的价值。

但是，我们应该如何计算一家公司的内在价值呢？巴菲特给了我们一个简单的公式：公司存续期内，所有预期的股东盈余，除以适当的贴现利率。巴菲特说："这个公式非常重要，因为在它面前，所有的企业，无论是生产马车，还是制造马鞭，还是手机运营商，在经济上都变得平等。"[28]

巴菲特说，这种对于股票的数学计算与对债券估值非常相似。债券由息票和到期日确定其未来的现金流，如果你累计所有债券的票息，然后除以适当的贴现率，就会得到债券的价格。为了确定一个企业的价值，分析师必须估计该企业在未来一段时间内将产生的票息，即股东盈余，然后将所有的票息贴现回当下。

那么接下来的问题就变成了，合适的贴现率是多少？简要的答案是：资本成本。在标准的现金流模型中，公司的资本成本被用作贴现的利率，以确定未来现金流的价值。那么，我们如何确定一家公司的资本成本呢？债务的成本很简单：未偿清债务的平均加权利率。但是确定公司的资本成本需要一些额外的考量。

今天，确定资本成本的基本模式已深深植根于主流学术

金融界。它被称为资本资产定价模型（CAPM），由威廉·夏普
（William Sharpe）在 20 世纪 60 年代首次提出。我们将在下一
章里重新介绍夏普和其他现代金融的大咖。根据 CAPM 的概
念，一家公司的股权资本成本是个股价格波动乘以整体股票市
场风险溢价的产物。风险溢价是指市场相对于无风险利率的预
期回报，无风险利率被定义为 10 年期美国国债收益率。

　　然而，那些研究过巴菲特的人都知道他的观点，说得委婉
一点，以价格波动来定义风险是荒谬的。因此，巴菲特和芒格
都抛弃了 CAPM 的概念也就不足为奇了。

　　巴菲特说："我不知道我们的资本成本，许多商学院都在
这么教，但我们持怀疑态度。对我来说，我从未见过什么有说
服力的资本成本计算方法。"芒格评论说："难道这世界上都没
人了吗？怎么会有如此令人震惊的荒谬想法。"[29]

　　当我的《巴菲特之道》一书于 1994 年首次出版时，巴菲
特解释说，他以 10 年期美国国债的利率作为无风险利率用于
股票贴现。在 20 世纪 90 年代，10 年期美国国债的平均收益率
为 8.55%。我们写到，巴菲特使用无风险利率衡量他的购买价
格、安全边际、业务的相对风险。巴菲特说："我非常重视确
定性。如果这样做了，那么关于风险因素的整套理论对我来说
就没有任何意义，风险来自你不知道自己在做什么。"[30] 在巴
菲特看来，一家公司未来自由现金流的可预测性应该具有像债
券票息那样的确定性。然而，由于现在的利率接近于零，巴菲

特不得不考虑采用不同的贴现率。

看来巴菲特和芒格都有了解决办法。巴菲特说:"我们只是希望用我们现有的资本做最明智的事。"芒格补充道:"我们衡量的一切都与我们的参照物有关,所以,使用的参照物很重要。"[31]

谈到可替代的参照物,芒格实际上是在定义机会成本。保罗·索金和保罗·约翰逊也持有同样的观点,因为他们在所著的《证券分析师进阶指南》一书中写道:"在贴现过程中使用的'正确利率'是公司的资本成本,这也代表了投资者的机会成本。资本成本是投资者进行投资所要求的回报率,而机会成本是投资者在选择一个投资机会放弃另一个时所放弃的回报。"[32]

投资于股票市场的人期望获得至少 10% 的回报,这是自 1900 年以来的平均历史回报率[33]。因此,我们可以说投资者"贷款"投资于股市的资本成本是 10%。与此相反,那些决定不投资于股票市场的人相当于决定放弃 10% 的年回报率。索金和约翰逊说:"所有的资本都有机会成本。"[34]

股票和债券的加权平均资本成本,可以作为贴现股票的快速工具。对许多公司来说,债务是资本结构的一部分,鉴于具有极高信誉等级的 10 年期公司债务的利率接近 3%,那么,对于一个结构为 75% 股权和 25% 债务的企业而言,其贴现率为 8.25%。那些债务比例超过 25% 的公司,其贴现率将会更低。

投资者应该明白，像我们当前这种非常低的利率水平，使用股票和债务的加权平均资本成本贴现股票，可能会导致一个危险的计算倾向。我的解决方案是：无论资本结构如何，我都会继续以 10% 进行贴现，然后调整安全边际，以适应未来自由现金流的可预测性。

　　巴菲特解释说，企业内在价值是一种基于企业未来现金流，贴现到当前现值的计算。他说："我们将内在价值定义为，在企业剩余寿命期内可以产生的现金流的贴现价值。任何计算内在价值的人都必然会得出一个高度主观的数字，随着对未来现金流的估计值的修正和利率的变化，这个数字会发生变化。然而，尽管内在价值很模糊，却至关重要，它是评估投资、公司相对吸引力的唯一有逻辑的方法。"[35]

　　内在价值是一个难以捉摸的概念，巴菲特并不是唯一一个这样认为的人。虽然本·格雷厄姆没有使用现金流贴现模型，但他也提到，内在价值并不是一个精确的估计，他说："关键在于，证券分析并不寻求某个特定对象精确的内在价值，它只需要确定其内在价值足以证明购买债券或股票是合适的即可。为了达到这个目的，对内在价值有一个并不确定的近似值可能就足够了。"[36] 塞思·卡拉曼也持同样的观点，他在《安全边际》一书中写道："许多投资者追求在他们的投资中加入精确的价值，在一个不精确的世界中寻求精确，但企业价值无法精确确定。"[37] 巴菲特赞同格雷厄姆和卡拉曼的观点："内在价值是一个估计的数字，而不是一个精确的数字。"[38]

相较于华尔街对目标价格以及小数点近乎痴迷的精确追求，巴菲特却说内在价值计算的并非一个精确的数字，这听起来似乎非常反常，但这完全合乎逻辑。尽管巴菲特喜欢以折扣价购买确定性，但实际上，企业回报确实存在波动。因此，企业分析师必须考虑一系列可能性，充分了解会发生的各种情况。那么，巴菲特如何看待不同的结果？他说："我们以盈利概率乘以可能盈利的数量，减去损失概率乘以可能损失的数量，尽管这个公式是不完美的，但这就是它的全部含义所在。"[39] 预期内在价值是加权平均的可能值，因此，巴菲特经常说："我宁愿要模糊的正确，也不要精确的错误。"[40]

管理准则

通常，巴菲特可以给予一位公司管理者的最高赞美是，他总像公司主人一样行事和思考。像主人一样行事的管理者不会忽视公司的首要目标，这个目标就是提升企业的内在价值。巴菲特非常欣赏那些公开、全面地向股东汇报的公司管理者，他们有勇气抵制他所谓的"惯性驱使"，也就是抵制那些盲目的跟风行为。

在报告公司的财务业绩时，巴菲特非常看重那些既承认自己的错误，又愿意分享成功的管理者，因为，随着时间的推移，每家公司都会犯些错误，有些是重大的，有些是无关紧要的。很多管理者对业务中存在的问题过于轻描淡写，并未花足够的时间去检查问题。巴菲特曾公开讨论伯克希尔的经济表现，既有做得好的地方，也有做得不好的方面，为管理者树立了榜样。1989 年，他开始以一种正式的文字列出自己的错误，最初这篇文章被称为"前 25 年的错误"，现在被称为"例行错误"。巴菲特认为，坦诚的品质对管理者和股东都有利，他说："在公开场合误导他人的 CEO，最终也会在私下误导自己。"[41]巴菲特认为是芒格帮助自己去理解、研究错误的价值，而不仅仅是专注于成功。

最重要的管理工作是公司的资本配置。之所以说这是最重要的工作，是因为随着时间的推移，资本配置决定了股东的价值。在巴菲特看来，确定如何安排公司的利润，无论是再投资于业务，还是将资金返还给股东，都是一种逻辑和理性的练习。

如果资本配置如此简单且合乎逻辑，为什么很多企业过去这项工作做得如此糟糕呢？巴菲特说，答案是有一种看不见的力量导致了这样的结果，他将这种力量称为"惯性驱使"，即公司管理层有时就像盲目从众、最终自杀的旅鼠一样存在盲目模仿的倾向，模仿其他经理人的行为，不管多么愚蠢或多么不理性。巴菲特说，这种惯性驱使存在四种情况："①一个机构在当前方向上拒绝任何改变；②不断扩大企业版图以填满时间，不断发展新项目或进行新的收购以消耗资金；③对于领导者在商业扩张上的渴望，无论多么愚蠢，其下属都能很快准备好详细的回报率和战略研究以支持；④同行的行为，无论是扩张、收购，还是设定高管薪酬，都会被盲目地模仿。"[42]

如何分配利润的问题，与公司处于企业生命周期中的阶段有关。如果处于增长阶段，盈利公司的正确选择应该是将利润再投资于业务，以取得内在价值的复合增长。当企业达到成熟阶段，增长趋于放缓，公司将产生的现金用于扩大再生产将不再是上佳之选。此时，管理层面临三个选择：①继续再投资于一个回报率低于资本成本的业务，寄希望于管理层的能力能使公司提升盈利水平；②对外收购，购买增长；③把钱还给股东。在这个十字路口，巴菲特会敏锐地关注管理层的行为，在此，管理层会展现出其理性或非理性的一面。

帮助一个正在衰落的企业东山再起，巴菲特对大多数管理者是否具备这样的能力持怀疑态度。尽管投资者会着迷于公司起死回生的想法，但公司高管们往往会高估自己的能力，结果当然往往不尽如人意。此外，对那些认为有必要通过对外收购以达到增长目的的公司高管，巴菲特也持怀疑态度。他们通常被认为薪酬过高，也很难将新收购的公司整合到原有企业业务之中。在这两种情况下，股东大量的钱都被消耗掉了，大量的价值也会被摧毁。

在巴菲特看来，对于那些现金储备不断增长，又无法以高于平均水平的资本回报进行再投资的公司而言，唯一合理和负责任的做法就是把钱返还给股东。返还现金有两种方法：支付股息或回购股票。在收到股息的现金后，股东可以寻找其他机会，从其他地方获得更高的投资回报。除了派发股息，公司管理层也可以通过回购股票的形式向股东返还现金。尽管回购股票的好处在很多方面并不那么直接，也不那么显而易见，但随着时间的推移，能够明智地执行这样的计划，对股东价值的影响可能是巨大的。

当管理层回购股票时，巴菲特认为得到的回报是双重的。如果股票的价格低于其内在价值，回购股票具有很好的商业意义。如果一家公司的股价是 50 美元，其内在价值是 100 美元，那么管理层每次回购其股票，就相当于花 1 美元，获得 2 美元的内在价值，这种性质的交易对留下来的股东是非常有利的。

此外，巴菲特说，当管理层积极购买公司股票时，他们是在证明自己将股东的最佳利益放在心中，而不是一味盲目扩大公司的规模。这种回购行为会向市场发出积极的信号，表明自己的公司属于管理优良，并意在增加股东财富的类型，这样会吸引那些有意寻找该类型公司的投资者。

但值得注意的是，当股票价格高于公司的内在价值时，要谨慎对待回购事宜，因为这最终会破坏股东价值。不要认为所有回购股票的行为都是明智的，一旦付出的回购价格过高，管理层的愚蠢行为实际上会导致股价随着时间的推移而下跌。

股票回购的另一个好处是，它以一种节税的方式向股东返还了现金。当一家公司向股东支付股息时，那些有应税账户的投资人必须与政府分享经济利益。然而，以股票回购方式返还现金可以 100% 地确定，回购之后留存的股东所拥有的公司股份比例将大于回购之前。因此，当公司产生新的利润时，股东将分享到更多的利润，而无须多花一美元去购买更多的股票。

就像长期复利一样，回购股票起初看似对一个人投资的影响微乎其微。但是，随着时间的推移，管理层经过深思熟虑的股票回购，会大大提高投资者对一家公司的所有权比例。回到 1988 年、1989 年，当时巴菲特花 10 亿美元买入可口可乐股票，相当于伯克希尔拥有该公司 7% 的股份。随着时间的推移，当可口可乐的股价低于公司内在价值时，管理层战略性地回购股票。2019 年底，伯克希尔对可口可乐 13 亿美元的投资（巴菲特在 1994 年增持了股票）价值达到 221 亿美元。目前，伯克希尔持有的 4 亿股占可口可乐公司总股本的 9.3%。在没有多花一美元的情况下，伯克希尔的持股比例上升了，在可口可乐公司利润中所占份额增加了 32%，这些都是基于经过管理层深思熟虑的股票回购。

顺便说一句，你可能有兴趣知道，就巴菲特最初的 13 亿美元投资，可口可乐在过去 30 年里向伯克希尔支付了多少股息。仅在 2019 年，伯克希尔就收到了 6.56 亿美元的股息。同样是在 2019 年，美国运通支付的股息为 2.48 亿美元。自 2000

年以来，美国运通向伯克希尔一共支付了 21 亿美元的股息，
几乎是巴菲特最初在该公司投资金额的两倍。诚然，对伯克希
尔来说，股息是一个应税科目，即便如此，我们依然可以清楚
地看到，基于管理层合理的资本配置，发放股息和股票回购大
大提升了伯克希尔对可口可乐和美国运通这两家公司的投资
比例。

《商界局外人》一书的作者威廉·桑代克指出，这是"重
要的分母"。他告诉我们，表现最好的首席执行官们"都高度
关注每股价值最大化。为了做到这一点，他们并没有简单地
关注分子，即公司的总价值。他们还专注于通过谨慎地为投
资项目融资和窗口期股票回购来管理分母。这些回购并不是
为了支撑股价，而是投资自己的公司也能够获得具有吸引力
的回报"。[43]

巴菲特在桑代克的书中被强调为"像 CEO 一样的投资者"。
桑代克解释说，巴菲特的非凡业绩来自业务运营，即集团旗下
各个企业的现金流向伯克希尔总部，给巴菲特创造了分配资本
的机会，巴菲特在 1994 年的伯克希尔－哈撒韦年度报告中，
将内在价值与资本分配联系起来："理解内在价值对管理者和
投资者一样重要。当管理者做出资本配置决策（包括回购股票
的决策）时，他们必须要增加每股内在价值，避免有损内在价
值的举措。"[44]巴菲特在给伯克希尔－哈撒韦股东的原则说明
中，强调了每股价值的重要性。他写道："我们的长期经济目

标是，追求每股内在价值年化增长率最大化。我们不以规模大小来衡量伯克希尔的经济意义或业绩，我们以每股的价值提升来衡量。"[45]

* * *

构成金钱心智的因素有很多，我们已经详细研究了其中的一些，还有一些需要继续研究。但毫无疑问，一个关键因素是资本配置的能力，而这本身就是一种投资行为。

请记住，当巴菲特第一次提到金钱心智的概念时，他是在回答一位股东提出的关于资本配置的问题，这个问题是在一个伯克希尔继任计划的广泛背景下提出的。在回答中，巴菲特表示，下一任首席执行官必须具备"经过证明的资本配置能力"，这显然反映了伯克希尔董事会的意愿。

众所周知，伯克希尔经营业务的现金利润，是最终推动公司内在价值增长的动力。而确定这些利润如何处理的过程，无论是再投资，还是回购股票或支付股息，都是教科书式的关于资本配置的定义。

负责配置资本的人是如何决定的，这并不复杂，可以把它看作一种练习数学逻辑的结果。如果一家企业的利润超过资本成本，而且毫无疑问它可以继续，那么明智的决定是将利润用于再投资。然而，如果企业正在纠结于是否可以获得高于资本成本的回报率，那么合理的做法是把钱返还给股东。如果股价低于企业的内在价值，就回购股票；如果不是，可以通过支付股息将钱返还给股东。这就像我说的，没那么复杂。

如果资本配置如此逻辑清晰、直截了当，那么有什么原因能导致 CEO 们犯下严重的错误呢？巴菲特解释说，资本配置的失败通常是一种商业判断的失败。而最常见的原因是无法抗拒盲目模仿同行的冲动，你可能还记得，巴菲特称之为"惯性驱使"。回想一下芒格在第 2 章中描述的"人类误判心理学"，特别是社会证明倾向，也就是一个人倾向于像别人一样行事，而不是花时间考虑他们的方式是否值得学习。芒格避免这个错误的解药是，当别人的行为明显有问题时，就忽略别人的错误行为。

在对哲学和心理学的解读中，我们知道，拥有忽视错误行为的能力就是要有自信去做正确的事情，尽管存在着顺应大众的压力。拉尔夫·沃尔多·爱默生告诉我们，自信与独立思考，自我实现有着直接的关联，这也是巴菲特从他父亲那里学习到的核心原则，而这些恰恰又是金钱心智的基础。

所以，伯克希尔的下一任 CEO，必须具有金钱心智，必须具有配置资本的能力。但最终，我们真正想说的是，伯克希尔的下一任 CEO 必须证明自己具备独立思考，自我实现的品质。

到目前为止，我们已经讨论了作为企业所有者，应该如何分析公司，如何处置公司股份，以及如何管理公司，而不需要股市来告诉他们投资的表现如何。接下来，让我们将注意力转向衡量企业组合表现的最佳方法，也就是不依赖股价表现去衡量上市公司业绩，在这个方面，巴菲特再一次作为导师，为我们树立了榜样。

1980 年，巴菲特说："留存利润对伯克希尔 - 哈撒韦的价值并不取决于我们是否拥有企业 100%、50%、20% 或 1% 的股权，相反，这些留存利润的价值取决于它们如何被使用以及随后的收益水平。[46] 除了它直接拥有的公司外，伯克希尔还拥有一系列普通股投资组合，其中一些持有比例为 20% 或更低。尽管伯克希尔将这些公司支付的股息计入财报，但财报并没有计入这些上市公司保留的留存利润，以及它们再投资的情况。

对于伯克希尔拥有的上市公司股份的价值，巴菲特解释说："无论留存利润是否包含在我们的财报记录之中，这些留存利润的价值都不会受到影响。"他后来补充说："如果有一棵树生长在我们拥有部分所有权的森林里，虽然我们没有在财务报表中记录其生长情况，但是，我们仍然拥有这棵树的一部分。"[47]"在我们看来，企业（或普通股）的留存利润对于股东的价值取决于使用这些利润的效果，而不是所有权的百分比。"[48]

巴菲特认为，衡量留存利润的最好方式是用他所谓的"透视盈余"的概念。1991 年，他统计了伯克希尔持有仓位最大的 7 只普通股，然后计算伯克希尔在这些公司的持股比例，以统计这些未分配利润如果真的派发给股东的话，伯克希尔会收到多少股息。当年，伯克希尔旗下主要持股的未分配利润总额为 2.3 亿美元。2019 年，伯克希尔的前 10 大持股中未分配利润总额为 83 亿美元。这些钱留在了这些公司内部，并进行了再投资，从而增加了包括伯克希尔在内的公司全体股东的内在价值。

在实践中，投资者应该如何衡量投资进展，巴菲特接下来所说的话可以帮助他们厘清思路。他说："关注自己投资组合的透视盈余，对于投资者达到目标会有所帮助。为了计算这些收益，他们应该确定投资组合中持股的相应收益以及总额，每个投资者的目标应该是创建一个投资组合（这就相当于是一家'公司'），这个组合在未来十年或更长的时间里，可以为他带来最大化的透视盈余。"[49] 巴菲特明确表示：如果投资者希望以每年 10% 的速度提高他们投资组合的内在价值，那么这个组合的透视盈余就需要以 10% 的速度增长。

另一个关于投资组合管理的想法，来自巴菲特的老搭档查理·芒格。对芒格来说，这是一个关乎机会成本的问题。他解释说："我们可能会认为这是我们放弃的回报，但它也可以被认为是我们已经拥有的回报。"在评估伯克希尔所面对的投资对象时，芒格会问，这比我们已经拥有的更好吗？通常有多个答案。除了比较透视盈余，芒格考虑的因素还包括了加权平均的销售增长回报、资本回报率，甚至包括安全边际。所有这些回报，即投资组合的加权平均回报，都成了伯克希尔衡量投资标的的经济基准。如此一来，对芒格来说，这个问题就变成了：如果在现有的投资组合中加入一只新股，能否提高整个组合的价值，推动内在价值增长？他认为，这样的策略是为了将伯克希尔的投资组合集中到更少，但最好的投资对象上。

你可能已经注意到了什么，其实，巴菲特和芒格在回答投资者的问题时，就是建议他们将自己的投资组合打造成一个迷你版的伯克希尔，无论是分析股票、购买普通股，还是衡量股票投资的回报，像伯克希尔一样，你的投资组合就如同你的公司。根据财务情况计算你公司的业绩回报，包括透视盈余在内，伯克希尔也是如此。巴菲特指出："这种方法将迫使投资者考虑长期的企业前景，而不是短期的市场前景，这种观点很可能会改善业绩。"[50] 对于身处投资大世界之中的投资者而言，检验透视盈余是衡量投资表现的最完美的方法。

* * *

在管理企业投资组合（也就是股票投资组合）时，你持有的股票数量，以及你持有的时间将对你的回报产生重大影响。在伯克希尔，巴菲特的策略是把注意力放在普通股上，并持有这些公司多年，甚至可能无限期持有。

巴菲特解释说:"我们所采取的策略,排除了我们曾经学习的刻板教条的多元化。因此,许多专家会说,这种策略一定比传统投资者所采用的多元投资策略风险更大。对此,我们持不同意见。我们认为,如果集中投资的策略,使投资者在购买企业股票之前提高了对企业的认知度,以及对企业各项经济特征的敏感度,那么这种策略反而可能降低了风险。"[51] 这反映了巴菲特和芒格投资的核心前提:知道你拥有什么,以及你为什么拥有它。

英国著名经济学家约翰·梅纳德·凯恩斯也是一位传奇的投资者,他曾经给自己的商业伙伴 F. C. 斯科特写过一封信。巴菲特引用了凯恩斯在这封信中的话,凯恩斯写道:"随着时间的推移,我越来越相信正确的投资方法,是将大笔的资金投到自己了解的且管理层完全值得信赖的公司上。相比之下,将资金分散在自己知之甚少又缺乏信心的企业上,希望以这种分散多元的方式来控制风险,这种想法是错误的。一个人的知识和经验都是绝对有限的,任何时候,让我深刻了解、掌控两个或三个以上的企业,我都不敢保证有充分的信心可以做到。"[52]

我们可以看到,投资者所拥有的股票数量与投资者对企业的理解程度之间存在直接关联。巴菲特和凯恩斯都认为,那些被定义为永久资本损失的风险,可以通过控制自己投资组合中的股票数量来降低。换句话说,拥有太多股票且过度分散,实际上增加了资本损失的风险。如果一个投资组合中有 50 多家公司，就很难仔细地监控哪些公司正在增长，哪些正在破坏股东价值。

除了在伯克希尔投资组合中持有为数有限的股票外，巴菲特的策略是长期持有这些股票。他说："我们需要强调的是，我们出售股票不仅仅因为它们价格上涨，或者因为持有了很长时间。在华尔街的所有格言中，最愚蠢的一句就是'只要有钱赚，你就不会破产'。我们非常乐于无限期持有任何证券，只要其业务预期的资本回报令人满意，管理层诚实能干，市场价格没有被高估。"[53]

巴菲特的观点是，不干涉伯克希尔集团旗下企业内在价值的复利增长，无论这些公司是非上市公司，还是上市公司。在伯克希尔-哈撒韦 2019 年的年度报告中，巴菲特向股东介绍了埃德加·劳伦斯·史密斯和他的著作《用普通股进行长期投资》。在写这本书之前，史密斯是一位不太知名的经济学家和财务顾问，但在凯恩斯对这本书做出评论之后，一切都改变了。

凯恩斯写道："史密斯先生最重要、最新颖的观点，也是我一直秉承的观点。管理良好的公司通常不会把其全部盈利派发给股东，即便在不错的年份，它们也会保留一部分利润，重新投入业务进行扩大再生产。因此，在投资于那些运营良好的实业的过程中，存在着一种复利因素。这样过了一些年头后，即便支付了股息，运营良好的企业的实际价值也会呈现复利增长。"[54]

对此，巴菲特写道："有了凯恩斯的灵光加持，史密斯的形象不再模糊陌生。"[55]

巴菲特承认，令他感到困惑的是，为什么留存利润可以使股东价值增加这样的事实，会完全被投资者所忽视。巴菲特写道："毕竟，卡内基、洛克菲勒和福特等巨头早前积累了令人难以置信的财富，这已不是什么秘密，他们都会保留很大部分的利润，以支持企业继续增长，创造更大的利润。从整个美国的范围看，也有一些规模较小的玩家按照同样的剧本发家致富。"[56]

回顾投资者所犯过的错，当然错误不止一种，但其中最常见的错误也许是过早卖出股票的倾向，使投资者丧失了来自留存收益最终的复利回报。起初，投资者看到的复利效果可能并不明显，但随着时间的推移，当真正可观的财富最终实现时，其势头会加速显现。对于长期经营良好的企业，投资者似乎从来都缺乏耐心。巴菲特引用帕斯卡的话说："我突然发现，人们所有的不幸都源于这样一个原因，这个原因就是他们无法安静地待在一个房间里。"[57]

我们将给出埃德加·劳伦斯·史密斯的最后一句话。"术语'投资'和'投资管理'的含义有一个区别。投资意味着一种简单的行为，只在投资进行时，才做出合理的判断。而投资管理是一种持续的行为，它意味着判断的持续实施，这包括投资行为，以及更多。"⁵⁸ 当我们持续学习的时候，"判断的持续实施"在金钱心智的影响下得到了加强。

* * *

你可能不知道杰克·特雷诺（Jack Treynor）这个名字，但他是财务管理领域的知识巨擘。他先在哈弗福德学院（Haverford College）学习数学，1955 年毕业于哈佛商学院，并在理特管理顾问咨询公司的研究部门开始了其职业生涯。特雷诺是一位多产的作家，他的文章荣获了许多奖项，包括《金融分析师杂志》的格雷厄姆和多德奖和罗杰·F. 默里奖。2007 年，他获得了著名的 CFA 协会颁发的卓越奖。特雷诺的作品一度不为人所知，现在被收进一本名为《特雷诺的机构投资》的书中，这本书共 574 页。在这本书后半部的第 424 页，有一篇名为"长期投资"的文章，它首次出现在《金融分析师杂志》1976 年出版的 5 月、6 月合刊上。

在这篇文章里，特雷诺首先谈到了市场效率这个一直存在的谜题。他想知道：不管我们多么努力，我们永远都无法在市场中发现折扣价格的存在，这是真的吗？为了解决这个问题，特雷诺要求我们区分"两种想法：①那些影响是显而易见的想法，需要相对较少的专业知识评估，因此传播得很快；②那些需要反思、判断的想法，需要较多专业的评估，因此传播得很慢。"[59]

　　他总结道:"如果市场效率低下,那么第一种想法一定会是迅速且有效的,因为根据定义,第一种想法不太可能被大量投资者误解。"[60] 回想一下本·格雷厄姆强调的那些便宜的会计要素,以及芒格认为这种类型的想法不再可能提供超额的投资回报。特雷诺说:"如果市场存在低效,投资机会会伴随着第二种投资想法出现,这是一种传播缓慢的投资想法。第二种想法是对长期投资唯一有意义的基础,因为它并非显而易见,它是对于企业'长期'发展潜力的洞察。"[61] 回想一下汤姆·盖纳关于快速扫描财务数据和分析一部正在慢慢展开的电影之间的区别。

　　所有的市场活动都基于一个时间连续体,从左到右,我们观察到以微秒、分钟、小时、天、周、月、年和数十年为单位发生的交易决策。虽然目前还不清楚分界线的位置,一般公认,越是靠左侧的活动(较短的时间框架)越可能属于投机行为,而越是靠右侧的活动(较长的时间周期)则越被认为是投资行为。我们已经认识到,越来越多的人正奋力靠近最左边,试图在最短的时间内赚到尽可能多的钱,而右侧的人数却在逐年下降。

　　将短期策略和长期策略进行比较的开创性工作,是 20 多年前由哈佛大学经济学教授、约翰·贝茨·克拉克奖章获得者安德烈·施莱弗和芝加哥大学布斯商学院金融学教授罗伯特·维什尼共同进行的。1990 年,施莱弗和维什尼为《美国经济评论》写了一篇题为《公司的新理论:投资者和公司的短期均衡》(The New Theory of Firm: Equilibrium Short Horizons of Investors and Firms) [62] 的研究论文。在报告中，他们比较了短期和长期套利的成本、风险和回报。

这篇研究论文提到，套利的成本是你进行资本投资的时间，风险是结果的不确定性，回报是投资的收益。在短期套利中，你的投资时间短，确认结果快，投资回报少。在长期套利中，你的投资时间长，回报时间的不确定性更高，但回报也应该更高。

根据这两位学者的说法："在均衡状态下，每项资产套利行为的净预期收益必须是相同的。由于长期资产套利比短期资产套利的成本更高，因此，前者必须在均衡过程中更多地利用错误定价，才能使净回报相等。"[63] 换句话说，由于长期套利的成本更高，要求的投资回报必须更高。

需要注意的是，为了从短期套利中获得可观的回报，必须反复且成功地使用这样的短线套利策略。这两位学者解释说，为了提高你的投资回报，使之达到高于投机者可能获得的水平，你必须增加投资的成本（你的投资时间），以及承担更多的风险（即结果最终揭晓前的不确定性）。

对投机者和投资者来说，控制的变量指的是时间范围。投机者通常在短期内折腾，并接受较小的回报；而投资者通常在较长的时期内运作，并期望获得更大的回报。

这就引出了下一个问题：在长期套利中，购买和持有普通股的巨大回报真的存在吗？让我们在一个简单的数学练习中，来看看证据。

我们统计了 1970~2012 年期间的数据，分别进行为期一年、为期滚动三年、为期滚动五年的回报率测算（仅限价格）。在这 43 年的时间里，以一年为期，标普 500 指数中价格翻倍的股票数量为 1.8%，约 500 只股票中有 9 只。在滚动三年的周期里，有 15.3% 的股票价格翻了一番，在 500 只股票中约有 77 只。在滚动五年的周期里，有 29.9% 的股票价格翻了一番，500 只股票中有 150 只。[64]

所以，回到最初的问题：从长期来看，购买和持有股票真的有巨大的回报吗？答案是肯定的。除非你认为五年内股价翻一番的成绩不足挂齿，五年翻一番相当于年化 14.9% 的回报率。

谁最能接近滚动五年的回报？答案是：长期投资者。然而，市场上长期投资者的数量正在减少，市场越来越多地被短期交易者主导。

1950~1970 年，平均持有股票的期限为 4~8 年。从 20 世纪 70 年代开始，持有期限的长度持续下降。如今，共同基金持有普通股的平均时长以月为计量单位。我们的研究表明，获得高投资回报的最大机会发生在持有三年之后。毫无疑问，由于投资组合的年换手率接近 100%，这意味着，大多数投资者几乎注定与高回报无缘。

从表面上看，股市往往无法有效地为长期可持续增长定价，因为很少有公司能够在多年的时间里实现可持续增长，或许来自市场的怀疑态度是可以理解的。但有一点是肯定的：那些具有长期良好前景的公司会产生正向的经济效益，并会创造高于平均水平的未来价值，在这个过程中许多公司的股票可能会被错误定价。

当然，这项研究的价值只与投资者具备的事先选择能力相关，取决于他们选择的股票超越大盘的潜力程度。答案显然在于，他们的选择过程和投资组合管理策略的稳健性。但毫无疑问，那些遵循巴菲特投资原则的人，很有可能挑选出表现出色的公司。

* * *

当投资者考虑多元化时，他们通常会考虑自己投资组合中的股票数量，以及他们的持股在不同行业之间的分布。一些投资者还对投资风格进行多元化，或是同时选择价值型和成长型，或是依据公司的市值大小，选择大盘股或小盘股。通常而言，投资者很少考虑按时间范围进行分类。

短期套利策略不同于长期套利策略，这两组策略的使用者就像是在不同利润的池塘里钓鱼的垂钓者。值得观察的是，大多数投资者，无论他的投资风格或市值如何，都挤在短期套利的池塘周围，人们挤在一起，陷入困境。而长期套利的池塘周围却有着足够的空间，以企业成长驱动为考量因素的投资者耐心地关注着动静，直到一条可称之为战利品的大鱼上钩。

企业驱动型的投资最适合长期套利策略，企业驱动型投资者不需要股市告诉他们什么，是赢还是输，他们在投资上的成绩就是他们所需要的唯一衡量标准。身处投资大世界里的投资者很少茫然失措，因为他们获得的经济回报赋予了他们信心，平静地提醒他们走在正确的道路上。

对于企业驱动型投资者而言，几乎没有什么可以令他们分心，他们平时也不太关注股市或经常剧烈变动的股价。而大多数人只是投资大世界中的过客，他们只会在这个"第五维度"做短暂的停留，休息片刻，重新设置他们的方向。很快，他们便会产生重回股市的冲动。其实，即使在股票市场上，企业驱动型投资规则依然适用。巴菲特在投资大世界中教给我们的一切也同样适用于股票市场。

重要的是要意识到，股票市场是一个挤满了不同演员、不同游戏的嘉年华式的游乐场。参与其中的有些是投资者，有些是炒股者，投机者一定是大多数。几乎所有的人都很容易被无穷无尽的财经消息吸引，这些消息告诉所有的人如何折腾才能最好地赚钱。但企业驱动型投资者会在心理上远离这种噪声。我们的游戏规则没有改变，我们需要做的就是不要忘记在投资大世界中学到的，所有规则都仍然行之有效。

回到股票市场领域，企业驱动型投资者不会让自己陷入短线的、混乱的信息旋涡。他们牢记一个事实：他们管理的投资组合就是一个创造价值的企业投资组合，所有这些公司的内在价值都随着时间的推移在增加。

从某种意义上说，我们就是在管理着自己的企业，就像巴菲特管理伯克希尔一样。在未来的几周、几个月和几年里，我们的进步和成绩将不以波动的股价来衡量，而是以我们持有的企业的经济回报来衡量，这才是最重要的，而如过山车般不断变化的股价并不重要。

在股票市场领域里，每当企业驱动型投资者受到严重挑战时，他们就会从拉尔夫·沃尔多·爱默生如下的这段话中重获力量，加强自己的金钱心智，这段话也是巴菲特给儿子的教导，现在传给了我们。

"为什么我们要承担朋友的过错？即使我们休戚相关，亲密无间，我也不会因此而接受他们的任性或愚蠢，即便在某种程度上我也感到羞愧。我们的独立不是物质上的，而是精神上的，也就是说，我们必须从物质的层面上升到精神层面。当整个世界似乎都在暗中图谋，用琐事一次又一次侵扰你、纠缠你，当所有人都来敲你的门，并且说："到我们这里来吧。"绝对不要动心，不要加入到他们的喧闹中。始终保有一颗自助自主的心，不受外界影响和左右，活在自己的意志里，才能够使心灵得到宁静，才会过上真正独立的生活。

第 5 章

并非主动管理不行了

在 1997 年伯克希尔－哈撒韦公司的年会上，芒格问了一个重要的问题，他说，伯克希尔的投资风格"如此简单，但为什么并没有被广泛复制呢？我不知道为什么。即使在那些知名的大学和学术研究机构里，伯克希尔的风格也不是投资管理的标准。这是一个非常有趣的问题。如果我们是正确的，那么，为什么会在眼皮子底下有这么多不对呢"？

的确，为什么会这样？在一个人们如此专注于明智投资的世界里，为什么伯克希尔的模仿者如此少？是的，放眼全球，复制伯克希尔投资方式的公司非常少。大部分公司坚持使用一种不同的方法，它通常被描述为"主动管理"，但它们的成功并不亮眼。

不满的投资者对"主动管理"的抱怨越来越多，包括管理成本过高、交易成本过高、表现不佳等。他们的解决方案是转向被动型指数基金，因此每年有数千亿美元的资产从主动管理类基金清算退出，许多基金经理正在失去工作。

但是，我们很快就会了解到，并不是主动管理不行了，而是大多数主动管理者所使用的策略不起作用。

* * *

如果你问人们，他们对投资的历史了解多少，我估计大多数人的讲述会从 1929 年惊心动魄的大崩盘开始。第一次世界大战之后的十年，所谓咆哮的 20 年代是一个具有双重经济特征的时期：一边是巨大的财富积累，一边是巨大的投机。后者最终导致了美国历史上最大规模的股市崩盘。

其他一些人可能会说，美国的投资历史实际上始于 1792 年 5 月 17 日，当时有 24 名股票经纪人聚集在华尔街 68 号外的一棵梧桐树下，签署了一项协议，这项协议后来被称为梧桐树协议（Buttonwood Agreement），并以该协议为基础成立了现在的纽约证券交易所。但历史爱好者会告诉你，实际上，投资世界的时钟始于 1602 年的阿姆斯特丹证券交易所。该交易所是荷兰东印度公司创立的，它不仅允许股份公司吸收投资者的资本，还允许投资者交易他们持有的股份。因此，现代投资大约有 420 年的历史。

如今，被称为投资管理标准的现代投资组合理论，仅有 40 年的历史，我们可以追溯其根源到 1952 年，也就是大约 70 年前，尽管在最初的 30 年里，学术界之外并没有人认真关注过这一理论。

现代投资组合理论假设投资者厌恶风险，对于两个预期回报相同的投资组合，投资者总是更喜欢风险较低的那个。了解到这一点后，投资者可以建立一个适合他们风险承受力的、最佳的股票和债券投资组合，风险承受力可以被定义为承受价格波动的情感资金。正如我们将看到的，现代投资组合理论所涉及的一切都关于股价的弹性，以及个人投资者处理坏消息的能力。用更直白的话来讲：标准的投资管理驱动力的首要目标是解决心理不适。这个目标被认为比获得更高的投资回报更重要。

现代投资组合理论的核心是，认为一个投资组合的整体风险与回报较单个投资的风险与回报更为重要。在现代投资组合理论中，整体比各个部分更重要。多年以来，人们制定了很多策略，引导投资者以最小的担忧为代价来实现他们的目标。但我们很快就会了解到，所有这些策略都没有找到实现这个目标的答案，因为它们强调了错误的问题。

现代投资组合理论将投资者的情绪（即所谓的风险承受力）置于投资回报之前，而将投资回报排在第二位。因此，基于风险，一般情况下，标准的主动管理基金无法跑赢被动指数基金，它们没有创造任何附加值，难怪投资者对主动管理基金感到不满。

现代投资组合理论将超额回报的关键因素排错了顺序，播下了失败的种子。随着投资者纷纷撤回资金，这种理论开始动摇。

我们是如何走到这一步的？如何才能摆脱这个误区？首先，让我们坦诚地回顾过去，倾听和模仿那些具有金钱心智的人，看看他们是如何在安全的基础上运作的。

* * *

让我们先从诺贝尔奖获得者哈里·马克斯·马科维茨（Harry Max Markowitz）的故事说起。马科维茨 1927 年 8 月 24 日出生于芝加哥，是个人们口中的好孩子，他会拉小提琴，学习努力，兴趣广泛，包括物理学、数学和哲学。据说他崇拜的英雄是英国哲学家大卫·休谟（David Hume），他最喜欢休谟的《关于理解运作的怀疑》（Skeptical Doubts Concerning the Operations of Understanding），在这篇文章中休谟对"思想"和"事实"做了区分。[1]

马科维茨后来就读于芝加哥大学——这是他申请的唯一一所大学，在那里他获得了文科学士学位，并继续经济学的研究生学习。作为一名研究生，马科维茨被考尔斯经济学研究委员会吸引，该委员会是阿尔弗雷德·考尔斯于 1932 年成立的，后来并入了芝加哥大学。考尔斯订阅了几项投资服务，但没有一个能预测到 1929 年的股市崩盘，于是考尔斯决定搞清楚，市场预测者是否真的能预测市场未来的走向。委员会分析了 1929～1944 年间的一共 6904 项预测，是有史以来最详细的研究之一。考尔斯在一个模型中指出，研究结果"未能揭示出有能力预测股市未来走势的证据"。[2]

在 20 世纪 50 年代初，芝加哥大学是经济学界的温床。教授队伍中包括米尔顿·弗里德曼、特贾林·库普斯曼、雅各布·马尔沙克和伦纳德·萨维奇。当要决定博士论文的主题时，马科维茨选择了自己的导师、当时的考尔斯委员会主任——马尔沙克教授。一天下午，马科维茨在马尔沙克的办公室外，向坐在附近的一位年长的绅士做了自我介绍。在随后的非正式谈话中，这位先生提到他是一名股票经纪人，并建议马科维茨考虑写关于股票市场的论文。当马科维茨向导师提到这个想法时，马尔沙克教授热情地表示赞同，然后提醒他，阿尔弗雷德·考尔斯本人也对股票市场感兴趣。[3]

雅各布·马尔沙克的学术专业领域是经济学，而不是股市，所以他指导马科维茨去找商学院院长和《金融杂志》的编辑马歇尔·凯彻姆。凯彻姆又让马科维茨去大学图书馆阅读约翰·伯尔·威廉斯的《投资价值理论》，你可能会发现，这本书也帮助了巴菲特，没错，就是这本书帮巴菲特更好地理解了如何确定公司内在价值。[4]

马科维茨立刻被这本书迷住了，他对威廉斯提出的股票估值的净现值模型很着迷，但也感到了困惑。马科维茨认为使用威廉斯的净现值模型，逻辑上将导致投资者的投资组合只能持有为数不多的几只股票，甚至可能只有一只。这让马科维茨想进一步知道威廉斯对风险的看法，当然，他认为，没有一个明智的投资者会只持有一两只股票，世界上什么事情都可能发生，不确定性会让人们不愿承担如此大的风险。

深入研究后，马科维茨在书中没有看到威廉斯是如何控制风险的。其实在第 3 章中，威廉斯提到了他赞同本·格雷厄姆关于安全边际的观点。在书的序言中，威廉斯建议读者选择那些市场价格低于净现值的股票，并回避那些市场价格高于净现值的股票。除此之外，威廉斯在他的书中没有详细阐述风险管理。令人困惑的是，马科维茨没有注意到威廉斯关于风险管理的以上观点。尽管如此，马科维茨依然坚信，投资者应该对风险和回报感兴趣。他最终提出的理论是，经过对其他理论进行改进，投资者面临的风险完全是股价波动的函数，对"投资风险"的理解成为现代投资组合理论的第一步。

1952 年 3 月，正在攻读博士学位的哈里·马科维茨的《投资组合选择》一文发表在《金融杂志》上。两年后，马科维茨获得了经济学博士学位。这篇文章并不长，只有 14 页，按照学术期刊的标准，它并不显眼——只有 4 页文字，其他是图表和数学方程。论文的引用仅来自 3 本书：J. B. 威廉斯的《投资价值理论》（1938）、J. R. 希克斯的《价值与资本》（1939）、还有 J. V. 乌斯宾斯基的《数学概率导论》（1937）。马科维茨认为风险和回报是密不可分的，从他的角度来看，这是一个相当简单的概念，根本无须连篇累牍地加以论证。作为一名经济学家，他认为可以量化两者之间的关系，从而确定不同的回报水平所需对应的风险程度。

为了说明他的观点，马科维茨画了一张简单的权衡图，这张图上有预期回报（纵轴）和风险程度（横轴）。从左下角到右上角的一条简单的线被称为有效边界，这是现代投资组合理论中的主要内容。这条线上的每一个点都代表了潜在回报与相应风险水平之间的交集，最有效的投资组合是为给定的风险水平提供最高回报的投资组合。低效的投资组合会使投资者面临一种风险水平，但是没有相应水平的预期回报。马科维茨说，投资者的目标是将投资组合与投资者的风险承受力相匹配，同时限制或避免低效的投资组合。

马科维茨指出，最佳的衡量风险的标准是方差，即价格波动性。在其论文的第一段，马科维茨写道："我们认为投资者确实（或应该）认为预期回报是理想的，而回报的方差是不理想的。"[5] 马科维茨继续说："这条规则有许多合理之处，既可作为投资行为的准则，也可作为关于投资行为的假设。我们根据'预期回报－回报方差'原理来证明信念和投资组合选择之间的几何关系。"[6] 马科维茨指出："'收益率'和'风险'这样的术语经常出现在金融著作中，但并不总是被精确使用。"他建议，"用'预期收益率'或'预期回报'取代'收益率'，用'回报方差'取代'风险'，尽管表面没有什么大变化，但会产生不同的结果"。[7]

如果你停下来想想马科维茨的推理，很明显这是一个巨大的飞跃，对于一个 25 岁的研究生而言，可以说他是将自己放在了一个非凡的位置上。他假设不受欢迎的波动（不令人愉快的价格波动）实际上就是风险，却没有任何相应的经济解释或证据，去证明具有高方差的资产会导致永久损失。同样值得注意的是，马科维茨忽略了公司价值的问题，而它与股价有关，正如我们所知，这也是本·格雷厄姆投资方法的中心观点。马科维茨丝毫没有把风险等同于资本损失，只是将其等同于价格方差。

我们不清楚为什么马科维茨在写论文时没有引用当时的主要教科书《证券分析》，他的顾问或论文委员会也没有建议他去参考这本格雷厄姆的经典之作。1951 年，也就是在他写论文之前的一年，本·格雷厄姆和大卫·多德这本伟大著作的第 3 版已经问世。马科维茨也没有提到格雷厄姆的《聪明的投资者》，当时这是一本非常受欢迎的投资著作，两年前曾引起了广泛讨论。格雷厄姆提出了一个重要的观点：短期浮亏和永久资本损失，二者并不相同。这两本当时非常重要的书，马尔科维茨都没有提到。总之，马科维茨既忽略了约翰·伯尔·威廉斯的建议，也忽略了本·格雷厄姆的观点，而这些建议和观点都与风险管理有关。

马科维茨的风险理论的基础是资产在价格方面的行为模式。根据马科维茨的观点，投资组合的风险取决于其持有股票的价格方差，而他没有提及对公司价值进行估值的财务风险。马科维茨思考的每一步深化，都更加远离了解所持有股票的价值，而是转向了仅仅根据股票价格波动来构建投资组合。因此，他的理论方法的主要目标变成了价格导向的投资组合管理，而不是企业驱动的投资组合管理。

最初，马科维茨的推理认为，一个投资组合的风险就是包含的所有个股的加权平均方差。虽然方差可以提供一个衡量个体股票风险的指标，但即便有 2 个方差（或 100 个方差）的平均值，在关于 2 只股票（或 100 只股票）投资组合的风险揭示方面，它能够告诉你的依然非常有限。为了衡量整个投资组合的风险，马科维茨在投资组合管理中引入了"协方差"公式。

协方差测量了一组股票的动态方向，当两只股票的价格，无论出于什么原因，倾向于联动时，它们有很高的协方差。两只股票的价格移动方向相反，说明它们的协方差很低。在马科维茨的思维中，投资组合的风险不是个股的方差，而是所有持有股票的协方差。他认为，价格在同一方向上的波动越大，投资组合的风险就越大。相反，一个具有低协方差股票的投资组合将会更加保守。

1959 年，马科维茨在他博士论文的基础上出版了自己的第一部专著《投资组合的选择：投资的有效多元化》（*Portfolio Selection: Efficient Diversification of Investment*）。两年之后，一位名叫威廉·夏普的年轻博士生找到了马科维茨，夏普当时在兰德研究所从事线性规划工作。当时，夏普需要确定论文的主题方向，他在加州大学洛杉矶分校一位教授的建议下找到了马科维茨。我们在第 4 章中介绍了夏普及其资本资产定价模型。你可能还记得，夏普认为，一家公司的资本成本与其股价的波动性有关。马科维茨向夏普讲述了他在投资组合理论方面的工作，以及计算无数股票协方差的工作量负担。夏普专心地听着，然后回到了加州大学洛杉矶分校。

第二年，即 1963 年，夏普发表了题为《投资组合分析的简化模型》（A Simplified Model of Portfolio Analysis）的论文。虽然夏普承认自己完全依赖于马科维茨的思想，但他提出了一种更简单的方法，可以避免进行无数的协方差计算。

夏普的论点是，所有证券都与一些潜在的基本因素有着共同的关系。对于任何特定的证券来说，这个因素可以是股票市场，也可以是国内生产总值或其他价格指数，只要它是影响证券波动的重要单一基础因素。根据夏普的理论，分析师只需要衡量安全性与主要基础因素之间的关系即可。这样一来，夏普提出的方法大大减轻了马科维茨所遇到的计算负担。

夏普认为，影响股价的基本因素，即对股票价格行为影响最大的单一因素，是股市本身。同样重要但影响较小的因素，是行业因素和该股票的独有特征。夏普的论点是，如果某只股票的价格比整个市场的波动性更大，那么该股票将使投资组合更加多变，因此风险更大。相反，如果一只股票价格的波动性小于市场，那么加入这只股票将使投资组合的波动性更小，风险也更小。根据夏普的方法，投资组合的波动性可以很容易地通过单只证券的简单加权平均波动率来确定。

夏普的波动性指标被赋予了一个名称——贝塔因子。贝塔被描述为两个独立价格变动之间的相关程度，例如大盘和个股。随市场同步涨跌的股价的贝塔值为 1.0。如果一只股票的涨跌幅度是市场的两倍，其贝塔值是 2.0；如果一只股票的走势只有市场走势的 80%，贝塔值是 0.8。仅基于这些信息，夏普就能够确定投资组合的加权平均贝塔系数。他的结论是，任何贝塔值大于 1.0 的投资组合，其风险都高于市场风险，而任何贝塔值小于 1.0 的投资组合，其风险都会低于市场风险，这与马科维茨对价格方差的观点完全一致。

具有金钱心智的人会怎么看待这一切呢？让我们再回想一下。1951 年，当哈里·马科维茨正在研究并撰写他的论文《投资组合选择》时，巴菲特被哥伦比亚大学录取，参加了本·格雷厄姆的春季投资研讨会；当威廉·夏普在 1963 年发表他的论文时，巴菲特管理他的投资合伙企业已经是第 7 年了，并取得了出色的投资业绩；当马科维茨和夏普都提醒，投资者应该警惕股价波动的危险时，巴菲特从他的导师本·格雷厄姆那里学会了如何利用价格波动，并将学到的教训应用到他的合伙企业中；当马科维茨和夏普不遗余力推广他们的波动即风险理论时，巴菲特已经坚定地朝着一个不同的方向进发。

1974 年，伯克希尔－哈撒韦以 1062.8 万美元的价格购买了 467 150 股《华盛顿邮报》的 B 类股票，这在当时是伯克希尔最大的一笔投资。截至当年年底，在残酷的熊市打击之下，大盘下跌了近 50%，这是自大萧条以来最糟糕的市场表现。《华盛顿邮报》的股价和其他股票一样大跌，但巴菲特始终保持着镇定和冷静。在 1975 年伯克希尔－哈撒韦的年度报告中，他写道："股市波动对我们来说并不重要，除非它们可能提供购买机会，重要的是企业本身的表现。关于这一点，对于我们目前有重大投资的几乎所有公司，我们为它们所取得的进步感到高兴。"[8] 巴菲特讲的这段话，自然也包括《华盛顿邮报》在内。

1990 年，在斯坦福大学法学院的一次讲座中，巴菲特阐述了他的想法。"1974 年，我们以 8000 万美元的估值买入了《华盛顿邮报》公司的股票。如果你随便去问 100 位分析师，在我们收购该公司时，《华盛顿邮报》应该价值多少，他们没有一个人会否认该公司估值 4 亿美元。现在，在贝塔理论和现代投资组合理论的体系下，根据这些理论的解释，我们用 4000 万美元买入，比用 8000 万美元买入，反而具有更大的风险，仅仅是因为它的股价具有更大的波动性，尽管它价值 4 亿美元。看了这些，我无法接受他们的结论。"[9] 这段话完美展现了巴菲特对现代投资组合理论的感觉。

巴菲特一直认为股价下跌是获得超额回报的机会，而不应该是避而远之的理由。他的观点是，在你确定了一家公司的内在价值后，价格的下跌会降低你的风险。"我们认为股东就是企业的所有者，从企业的所有者的角度来看，学术界对风险的定义非常离谱，已经到了荒谬的地步。"[10]

对巴菲特来说，风险有着不同的定义，风险是造成伤害或损失的可能性。他说，这是一个与企业内在价值相关的因素，而不是一个股票短期持续价格波动的因素。在巴菲特看来，伤害或损失源于你的错误判断，源于你对那些决定投资对象未来利润的重要因素产生的误判。

用巴菲特自己的话来说，这些影响因素可以罗列如下。首先，"可以评估企业的长期经济特征的确定性"。第二，"评估管理层的确定性，包括其充分发挥业务潜力的能力和明智地利用其现金流的能力"。第三，"确定管理层值得信赖，能够将企业回报回馈给股东，而不是损公自肥"。第四，是"收购的价格。"[11]

重要的是，巴菲特告诉我们，风险与投资的时间跨度密不可分。他解释说，如果你今天买了一只股票，打算明天卖出，那么你就进入了一笔风险交易。预测股价短期涨跌的概率与抛硬币猜正反的概率是一样的，你会有一半的失败概率。然而，他说，如果你把时间跨度延长到几年，那么股票作为一种风险交易的概率就会大幅下降，当然，前提是你在一开始的购买是明智的。

关于现代投资组合理论的风险，即关于贝塔的使用，我们能想到的最好说法是，它适用于短线投资者，但对长期投资者毫无意义。现代投资组合理论的风险，衡量的是股票价格波动与股市大盘波动的相关性，这适用于那些将股票投资组合视为货币市场账户的人，每当投资组合的资产净值跌至 1 美元以下时，这些人就会畏惧退缩。

但这引出了一个问题，如果投资者的投资目标是长期的，为什么他们会有短期反应？我们可以得出一个很好的结论，即管理一个短期价格波动最小化的投资组合，会产生并非最优化的长期投资回报，这样的结果往往并不令人愉快。其次，更麻烦的是，痴迷于短期价格涨跌的投资者更有可能养成投机习惯，疯狂地买卖股票，试图防止净值下跌，但这往往徒劳无益。巴菲特以一以贯之的风格一针见血地指出："这实在太讽刺了，如果投资者担心价格波动，进而错误地将波动作为衡量风险的标准，他最终可能会做一些非常危险的事情。"[12]

对于企业驱动型的投资者来说，衡量行为是否冒险的一个更好的方法是衡量安全边际的大小，即他们为投资支付的相对于内在价值的折扣价格。股价与企业价值之间的折扣越大，投资者所承担的风险就越小。

巴菲特说："如果你让我评估今天早上买进可口可乐，明天早上将其卖出的风险，我会说，这是一笔非常危险的交易。"[13] 但在他看来，在 1988 年购买可口可乐并持有 10 年，这几乎没有什么风险。同样，当他在 1974 年熊市期间收购《华盛顿邮报》公司股票时，他也认为自己几乎没有承担什么风险，因为他打算持有这只股票 10 年或更长时间。现代投资组合理论的学者可能会认为，巴菲特在 1974 年买进《华盛顿邮报》，增加了伯克希尔投资组合的投资风险。10 年之后的 1985 年，伯克希尔当初投资《华盛顿邮报》的 1000 万美元已经价值 2 亿美元，大赚 20 倍，是一只妥妥的 20 倍股。

巴菲特说："要想成功投资，你不需要理解贝塔或现代投资组合理论。事实上，如果你不知道这些可能会更好。当然，这并不是大多数商学院的主流观点，但这些商学院的金融课程渐渐由这些学科主导。在我们看来，投资专业的学生只需要学好两门课程：如何评估企业价值和如何考虑市场价格。"[14] 这是金钱心智的基石。

企业驱动型投资者会将市场发生的价格波动，视为一个周期性的机会，他们很少会仔细考虑股价的方差，如果方差存在的话。简而言之，企业驱动型投资者并不痴迷于不断变化的股价，相反，他们选择关注自己所拥有的公司基本面的发展。不能仅仅因为企业驱动型投资者在股市市场领域运作，他们必须对现代投资组合理论顶礼膜拜。

* * *

现代投资组合理论的第二个支点是投资组合多元化。在马科维茨的论文《投资组合选择》中，他拒绝采纳约翰·伯尔·威廉斯的净现值原则，他将其称为预期回报原则，拒绝的原因是"它未能显示多元化的优越性"。然后，马科维茨以无可辩驳的态度补充说，投资者必须拒绝集中投资的观点。在他看来，由于错误的概率确实存在，一个多元化的投资组合总是比一个非多元化的投资组合更可取。但并不是任何多元化的投资组合都可行，"有必要避免投资于自身协方差较大的证券。我们应该使行业多元化，因为相较于由同一个行业内的公司组成的投资组合的协方差，由不同行业的公司，特别是具有不同经济特征的行业的公司组成的投资组合协方差会更低"。[15]

　　总之，马科维茨强烈地认为，一个广泛多元化的投资组合，只要其股票具有负的协方差，总会比一个集中的投资组合更可取。他写道："多元化既是可见的，也是明智的。一种不承认投资多元化优越性的行为规则，无论是作为一种假设，还是一种行为准则都应当被拒绝。"[16] 谁能想象，这样一个大胆的论述，来自一个没有资产管理经验的研究生。

　　这个书呆子的想法如何能与金钱心智的观点一致？毫不奇怪，巴菲特对投资组合的多元化持有不同的看法，他的看法与现代投资组合理论截然相反。现代投资组合理论认为，一个广泛多元化的投资组合的主要好处是，它降低了个股价格波动的影响。但巴菲特不关心股价的波动，如果你也不关心价格波动，你会从完全不同的角度看待多元化问题。

　　巴菲特以其典型的清晰表达，巧妙地说明了相比于只拥有少数优秀的企业，拥有一个过分多元化的投资组合是愚蠢的。

他说:"如果我可以选择的公司范围有限,比如说,仅限于在奥马哈的非上市公司,首先,我会尝试评估每个企业的长期经济特征;其次,评估负责运营企业的团队素质;最后,尝试以合理的价格购买一些最好的业务。我当然不打算在城里所有企业中都拥有一份比例相同的股份,那么,为什么在面对选择更广泛的上市公司时,伯克希尔要采取不同的策略呢?"[17]

现代投资组合理论告诉我们,应该建立一个这样的股票投资组合,不考虑组合中企业的经济状况,组合中的每个企业权重是一样的,并将价格波动置于回报最大化之上。而巴菲特告诉我们:"如果你是一个明智的投资者,能够了解企业的经济状况,并找到5~10家具有重要长期竞争优势且价格合适的公司,传统的投资多元化对你来说就没有意义。多元化很容易损害你的业绩结果,并增加你的风险。"[18]

总结一下,巴菲特首先拒绝了价格波动等于风险的观点,接着,又坚决否认了广泛多元化是最佳投资组合策略的观点,他说:"我不明白,为什么一个投资者要选择投资于位列最喜欢的企业名单上第20位的企业,而不是简单地把这笔钱追加到他的首选对象上,那才是他了解最多、风险最小、利润潜力最大的企业。"[19]

那么,我们该如何描述巴菲特管理投资组合的策略呢?我们该怎么称呼它呢?巴菲特曾经对我说:"罗伯特,我们只集中在为数不多的杰出企业上,我们是集中投资者。"[20]因此,当我后来决定写一本关于巴菲特的投资组合管理策略的书时，书名就定为《巴菲特的投资组合》，副标题为"集中投资策略"。

实际上我知道，简单地说巴菲特的工作就是集中投资，你应该遵循他的方法，仅仅这样是不够的。更多的人想要更硬核的相关信息，我打算将它整理出来。因此，我开始了一项密集的、多层次的研究，看看实际的市场数据是否会支持这个前提。如果你有兴趣的话，可以看到该研究的全部内容，在《巴菲特的投资组合》一书中有详细说明，但对于那本书的目标，有几点值得我们注意。

首先，重要的是要认识到，随着股市中不同股票和不同行业的持续波动，专注的、换手率低的投资组合通常会遭遇表现不佳的时间段。事实上，集中投资者在短期、三分之一或更长的时间内表现不佳并不罕见。需要记住的一点是：重要的不是你做对与做错的次数，重要的是你在做对的时候赚了多少钱，在做错的时候亏了多少钱。这是一个频率与振幅之间的命题。

其次，在我们的研究中，集中的投资组合与广泛多元化的投资组合相比，呈现出高点更高和低点更低的特征。因此，相较于一个广泛多元化的投资组合，集中投资组合既有可能表现不佳，也有很大可能获得更高的回报。

总之，我们的研究表明，随着投资组合中股票数量的减少，击败市场的可能性会上升。反之亦然：你的投资组合中持有的股票数量越多，跑输大盘的概率随之上升。一旦你的投资组合中拥有了100~250只股票，其实你就变成了市场本身，当然，这是在扣除管理费和交易费用之前。

当然，成功管理集中投资组合的关键是股票的选择。如果你没有能力买入那些随着时间推移，表现可以跑赢大盘的股票，那么拥有一个广泛多元化的投资组合也不错，比如被动投资的指数基金。但是，如果你能够挑选出具有复合成长内在价值，且被市场错误定价的股票，那么管理和优化一个集中的投资组合绝对符合你的最佳利益。

巴菲特解释说："盲目多元化其实是无知的保护伞。如果你想确保跟上大盘，你就应该持有所有股票，这没什么问题。对于那些不知道如何分析企业的人来说，这是一种合理的方法。"在很多方面，现代投资组合理论为那些不了解如何评估企业、不具备相关知识和理解能力的投资者提供了保护，但这种保护是有代价的。巴菲特说："现代投资组合理论会告诉你如何达到平均水平，但我认为几乎所有具有五年级水平的人都知道如何取得平均成绩。"[21]

* * *

如此多的投资者正在放弃主动管理型基金，这是完全可以理解的。当人们可以为更好的结果支付更少的钱时，他们就会厌倦为糟糕的结果付费。数据是无可争议的，费用较低的被动型指数基金的表现持续优于大多数主动型基金，但被动型指数基金的表现并非优于所有主动型基金。

25 年前，我们写了一篇关于集中投资的文章。今天，很多学院派参与了进来。在非多元化投资组合研究领域中，最著名的思想家当属 K.J. 马蒂因·克雷默斯和安蒂·佩塔吉斯托，但他们不再将其称为集中投资，现在它被称为"高活跃度投资"。

2009 年，当时都在耶鲁大学管理学院国际金融中心的克雷默斯和佩塔吉斯托合著了一篇关于投资组合管理的里程碑式的论文，题为《你的基金经理有多活跃——一项预测业绩的新指标》（How Active Is Your Fund Manager? A New Measure That Predicts Performance）。首先是一个定义，活跃度是指投资组合中与业绩衡量基准有差异的百分比，以投资组合中与衡量基准相比的个股和权重的差异来计算。与衡量基准没有重叠的投资组合活跃度为 100%；与基准拥有完全相同的持股和权重的投资组合活跃度为 0。如果一个投资组合的活跃度为 75%，那就意味着其 25% 的持股与衡量基准的持股相同，75% 不同。

两位学者调查了从 1980 年到 2003 年的 2650 只共同基金，结果发现，那些活跃度为 80% 或更高的投资组合，费前收益超过基准指数 2.0%～2.7%，费后超过 1.5%～1.6%。[22] 此外，那些活跃度较低的基金，通常被认为贴近指数，因为它们是被动管理以尽可能贴近指数的投资组合，它们的表现与基准非常相似，但费后表现无法超越指数。

据了解，活跃度最高的投资组合表现优于衡量基准，而活跃度最低的基金表现不佳。如今，活跃度被认为是预测基金表现的一个指标。

另外，这两位学者指出，跟踪误差波动率并不能预测未来的回报。误差波动率即衡量基金经理的回报和指数回报之差的标准差，这是现代投资组合理论衡量主动管理投资的标准方法。基金经理具有低跟踪误差或高跟踪误差的投资组合，只意味着投资组合中发生了什么变动，而不是投资组合与基准相比看起来有多少不同。

2016年，在后续的研究中，克雷默斯和罗格斯商学院的安库尔·帕雷克在《金融经济学杂志》上发表了一篇文章，题为《耐心资本的卓越表现：换手率不高的高活跃度基金经理的投资技能》（Patient Capital Outperformance: The Investment Skill of High Active Share Managers Who Trade Infrequently）。在文章中，作者考察了高活跃度和低换手率投资组合的表现，也就是由买入并持有的投资者管理和持有的投资组合。他们发现，"耐心持有那些活跃度高的投资组合，也就是其股票构成与衡量基准有很大差异的组合，持有超过两年，其平均表现优于大盘"。重要的是，他们发现那些换手率高、活跃度高的投资组合实际表现逊于市场。[23]

总的来说，克雷默斯、佩塔吉斯托和帕雷克已经明确表

示，最糟糕的是持有频繁交易、过分多元化的投资组合，而击
败市场的最佳投资组合是，由买进并持有风格的基金经理管理
的高活跃度投资组合。这个结论，与巴菲特管理伯克希尔的投
资组合情形完全相符。

　　你可能会认为，既然有如此多的证据，那么高活跃度、
低换手率风格的投资组合应该在市场上越来越多才对。的确，
克雷默斯和帕雷克写道："我们的研究结果表明，美国股市为
长期的主动管理型基金经理提供了机会，因为致力于耐心、
主动投资策略的套利资本非常有限。"[24] 但事实证明，情况并
非如此。

　　事实上，由高活跃度投资组合管理的资产比例一直在稳步
下降。1980 年，高活跃度投资组合占总股票资产的 58%。2003
年，这一数字下降到 28%，今天依然在继续下降。根据克雷默
斯和佩塔吉斯托的说法，即使是那些优于衡量基准的高活跃度
投资组合管理的资产也呈现出占比下降趋势。

　　为什么投资者对众所周知的有助于他们超越市场的投资方
式漠不关心呢？2017 年，克雷默斯在《金融分析师杂志》上
撰写了一篇题为《活跃股票与主动管理的三大支柱：技能、信
念和机会》的文章，试图解开这一悖论。克雷默斯将这三个特
质（技能、信念和机会）与一种推理路线联系起来，追溯到柏
拉图和亚里士多德，后者认为"实践智慧涉及正确的认知（技
能）、良好的判断力（信念）和有效的执行（机会）。"[25]

因此，我们可以说，成功的高活跃度投资的第一个支柱是拥有正确的认知，能够识别那些长期内在价值（包括业务、财务和管理方面的要素）复合增长的股票。第二个支柱是信念，即运用良好的判断抓住投资最佳股票的机会。克雷默斯特别指出了施莱弗和维什尼概述的长期套利策略，他们都认为长期投资比短期投资能提供更高的回报（见第 4 章）。

但一个投资基金经理仅仅拥有技能和信念是不够的。如果没有第三个支柱——有效的执行，即那些高活跃度、低换手率的投资组合如果不具备"有效运用的实际能力"，也无法获得成功。克雷默斯认为，要想用高活跃度的投资组合模式来使资产获得增长，就必须给予它们"足够的持续的机会，或者持续地减少障碍，使阻力最小化"。[26]

在考虑高活跃度投资组合面临的挑战时，克雷默斯承认，即便处于正确轨道上的基金经理也会面临风险的增加："一个长期盈利的策略在短期内可能会表现不佳。"我想进一步说，这不是可能，而是肯定。这可能会给公司业务保持健康状态和基金经理的职业生涯带来可怕的影响。克雷默斯写道："短期表现不佳可能会影响基金经理执行长期投资策略的能力，尤其是在投资者缺乏耐心的情况下。"[27]施莱弗和维什尼谈到了事情的核心问题，"受限于（长期）套利影响的策略，包括那些依据长期定价进行交易的策略"，他们认为"这对基金经理来说风险更大，因为他们需要更坚定的信念和投资者的信任"。[28]

如今，高活跃度投资组合的基金经理面临的挑战，不在于战略本身的可行性，而在于要以建立信任和耐心的方式将投资者与该方法联系起来。如果能做到，一种向上的螺旋效应就会产生。投资者的信任与支持坚定了基金经理继续执行该策略的信心，从而为长期套利带来进一步的利润，为投资者带来主动管理的超额回报。

跨越"信任鸿沟"非常重要，但鸿沟不会因为研究的增多而缩小。这就没什么可说的了，当投资者意识到股价涨跌可能出于各种原因时，投资者和基金经理之间的信任会增强。与此同时，我们可能会看到，投资者开始意识到需要一种更好的方式来衡量投资表现。

* * *

每年，投资者都会仔细评估其基金经理的表现，年度报告会统计不同投资策略的回报率，并将其与它们的衡量基准进行比较。表现出色的基金经理排在前面，表现不佳的排在底部。你可能会认为，更换基金经理应该会是一个经过深思熟虑的过程——评估结果和绩效回报，同时研究投资过程以及产生回报的策略。不幸的是，实际情况并非如此。

埃默里大学金融学教授阿米特·戈亚尔（AmitGoyal）和

亚利桑那州立大学金融学教授桑希尔·瓦哈尔（SunhilWahal）一起分析了从 1991 年到 2004 年，由 1475 家投资机构管理的 6260 个投资组合。他们发现，负责招聘和解雇投资基金经理的顾问采用了一种相当简单的方法。他们解雇了那些在最近的年度里表现低于基准的基金经理，转而聘用那些表现优于基准的经理。这个简单的标准存在一个问题：这并非明智的决定。在随后的几年里，许多被抛弃的基金经理的最终表现超越了接替他们的人。[29]

这并不是说年度表现不重要，它们当然是重要的。但投资者对每年都想要抓住赢家的痴迷，不可避免地会让其投资组合陷入危险之中，这使投资者成为业绩追逐者，导致只有在某种策略奏效后他们才投资该策略，并抛弃落后的策略。但在不了解推动业绩产生过程的情况下，投资者很容易投资一种采用了糟糕的方法，但由偶然因素所致表现良好的策略，这种情况的技术术语就是"运气"。相反，良好的投资策略有时会产生糟糕的结果，即所谓的"糟糕的间隙"[30]。美国财政部前部长罗伯特·鲁宾说得好："任何人都有可能经历未经仔细考虑却成功的决策；或者，经过仔细考虑却不成功的决策。但随着时间的推移，更为深思熟虑的决策通常会带来更好的结果，并且可以通过评估这些决策，而不是以结果定胜负来鼓励更深思熟虑的决策。"[31]

很明显，如果投资者想从高活跃度投资组合中获益，他们必须理解管理这类投资组合的过程及其相应的结果。在短期内，高活跃度投资组合的业绩回报是可变的、难以预测的，但长期的业绩结果是可预测的。

但是，如果短期结果基本上没有信息来源可以依赖，那么投资者应该依赖什么呢？除了股票价格，还有什么？答案可以追溯到第 4 章，利用巴菲特的透视盈余概念来衡量一个投资组合（也就是企业组合）的经济回报，它不同于股价。在这里，企业驱动型投资者在股票市场中运作时，必须运用在投资大世界中所吸取的经验。正是在这里，金钱心智派上了用场。

问题是在衡量投资组合表现的过程中，什么会改变投资者的看法？他们能被说服从经济回报的角度而不是股价回报的角度来衡量他们的基金经理吗？这里的挑战与其说是接受透视盈余的概念，不如说是将其视为一个有意义的衡量标准。谁不想知道他们的投资所取得的经济进展？它需要一个更深层次的心理转变，在我看来，这是一个早该发生的转变：认识到短期股价本身往往代表的是噪声，而不是信号。

把这个重要的问题看作一个沟通的问题，也许是有用的。

1948 年 7 月，数学家克劳德·E. 香农在《贝尔系统技术杂志》上发表了一篇开创性的论文《通信的数学原理》。香农写道：“沟通的基本问题是将一个点上所选择的信息精确或近似地复制到另一个点上。”[32] 换句话说，通信理论在很大程度上是关于从 A 点到 B 点，准确而完整地传递信息。

一个通信系统由五个部分组成：信息源、发射器、通道、接收器、目的地。信息源，它产生一个信息或一个信息序列。发射器，它破译信息以产生一个被传送到通道的信号。通道，是指从发射器接收信号并将其传递给接收器的介质。接收器，在信息到达最终目的地之前重建消息。

投资的通信系统是什么？是股票市场。在大多数情况下，股票价格会不断产生信息或信息序列。信息的传递者包括分析师、专栏作家、记者、顾问、投资组合经理、电视记者，以及任何被要求传递股市信息的人。信息的通道可能是电视、广播、互联网、网站、报纸、杂志、期刊、分析师的报告，甚至可能是随意的对话，所有这些都从发射器中获取信息，并将其传递给接收器。接收器是投资者的思想，它致力于重建和处理由发射器产生并由通道输送的所有信号。最终的目的地是投资者的投资组合，它接收重建的信息并采取相应的行动。

让我们回到起点——信息的来源。我们如何才能最好地理解股市是通信系统的第一个环节？我们可以从把世界上所有交易所的全部股票加在一起开始，这听起来有点难以承受，那么我们将研究范围限制在美国上市的 3671 只股票上，或者罗素 1000 指数中规模最大的股票，它们约占美国股市市值的 92%。仍然有大量数据需要收集和了解，我们还能做些什么呢？

* * *

最近，我一直在思考用多种不同的方法解析股市的奥秘，在这个过程中，我不断地回到一个相似的游戏——国际象棋。

国际象棋的每个棋盘上有八横八纵共 64 个 2 英寸⊖见方的正方形，为了构建一个面向股票市场的通信系统，我们可以构建一个 1000 个方格宽、3000 个方格长的棋盘。1000 个方格代表了罗素 1000 指数中的所有股票，3000 个方格中的每一个等于每股市场价值 1 美元。为了简单起见，每股股价都四舍五入到最接近的 1 美元单位。为什么是 3000？因为这样我们就可以包括价格昂贵的股票，如字母表公司、亚马逊等，以及伯克希尔－哈撒韦的 B 股。我们的股票市场棋盘有 55 码⊜宽，比一个足球场略宽，大约有 165 码长。

我们将只用兵卒棋子来下这个国际象棋，不需要国王、王后、主教、骑士。每个棋子代表 1000 只股票，棋子在棋盘上按市场的主要板块从左到右排列，市值从最大到最小。游戏开始时，每个棋子移到棋盘上代表其股价的方块。然后，只要轻轻一指，股市就开始运转了。棋子根据股票的买卖在棋盘上上下移动。作为一名投资者，你的工作就是弄清楚为什么棋子在

⊖ 1 英寸 = 0.0254 米。

⊜ 1 码 = 0.9144 米。

移动，以及这意味着什么。和往常一样，你必须试着了解站在棋盘另一边的人在想什么，并相应地计划行动。

投资者习惯于思考股票价格的走势，这与他们自己所持有股票的个人看法有关。如果股价一路上涨，投资者相信自己与其他人是一致的；如果股价下跌，大多数投资者会认为一定有人持有不同看法。市场风云突变，伴随着疯狂的买卖，投资者会将这些夸张的波动归因于市场暂时的判断失误，而不是反躬自省。但在其他大多数时候，投资者会用股价的变化判断自己是对是错。

然而，最重要的是我们要明白，在交易的另一边坐的是"谁"，这不仅仅是一种心态的相反投注。当然事情没有这么简单，因为股市中往往存在多种心态，所有人都在执行不同的策略，其导致的结果往往是，棋子挪动的原因与市场上投资者投资下注时的最初想法并无关系。毫无疑问，你持有的股票也可能被执行不同策略的其他人持有，其中大多数与计算股票的价值没有任何关系。

你认为一共会有多少种不同的策略同时在股市上运行？如下所列并非详尽无遗，但已经包括了不少：

1. 动能：利用一只股票先前的价格、回报的趋势，预测未来的回报。

2. 技术面：分析人员利用交易数据的历史模式，预测未来股票可能发生的情况。

3. 资产配置：一种对资产类别进行划分并在不同资产类别间不断重新分配，而不是押注个股的投资策略。

4. 指数：试图通过购买一篮子股票，或一组反映一个市场行业的股票来复制大盘的回报。

5. 套期保值：风险管理策略，通过在期权和期货等衍生品的相关资产中持有相反头寸，抵消短期价格损失。这种策略反过来又会影响个股价格，因为其他策略的投资者也在追求套利。如今的市场，期权成交量大于股票成交量。

6. 抵税型的出售和赠送：一种省税的策略，试图尽量减少出售股票和财富转移的潜在纳税损失。为了达到这个目的，在执行过程中，投资者反过来会不加选择地出售股票。

7. ESG（环境、社会和公司治理）：卖出不符合环境、社会和公司治理标准的股票，同时购买符合这些标准的股票。

8. 宏观投资：根据各国的整体经济和政治观点或其宏观经济政策买卖股票。

9. 高频交易：定量的、算法化的高速交易，能够在几秒内处理大量订单。

10. 投机：根据对其他个人或机构买卖股票的理解，来回交易。

上面列出的所有策略都在推动股票在棋盘中上下波动，背后的原因与价值无关。在这种情况下，我们不得不问，短期股价对于人们决定是否进行明智的价值投资有什么重要性？

时至今日，仍然有投资者认为股价的变化是他们决策对错的信号。但在现实中，短期股价的变化与其说是一个信号，不如说是一个噪声。在一个通信系统中，噪声会对我们的感知、我们与他人的互动，以及我们对通信系统本身的分析，产生深远的影响。

克劳德·香农告诉我们，通信系统负责将信息从 A 点传递到 B 点的准确性与完整性。根据我们所学到的内容，我不相信长期价值投资者可以从短期价格变化中，得到价值解释的反映和信心。正如股市指南针投资管理公司的高级投资策略师理查德·克里普斯指出的那样，非价值的短期投资策略，包括高频交易在内，会对股价产生巨大的压力，从而模糊投资者对于手中股票的基本面的认知，让他们对剧烈的股价波动产生强烈的情绪后果。说到这里，那些将价格变化（包括短期业绩回报）看作衡量投资者表现的方法，都变得毫无意义了。

为了避免通信系统中的噪声，香农建议在接收器（投资者的思想）和目的地（投资者的投资组合）之间放置一个"校正装置"。这种校正装置将从通道（财经媒体）获取的信息中分离出噪声，然后重建信息，使最需要的信息正确地到达目的地，即一个人的投资组合。

香农的校正系统是投资者应该如何处理信息的完美隐喻，而他们需要的校正系统正是巴菲特所说的"透视盈余"。请记住，这个概念强调了你需要关注所拥有的企业的经济效益，而非沉迷于它的股价表现。这种由巴菲特设计的校正装置，会过滤混乱信号，并重新配置最需要的信息。这个过程在我们控制的范围内，是我们在投资大世界中学到的东西，我们应该在股市里继续应用它。

*　*　*

费希尔·布莱克是一位出身于哈佛大学的美国经济学家，他和罗伯特·默顿及迈伦·斯科尔斯，提出了著名的为期权定价的布莱克-斯科尔斯公式（Black-Scholes formula）。但我最初记得他是因为 1986 年他在美国金融协会发表的演讲。在他题为"噪声"的演讲中，这位受人尊敬的学者无所畏惧地反对他的同事，并挑战了被广泛接受的"价格是有效的"这一论点。

布莱克认为，纯粹的信息并不会导致合理的价格，因为市场上大部分都是噪声，这些只会导致混乱，而这反过来会进一步提高噪声的强度。他说："噪声，使我们的观察结果变得有瑕疵。"[33] 他解释说，噪声在系统中所产生的净效应，使得那些利用价格来指导经济决策的生产者和消费者获得的信息不那么有用。同样，噪声也意味着股票价格作为理解内在价值的指南工具的用处有限，整体而言，它让人们怀疑市场价格本身是否持续有效，布莱克的这一观点受到同事的广泛支持。

有效市场假说，也被称为有效市场理论，是支撑现代投资组合理论的第三个支柱。尽管一些学者（包括经济学家保罗·萨缪尔森）写过关于高效市场的文章，但在将其发展为一个关于股票市场行为的综合理论的过程中，贡献最大的人是尤金·法玛。

法玛 1939 年出生于波士顿，就读于莫尔登天主教高中，在那里他名列学校体育名人堂，他的名字经常出现在学校的足球、篮球和棒球荣誉榜上。1960 年，他以优异的成绩从塔夫茨大学毕业，获得罗曼什语学士学位，随后进入芝加哥大学读研究生，最终获得了经济学和金融学的工商管理硕士和博士学位。

法玛一到芝加哥就开始研究股价的变化。作为一个心怀渴望的读者，他几乎读了当时市面上所有关于股票市场行为的著作，但他似乎尤其受到法国数学家伯努瓦·曼德尔布罗特（Benoit Mandelbrot）的影响。曼德尔布罗特是个特立独行的人，他在 IBM 的托马斯·J. 沃森研究中心工作了 35 年，然后去了耶鲁大学。75 岁时，他成为该大学历史上年纪最大的教授。终其一生，他一共获得了超过 15 个荣誉学位。

曼德尔布罗特发展了分形几何学（他创造了这个术语），并将其应用于物理学、生物学和金融学。分形被定义为可以分成几个部分的并不精确的或零碎的形状，且每一个部分都（至少近似的）是整体缩小后的形状。分形的例子包括雪花、山脉、河流和溪流、血管、树木、蕨类植物，甚至西兰花。在研究金融时，曼德尔布罗特认为，由于股价波动如此不规律，它们永远不需要任何基础或统计研究。此外，不规则的价格波动的模式必然会引发出乎意料的巨大的、剧烈的变化。

和哈里·马科维茨和威廉·夏普一样，尤金·法玛当时也是一个新人，一个正在寻找论文主题的研究生，他既不是市场上的投资者，也不是企业老板。同时，和马科维茨及夏普一样，法玛也是一名学者。即便如此，他的博士论文《股票价格的行为》（The Behavior of Stock Prices）还是引起了金融界的注意。该论文发表在 1963 年的《商业杂志》上，后来被选中发表在《金融分析师杂志》和《机构投资者》上。

法玛传达的信息非常明确：股票价格是不可预测的，因为市场效率实在是太高了。从本质上说，有效市场是指在任何特定时间点，股价已经反映了所有有用的信息，股票以公允价值进行交易。在一个有效的市场中，一旦市场信息可用，许多聪明的人（法玛称之为"追求利润最大化的理性人"）就会积极地应用这些信息，使股价在任何人能够获利之前，迅速调整到位。因此，对未来的预测在一个高效市场中没有地位，因为股价调整得太快了。

1970 年 5 月，法玛为《金融杂志》写了一篇题为《高效资本市场：理论与实证综述》（Efficient Capital Markets: A

Review of Theory and Empirical Work）的文章。其中，他提出了三种不同类型的市场效率：强式、半强式、弱式。其中强式市场效率表明，所有的信息，无论是公开的还是私人的，都完全反映在了当前的股价上。半强式市场效率意味着，公开信息会立即反映在股价上，但非公开的信息可能有助于投资者获得高于市场的回报。弱式市场效率表明，今天的股价反映了所有过去信息。因此，任何形式的技术分析都无法帮助投资者。

然而，一些弱式市场有效理论的支持者认为，法玛留下了一个破绽。他们认为，如果采用了深思熟虑的基础面分析和研究，投资者或许能够了解哪些股票被过度低估了。那些赞同这一观点的人认为，正是公众不容易获得的那些信息才能使某些投资者的表现优于市场。这相当于杰克·特雷诺（Jack Treynor）的"缓慢移动的想法"，运用那些经过反思、判断和专业评估的知识，可能会获得高于平均水平的回报。

那么，金钱心智会如何看待这三种形式的市场效率，甚至整个有效市场理论呢？要回答这个问题并不难。

在伯克希尔 1988 年的年度报告中，巴菲特写道："有效市场假说变得非常流行，事实上，在 20 世纪 70 年代，学术界几乎视其如同神圣的圣经。从本质上说，它认为分析股票是无用的，因为它认为所有相关信息都恰如其分地反映在股价上了。换句话说，市场总是什么都知道，作为一个推论，教有效市场理论的教授说，任何人在股票转盘上扔飞镖选出的股票投资组合，都不会输于最聪明、最努力的证券分析师做出的选择。"[34]

巴菲特继续向股东们提到了格雷厄姆－纽曼公司在 1926年至 1956 年期间获得的投资回报，以及巴菲特投资合伙公司和伯克希尔公司本身的业绩。除此之外，我们还可以添加"格雷厄姆和多德部落的超级投资者们"的出色表现，作为启示性的证据，以及《巴菲特的投资组合》一书中概述的"巴菲特部落的超级投资者"的业绩。最后，我们可以把克雷默斯、佩塔吉斯托和帕雷克添加到名单上。总而言之，我们可以列举出不止一位投资者几十年来的出色表现，他们都是根据价值原则选择股票，并且他们的管理方式在不同程度上，都是集中投资法以及是低换手率的。

有效市场假说的支持者指出，如果市场确实是无效的，那么应该会有更多的投资者跑赢大盘。但他们从未考虑到大多数投资者跑输大盘的原因——不是因为市场很有效，而是因为他们使用的策略很愚蠢。

如果有效市场假说是有效的，那么除了随机的情况外，任何人或任何群体都不可能超越市场，当然这个人或群体也就没有机会持续超越市场。然而，巴菲特的过往记录，以及上述列出的其他记录，是有人可能超越市场的初步证据，这对于有效市场假说而言，说明了什么呢？

关于有效市场假说，巴菲特的重点基于一个核心问题：它没有为那些分析所有信息并以此获得竞争优势的投资者提供可靠的解释。巴菲特说："观察到市场经常是有效的，关于这一点他们是对的，但他们的推导却得出了错误的结论，他们认为市场总是有效的。有效和总是有效之间的差别巨大，巨大到如同白天和黑夜。"[35]

美国经济学家保罗·萨缪尔森既是有效市场假说的早期支持者，也是伯克希尔－哈撒韦公司的早期投资者。在杰森·茨威格为《华尔街日报》撰写的一篇题为《来自一个怀疑论者——关于打败市场的教训》（From a Skeptic, a Lesson on Beating the Market）的文章中，作者指出，萨缪尔森在1970年以每股44美元的平均价格投资了伯克希尔－哈撒韦公司，同年他获得了诺贝尔奖。萨缪尔森从康拉德·塔夫那里了解到巴菲特和伯克希尔－哈撒韦公司。康拉德·塔夫是一名个人投资者，曾就读于哥伦比亚大学商学院，跟随本·格雷厄姆学习。尽管塔夫大肆宣扬巴菲特的业绩，但萨缪尔森似乎最喜欢的是免税复利的想法，因为伯克希尔不支付股息。

"萨缪尔森教授多年来一直在抨击大多数基金经理的平庸，直到灵光一现，于是，他很快开始购买股票，而且多年来还在不断增加持股。"[36]他的儿子说，萨缪尔森把他持有的股票留给了子孙后人以及各种慈善机构。如果这些伯克希尔的股票一直被保留至今，价值会超过1亿美元。巴菲特说：

"萨缪尔森教授和我一样相信市场是有效的，但并不总是有效。"[37]

*　*　*

马科维茨、夏普和法玛，他们三人在 20 世纪 50 年代和 60 年代陆续构建的现代投资组合理论交织在一起，吸引了一批理论家和学术期刊，但并未在华尔街引起什么关注。然而，这一切到 1974 年 10 月发生了变化，因为自 1929 年大萧条以来最严重的熊市达到了顶峰。

毫无疑问，1973 年到 1974 年的熊市动摇了保守派重建股市的信心。经济损失太严重且打击面太大，实在难以恢复。20 世纪 60 年代末那些因兜售"漂亮 50"股票而成名的明星基金经理烟消云散，留在他们身后的是一片又一片投资组合坍塌后的废墟。多年来毫无意义的投机所造成的危害实在是太严重了，不容忽视。

伯恩斯坦·麦考利财富管理公司的老板彼得·伯恩斯坦说，在这场危机中，"无人幸免，没有人毫发无损"。这家公司管理着数十亿美元的个人和机构投资组合，包括众多养老基金。伯恩斯坦说，员工们发现自己的养老金资产的下降幅度令人担忧，许多人想知道他们退休后的生活质量能否与之前一样。这种痛苦弥漫在整个金融界，人们要求改变专业人士管理客户账户的方式。[38]

伯恩斯坦说："1974 年的市场灾难让我认为，必须有一种更好的方法来管理投资组合。即使我可以说服自己不理会学者们正在构建的这些理论，但来自大学的理论太多了。我的同事多认为这'非常胡扯'，但我无法接受这样的观点。"很快，他成了《投资组合管理杂志》的创始编辑。他说："我的目标，是在学术界和从业者之间搭建一座桥梁，促进他们用相互可以理解的语言进行对话，从而促使双方产生更多的成果。"[39]

随着金融业在 20 世纪 70 年代末和 80 年代初的不断发展，投资由一群大学教授来定义。他们从象牙塔走出来，成了现代金融的新权威。这是历史上第一次，人们的财务命运没有落在华尔街手中，甚至没有落在企业家手中。

尽管伯恩斯坦"促进学术界和从业者进行对话"的意图是善意的，但事实是，这两个投资群体之间使用的是不同的语言。现代投资组合理论是由学术界提出的，他们在外部观察股市，认为股价波动是必须被打败的恶魔，其他一切，包括投资组合管理和随后的投资回报，都应该服从于这一追求。相反，企业驱动型投资者属于内部参与者，他们拥有企业，或至少认为股票代表着企业所有权。他们的职责不是战胜股价波动，而是以智取胜，提高投资回报。我们现在可以肯定地说，在哲学层面，企业驱动型投资与现代投资组合理论处于对立面。

但企业驱动型投资并不反对这些学术界的权威，并不是企业驱动型投资者造成了 1973～1974 年的大熊市，这次大崩溃是由那些自称投资者的投机者引发的。这些投机者沉溺于所谓"漂亮 50"股票的绚烂回报，并没有搞清楚在他们支付了价格之后能获得什么价值。有人说："当你使用'价值'这个词时，意思是除了'价格'之外，你可能还应该明白一些东西。"[40]但是，那些在 1974 年毁掉股市的投机者，对听取价值投资的信息没有兴趣，更不用说试图理解它了。

一些观察人士认为，价值投资阵营将从这些鲁莽的投机者手中夺回控制权，这有助于推动股市重回正轨。但他们人数不多，并且精力也不够集中。相较而言，那些现代金融界的新权威如同大祭司一样不断涌现。当彼得·伯恩斯坦说有太多的研究，以致无法视而不见时，我认为他并没有完全理解现代投资组合理论进入学术界的深度和广度，包括芝加哥大学在内的主要大学的论文委员会，他们每年都在培养新的门徒（那些博士），他们很快就会成为新的红衣主教，他们最终的自身利益驱使他们招揽更多门徒。围绕着现代投资组合理论的博士论文，成为越来越多专业期刊的素材，这些期刊都在传播着同样的信息。

回顾过去，我们可以看到，冲击华尔街的学术研究浪潮发生在一个偶然的时期。随着 1973～1974 年熊市的尘埃落定，新一轮的牛市（一个将创下历史纪录、长达 18 年的牛市）渐渐拉开帷幕。通常，投资者会在足够长的休养生息之后，成群结队地重返股市。"20 世纪 80 年代，在美国证券交易委员会登记的新投资顾问的数量增加到原来的 3 倍，同时，共同基金的数量增加到原来的 4 倍。"[41]

现在，一切都摆在了桌面上。投资目标正在被改写，风险容忍度问卷诞生了，超过一半的问题询问了投资者对价格波动的看法。答案所显示的风险容忍度越低，投资组合的建议就越保守。问卷概述了交易策略，厘定了衡量业绩的标准，合同由投资顾问和客户双方签署认定。

数以十亿、百亿计的美元加速涌入股市，到 1989 年，有近 100 家投资公司管理着超过 100 亿美元的资产。十家最大的资产管理公司管理着超过 8000 亿美元的资产，据估计，由机构管理的股票和债券投资资产整体达到 5 万亿美元。[42] 投资公司正在迅速崛起，现代投资组合理论的扩散，迅速影响到整个资金管理行业。一个庞然大物被创造了出来，开始是悄悄地，但现在彻底被释放出来，它宣扬价格的低波动、广泛多元化的组合和保守的回报。在人们充分认识到正在发生的事情之前，现代投资理论已经生根发芽，并成为投资管理的例行惯例。

* * *

为什么伯克希尔的模式没有被广泛复制？为什么它没有成为投资管理的标准？当芒格提出这些问题时，他是在谈论一本书中描述的挑战。该书就是出版于1962年的《科学革命的结构》，作者是托马斯·S.库恩。这本书被认为是20世纪下半叶最具影响力的哲学著作之一。它引入了范式的概念，以及现在众人皆知的短语"范式转移"（paradigm shift）。

托马斯·库恩最初的学术兴趣在物理学领域，当年他以优异的成绩从哈佛大学毕业，并立刻进入了该大学的研究生课程，最终获得了物理学硕士和博士学位，研究量子力学在固态物理学中的应用，他还入选了哈佛名人录。此后不久，他开始为人文学科的本科生讲授一门科学方面的课程，这是由当时的哈佛大学校长詹姆斯·B.康纳特推出的普通科学教育课程的一部分。教授这门课程使库恩专注于科学史，特别是考察科学革命的历史案例研究。

在他具有里程碑意义的著作中，库恩挑战了传统的观点，即科学进步作为一系列公认的事实和理论以缓步慢行的方式发展。虽然我们可能认为科学发现是一个为已经坚固的大厦添加知识砖瓦的过程，但库恩指出，科学进步有时会通过危机发生，即摧毁既有的主流模式或范式的知识结构，然后重建一个全新的模式。在库恩看来，有时候进步只有通过革命的方式才能实现。

他解释说，在"正常科学"的框架下，谜题是在主流范式的背景下解决的。只要对范式达成共识，那么正常科学就会继续，但是，当出现异常时会发生什么呢？

巴菲特说："我总是觉得'异常现象'这个词很有趣，我认为，哥伦布就是个异常现象——至少在一段时间里是这样的。这意味着什么呢？这意味着存在着学者们无法解释的东西。但他们并没有重新审视自己的理论，而是简单地抛弃了关于这类异常现象的证据。"[43]现代金融理论界如大祭司一般的权威们多年以来一直试图忽视那些拥有高活跃度、低换手率投资组合的价值投资群体，声称他们的成功只是一种异常现象。

根据库恩的说法，当一个观察到的现象不能被主流范式充分解释时，一个新的竞争范式就诞生了。科学家们会留下一个无效的模型，然后转身去研究一个新的课题。虽然你可能认为从旧范式到新范式的转变，是由追求真理的集体在平和的领导之下进行的，但库恩告诉了我们相反的情况，因此有了"革命"这个词。

当主流范式的支持者面对一个新的替代方案时，通常只剩下两种选择。他们或是选择抛弃自己长期坚持的信仰、专业知识和职业投资经验，或是选择起身去迎接战斗。在第二种情况下，就有了我们所谓的"范式碰撞"，而它的策略也很简单。

首先，旧范式的支持者试图以一切可能的方式诋毁新范式。接下来，他们开始修订既有的主流范式，以便更好地解释状况。一个完美的例证就是，法玛提出三种形式的有效市场理论以寻求维持有效市场假说的完整性。

在一场范式碰撞中，科学界出现了分歧，就像企业驱动型投资者从标准方法中分离出来了一样。较老的群体试图捍卫主流范式（即 MPT），而其他人（即伯克希尔派）则寻求建立一个新的范式。企业驱动型投资并不能说是一种新的范式，毕竟，巴菲特已经具有了 50 多年的实践经验，将其视为一种新的范式只因为较老的群体希望将企业驱动型投资作为现代投资组合理论中无效方式的替代方案。库恩告诉我们，一旦范式发生碰撞，就会发生两极化。

虽然当两种相互竞争的范式发生碰撞时，激烈的智力角逐是一种常态，但还有另一种更微妙的、可以最终解决问题的方式，那就是时间。德国理论物理学家、诺贝尔奖得主马克斯·普朗克说："一个新的科学真理不是通过说服对手，并让他们看到曙光而取得胜利的，而是通过对手的最终消亡而取得胜利的，伴随这个过程的是熟悉它的新一代长大了。"芒格也喜欢套用普朗克的这段话，也许芒格表述得最好："葬礼之日便是进步之时。"

从历史上看，范式转变通常会持续几十年，涉及数代人，这就有足够的时间来教育新的支持者。当无法再否认旧的范式已经严重误入歧途时，就出现了一股势不可挡的新范式支持者的力量。实际上，在这种情况下，他们就成了新一批企业驱动型投资者。

现代投资组合理论和有效市场假说仍然在商学院传播，这一事实其实给了巴菲特无尽的满足感。巴菲特挖苦地说："那些追随和轻信有效市场理论的学生以及投资人士，实际上，自然而然地为我们以及格雷厄姆方法其他的追随者提供了一种非凡的服务。在任何形式的比赛中，无论是经济上的、精神上，还是身体上的，有这样的对手简直可以说是一个巨大的优势。他们被教育说我们的方式是无用的，以至于都不会去尝试一下。从自私的角度出发，我们应该多给大学捐赠一些这样的教授席位，以确保有效市场理论的教学能一直持续下去。"[44]

即便如此，在范式转变完成之前，最大的挑战是，企业驱动型投资的支持者如何在一个对其成功充满敌意的世界中生存下去。由于现代投资组合理论多年来表现出的种种缺点，你会认为它对资金管理行业的影响将会有所降低。但是，令人叹息的是，我们还需要更多时间。在那天到来之前，企业驱动型投资者依然不得不适应生活在一个平行世界中。

为了帮助解决这一难题，这里有一个主要差异的总结，或者，我们可以称之为这两种相互竞争的投资模式的规则集。

在接受现代投资组合理论为指导原则的投资方法中，方差

（也就是价格波动）是全能的。因此，所有的投资决策，从投资者的长期目标到投资组合管理的决策，都是由一个人在情绪层面处理股价弹性所驱动的。投资组合广泛多元化以减少回报，提高换手率（发生买卖行为的次数）为代价，来控制价格方差。与这种高换手率投资组合相似的是追求短期投资表现的短期套利交易。

企业驱动型投资的指导原则是股票背后公司的经济回报，即你所拥有企业的内在价值长期复合增长，这是万能的终极力量。股票价格的波动性，即回报的方差，都是事后才会知道的。企业驱动型投资组合是集中持股、高活跃度、低换手率的，以便从经济复合成长中获益。短期的价格表现并不被认为是一个有意义的衡量指标。相反，企业驱动型投资者倾向于看重企业长期的发展，即他们所拥有企业的透视盈余。他们经常引用本·格雷厄姆的话："短期而言，市场是一台投票机，但长期而言，市场是一台称重机。"[45]

在标准的投资方式中，投资者会一直疯狂地追逐"投票"。在企业驱动型投资方式中，投资者不会那么焦虑。相反，他们会仔细关注自己拥有的经济"权重"，知道自己最终会得偿所愿。企业驱动型投资是一种长期套利的方法。

至关重要的是，企业驱动型投资者拥有一个优势，他们清晰地理解投资和投机之间的差异，因为他们受教于最优秀的人，例如：

本·格雷厄姆花了他一生的时间论述关于投资和投机的问题，特别是在开创性的经典著作《证券分析》的第一部分，第四章"区别投资和投机"中，以及在《聪明的投资者》的第一章，"投资和投机：聪明的投资者所预期的结果"中。他警告说，投资者面临的最大危险是，在没有意识到的情况下，养成了投机的习惯。投资者最终得到了一个投机者的回报，因为他们认为他们是在投资。

约翰·伯尔·威廉斯在他的《投资价值理论》第三章第七节"投资者和投机者"中写道："想要通过投机获益，投机者必须能够预测股价的变化。由于价格的变化与情绪意见的变化一致，投机者必须在最终的分析中能够预判意见的变化。"

约翰·梅纳德·凯恩斯在1936年写了他的最后一本书，也是最重要的书——《就业、利息和货币通论》。在第十二章"长期预期的状态"第六节中，他写道："投机是预测市场心理的活动，实体是预测资产终身预期收益的活动。"

当然还有沃伦·巴菲特，他在整个职业生涯中，都致力于让人们了解投资和投机之间的差异。他警告说，如果你不考虑这些资产会产生什么，你就会倾向于投机。"如果你专注于未来股价的变化，专注于下一个人会出什么价格，你就是在投机。"[46]

如果你打算与企业驱动型投资者合作，请一定要明白，价值投资先驱们对投资与投机的话题有一个鲜明的、从未改变的观点。我们可以说，如果你是一个企业驱动型投资者，你就不太可能进行投机，因为你会专注于企业本身，从而避免了对股价变化的担忧。企业驱动型投资者是在市场价格发生变化后，采取相应的行动，而投机者是在预期市场价格将会变化后，采取行动。

现在，如果你打算选择与现代投资理论的标准投资方法阵营为伍，你会发现，寻找避免投机以进行投资的建议，结果将会是茫然四顾，一无所获。支持标准投资方法的专业组织，全部都已放弃了定义投资和投机之间差异的责任。他们非常喜欢辩论，但当需要判定什么是投资、什么是投机时，他们就会退缩不前。原本他们最重要的责任是帮助投资者做出更好的决策，但不知怎的就失去了初心。

长期投资在过去是一种谨慎的做法。现在，当你告诉别人你是一个长期投资者时，你被认为是过时的、落后的，是在已经逝去的时间里坚持一个古怪的想法。你会被告知，这个世界在变化，如果你的交易不够频繁，那你一定是落后了。

作为一个企业驱动型投资者，有时你会感觉到不自在、不合群。但我们已经在投资大世界中接受过教诲，我们已经学会了如何深思熟虑地衡量我们的进步，而不必依靠股市来告诉我们是否做得好。问题不在于我们作为企业驱动型投资者能否在充满挑战的股市中取得成功，而在于我们是否掌握了正确的投资理念，这才是我们从终极金钱心智中学到的宝贵经验。

当市场飞速变幻时，每个人都在盲目、疯狂地追求短期表现。但总有一天，具有金钱心智的头脑会放慢脚步，这样一切就能一目了然，一切都会了然于胸。

第 6 章

金钱心智：运动员、教师、艺术家

还记得本书第 1 章描述的年轻的巴菲特的商业技能和投资成就吗？对于一个如此年轻的人而言，这非常神奇。但有一件事情在第 1 章里没有提到，就是他对玩游戏的热情。6 岁时，巴菲特成了一个弹球比赛的发起人。他把姐妹们叫到卫生间里，让她们在一个装满水的浴缸边缘排列一排弹球。她们一边掐着秒表，一边为快速滚动的弹球欢呼加油，巴菲特站在一旁宣布结果。巴菲特和他的童年伙伴鲍勃·拉塞尔一起发明了许多游戏，其中一项是记忆过往车辆的车牌号码，另一项是计算在当天的《奥马哈世界先驱报》上某一个字母出现的次数。他还喜欢玩大富翁和拼字游戏，就像奥马哈的所有男孩一样，他也喜欢棒球和内布拉斯加的橄榄球赛。把他童年时所有的游戏联系在一起的是两个字——竞争，没错，巴菲特喜欢竞争。

今天，很多人都知道，巴菲特是一个桥牌发烧友。据说，他最初买电脑是为了让自己可以在网上玩到深夜，而不用出门找牌友，他开玩笑地说："我总是说，如果我有 3 个玩桥牌的狱友，我就不介意待在监狱了。"[1] 许多人注意到桥牌和投资之间的相似之处，两者都是概率博弈，其中对决策的信心是关键，这两种游戏最精彩的部分在于都不断会有新牌与旧牌的换手，而解决谜题的工作永远不会停止。但毫无疑问，巴菲特说："投资是最好的游戏。"[2]

你可能还记得，第 2 章开头提到，投资不是一个物理上的挑战，这是真的，投资是一个游戏，一个融入思考的游戏。和所有游戏一样，投资是竞争，玩游戏的人都有强烈的获胜欲望。这让我们不由得想到，运动哲学对投资者而言，有没有什么重要的值得借鉴的地方。事实证明，答案是肯定的，而且很多。

* * *

古希腊文明给人类留下了许多珍贵的遗产，其中最主要的是体育、哲学和民主，我是根据时间顺序排列的，而不是重要性。你可能会惊讶地发现，举办第一届奥运会是在公元前776年。柏拉图认为体育是一项崇高的奋斗，因为它有助于识别那些自律的、有耐力的和愿意为社会奉献的人，这是一个守护者、哲学家、国王所必需的所有品质。在柏拉图所著的《理想国》一书中，他写道："带来体育运动成功的美德，例如，勇气和耐力，也带来了哲学的成功，因为正如赫西德所说，通往智慧和美德的道路是漫长而陡峭的。"[3]

在我们的世界里，体育并不经常被这些崇高的术语所描述，原因很简单，大多数球迷和运动员只关注比赛的产物，也就是最终的比赛结果，那是记分牌统计的结果。在投资界，人们的态度没有太大的不同。

运动心理学家将运动员分为两组：产品导向和过程导向。

以产品为导向的运动员，正如你能猜到的那样，他们特别专注于胜利，别无他顾。相比之下，以过程为导向的运动员则会在更广泛的范围内看待他们的运动，从运动本身找到多种奖励，包括"参与精神、集体主义、成就感、审美，以及与竞争对手的融洽关系"。[4]

《表现与结果：对当代体育价值观的批判》(*Performance Versus Results: A Critique of the Values in Contemporary Sport*) 的作者约翰·吉布森写道："在体育运动中，对内在美的视而不见，导致了对最终结果的高估。"[5]哲学家、记者、作家且担任过外交官的迈克尔·诺瓦克也是一个体育迷，他写过40多本书。他有理有据地写道："在这里，有在弥撒中忘词的牧师，有讨厌学生的老师，还有没有思考能力的书呆子。所以，也有一些球迷和体育记者，他们从来没有理解过的这些运动内在的美及价值。"[6]

投资也是一种关于过程和结果的游戏。和体育迷一样，股市上的人很少考虑到过程，这是一个遗憾，因为他们永远不会抓住来自深思熟虑的、涉及内在价值的投资活动的"美"或"内在美"，但一个在投资领域里运作的企业主可以理解这一切。

欣赏体育或欣赏投资的过程意味着对于过程本身的欣赏，而不仅仅是盯着结果。宾夕法尼亚州立大学运动机能学教授道格拉斯·霍克斯特勒指出："在体验运动的过程中，值得重视的不仅仅是运动的终点，不仅仅是冲刺越过终点线的那一瞬间，还有过程本身以及体育项目中不同阶段或级别的构成元素。"[7] 对此，迈克尔·诺瓦克总结道："一个运动员生涯的大部分内容都是散文，而不是诗歌，这个过程大多充满了无聊和纪律，而不是戏剧性。"[8]

投资实际上也和体育差不多，充满高潮与低点，以及无数的奋斗与挣扎。巴菲特也不例外，他也经历过不少挣扎，但他并没有试图掩饰这些。和任何一个世界级的运动员一样，他也不得不与时俱进地更新自己的行动清单。

伟大的投资者能够理解并欣赏投资的漫长旅程，他们并不局限于计算短期的增量回报、盈利或损失，不会以这些作为投资能力的唯一衡量标准。霍克斯特勒说："从过程的角度来看待运动，我们将连续的经历视为运动不可分割的部分，而不是将其降级为次要的部分。这种从过程的视角来看待竞争的观点，也为艰难的时刻赋予了意义。"[9]

投资也可以被视为一个"连续的经历"，而不仅仅是输赢的结果。这是一个全新的视角，由此，你或许开始意识到各个时点背后更深的意义。对于投资的热爱，来自活动本身，而不仅仅是结果，运动员们称之为"对运动的热爱"，因为他们知道有一些比运动之后的记分牌更有意义的东西。那些尊重这一过程的人会采取措施来支持、维护他们的体育运动，维护他们的投资方式。我们可以说，以企业为导向的投资者努力维护着

"测试和比赛"。[10]

运动员与投资者的共同之处在于，他们都在追求卓越。运动员和投资者一样，是务实的、灵活的，他们愿意改变习惯和惯例，以提高获胜的机会。为了做到这一点，运动员和投资者一样，永远对获取知识充满兴趣。

* * *

我们在第 2 章中提到的美国实用主义之父威廉·詹姆斯，他也对我们如何获得知识很感兴趣。詹姆斯的实用主义是康德主义的一种形式，它弥合了理性主义和经验主义之间的距离，被称为"激进的经验主义"，其中心思想是，将我们自己的经验与他人的集体经验联系起来。在激进的经验主义中，有两种认知："体验认知"和"群体认知"。

"体验认知"来自体验者，即获得了特定知识的有经验的人。在这种情况下，我们可以说巴菲特是体验者，他通过亲历买卖公司和股票投资等行为，表达了关于投资的观点。相比之下，"群体认知"来自被一个更大的类别所验证的知识，比任何个人的生活经验都要广泛得多。美国哲学家、心理学家和教育改革家约翰·杜威在他 1938 年出版的《经验与教育》一书中，称之为"分享经验"。杜威强调了学习的社会性和互动过程，他认为最好的教育就是通过所做的事情来学习。然而，他也认为，要想富有成效，教育经验需要学生与环境之间的互动。学生可以通过更多地分享经验，即更多的知识类别之间的互动而受益。

丹尼尔·佩科和科里·雷恩的《巴菲特和查理·芒格内部讲话》（*University of Berkshine Hathaway*）是一本不错的书，这本书就是一个"分享经验"的例子。它重点记录了伯克希尔从1986年到2015年的年度股东大会。如今，伯克希尔一年一度的盛会被称为投资界的伍德斯托克音乐节，它不仅包括周六的股东大会，还包括会议前后的许多研讨会。每年，无数伯克希尔的粉丝从世界各地汇聚到奥马哈，丰富多彩的活动从早上开始，会一直持续到深夜。在股东大会上，有一个关于伯克希尔的书店，里面有所有关于伯克希尔的书籍，其中最引人注目的是自1965年到2019年巴菲特致股东的信，一共有874页。

伯克希尔大学所取得的成就是将"体验认知"和"群体认知"结合起来的展现。一位财经记者曾经问巴菲特，他是否认为伯克希尔在未来几年的表现会超越市场。这位记者提出这个问题实际上有一个假设：他的儿子如果投资标普500指数基金会不会更好？作为体验者的巴菲特言简意赅地回答说："我认为你儿子如果成为伯克希尔的股东，会学到更多。"[11]

如今，网络上的伯克希尔大学可以为世界各地的人提供学习信息。人们可以在雅虎金融网站上观看巴菲特和芒格的视频。CNBC 上有一个沃伦·巴菲特的档案，它包含了自 1994 年开始的 26 次伯克希尔 - 哈撒韦公司的年度会议，以及对巴菲特、芒格和其他人的数小时的采访，视频公司"油管"（YouTube）上也有很多芒格和巴菲特的视频，包括讲座和访谈，甚至还有一段视频，是巴菲特在 1962 年第一次接受的电视采访，那一年，巴菲特 32 岁。

巴菲特成为一名教师并不奇怪，他的父亲，也是他的英雄，就曾经是教会和政府部门的教师。巴菲特的导师本·格雷厄姆在哥伦比亚大学任教 30 年，他的合伙人查理·芒格成了一名思想导师，将投资的概念扩展到跨越许多学科。1951 年，巴菲特从哥伦比亚大学回来后不久，就在当地的奥马哈大学教了第一堂课。在巴菲特投资合伙企业时期，他的合伙人们都受教于他。在过去的 55 年里，伯克希尔的忠实信徒们都从他那里学到很多。

威廉·詹姆斯也是一名教师，在出版了《心理学原理》一书后不久，他在 1891 年和 1892 年为剑桥大学的教师们举办了一系列讲座，这些讲座后来被称为"与教师们的谈话"，并由亨利·霍尔特公司于 1899 年出版，书名为《与教师谈谈心理学，与学生谈谈生活理想》（*Talks to Teachers on Psychology: And to Students on Some of Life's Ideals*）。在他的讲座中，詹姆斯要求老师们重新考虑他们对教育的立场，他说："关于书本知识可以成为解决社会恶习的灵丹妙药的旧观念，如今已经可以被彻底打破了。"这并不是说詹姆斯认为书籍本身没有价值，他所担心的是，那些仅仅依赖阅读的学生，没有老师的指点，会无法真正理解知识。詹姆斯相信教育的圣洁性，他相信："教育必然会产生一群由男性、女性构成的社会中坚群体，他们具有自豪感、雄心壮志、竞争力或内驱力，会促使他们成为国家栋梁。"在他看来，教育"简直是一场追求卓越的竞赛"。[12]

詹姆斯认为，老师最好的教学是基于联想的理念。"对于你的学生们而言，不管在什么情况下，他们至少都是一台联想的小机器。一个人的'本性'，一个人的'性格'，其实只意味着他习惯的交往形式。"詹姆斯解释说，在实际的教学术语中，这意味着通过比较另一件事来进行教学。"一个本身不令人感兴趣的对象，可能会通过与一个令人感兴趣的对象有所关联而变得有趣起来。"[13]

教育理论的抽象概念在投资界有着非常现实的应用，当本·格雷厄姆说"像做企业一样做投资是最明智的"时，他是在通过联想进行教育。当巴菲特说"投资者应该把股票视为企业的所有者权益"时，他也是在通过联想进行教育。这样一来，对许多投资者来说，他们对那些与现实似乎无关的股票概念突然有了灵光一现的顿悟。詹姆斯写到，教育的目的不是要让学生感到局限，而是要"把他们导向乐观和健全的人生"。[14] 巴菲特提到的企业驱动型投资者是很好的例子，他们对生活持开放、投入和乐观态度，是拥有"健全心智"的人。

罗马斯多亚派哲学家塞内加写道："我们通过教导别人来学习。"美国国家科学院院刊（PNAS）证实了塞内加的主张，在 2019 年进行的一项研究中得出结论："提供建议可以提高顾问的学术成果。"[15] 任何一个教育者都会告诉你，教学会让你对自己所教的内容更了解。几十年来，巴菲特一直在教导伯克希尔的追随者和大学生，他邀请学生到奥马哈，在那里他主持见面会，分享他的智慧，同时回答关于投资和股票市场的无数问题，并给出职业和生活建议。毫无疑问，他和学生们在一起的交流增强了他的思维能力，但益处远不止于此。

CEO、专业投资者和顾问其实都是教师，他们有责任教育他们的股东、机构客户和个人客户。反过来，股东和客户们实际上也责任在肩，他们有责任与最亲近的人分享他们所学到的东西。

安德鲁·霍洛查克和希瑟·里德认为"为了更好地推动体育运动，必须进行美德的培养，这不仅有利于参与者，还有利于培养更多善良的人"。[16] 我相信，投资的目标也是完全相同的。

我们是什么样的人？我们是否通过自己的职业行为培养了更具道德感的人？长期投资是良性的吗？具有较高的道德标准吗？在《理想国》中，柏拉图列出了四种重要品质：谨慎、正义、坚忍和节制。它们被称为基本美德，因为柏拉图认为，它们是过上道德、健康的生活所必需的基本品质。谨慎被定义为对未来谨慎行事，同样，谨慎也是投资的基石。那些相信正义的人知道，什么是适当的和应得的，这也是评估投资表现的关键技能。坚忍被定义为在逆境中有勇气，我们都知道在管理一个低换手率投资组合时保持镇定的重要性。最后，柏拉图将节制定义为内心的声音，他认为这是所有美德中最重要的。内心的声音，这个奇妙的词可能是金钱心智的完美描述。这四个基本美德是长期投资的关键，也是金钱心智架构的关键。

那些研究过巴菲特生活的人可以看到一个过着高尚生活的人，不仅是在投资游戏中，还在更宏伟的生活计划中。我们都知道，巴菲特的慈善事业是无与伦比的，他已承诺将自己99%的财富捐给慈善组织和基金会。2020年，他将伯克希尔价值29亿美元的B股捐给了比尔及梅琳达·盖茨基金会、苏珊·汤普森·巴菲特基金会、舍伍德基金会、霍华德·G.巴菲特基金会和诺沃基金会，这已经是他第15次进行年度捐赠。到目前为止，巴菲特一共捐赠了370亿美元的伯克希尔股票，这还是按照其捐赠时的股票价格来衡量的。如今，巴菲特仍持有价值约670亿美元的伯克希尔股票，这意味着他将为社会捐赠超过1000亿美元的财富。这个数字，有史以来，无出其右。

有人说，"如果美德仅仅局限于体育运动，它们的价值是有限的"[17]，我想说投资也同此理。如果我们只把它看作一项活动，它就不是真正的美德。苏格兰哲学家阿拉斯代尔·麦金太尔在他的著作《德性之后》中写道："真正拥有美德的人，可以在不同的情况下，以不同的形式显现出来。"[18] 投资的美德不仅体现在实践者和教师的头脑中，也体现在学生们学习的经验教训中。"美德作为比赛的真正奖品，其美妙之处在于，它不仅有益于获胜者，也有益于整个社群。"[19]

在培养金钱心智的清单中，我们可以加上美德这一项。过上高尚生活的先决条件，就是承诺去教导他人。

* * *

在威廉·詹姆斯的《与学生交谈》中，有一篇文章题为《一定的盲度》(A Certain Blindness)，在文中他探讨了生命的意义，"每当一个生命的过程向生活中的人传达一种渴望时，生命会变得真正重要。"他写到，这种渴望可以出现在各种活动中：运动、艺术、写作和反思性思维，但是"无论在哪里发现这种渴望，它都是对现实的热情、刺激和兴奋"。[20]

兴趣能带来极高的热忱和巨大的能量，詹姆斯说："兴趣是人类内心的活力。"[21] 马萨诸塞大学哲学教授、《美国哲学：爱情故事》(American Philosophy: A Love Story) 的作者约翰·卡格补充道："兴趣，是特有的、特别的、特殊的经验刺激，是价值存在的终极来源。"[22] 在描述巴菲特时，这个词肯定适用。

每个与巴菲特打过交道的人，都会立刻被他的充沛精力、乐观幽默和无限热情所打动。

25 年前，我在《巴菲特之道》一书的最后一段总结道："巴菲特每天满心欢喜地去上班。他说，我拥有了想要的一切，我爱每一天，我的意思是说，我跳着踢踏舞去上班，和那些我喜欢的人一起工作。"[23] 25 年过去了，这一切并没有什么改变。我猜，你会说跳着踢踏舞去上班就是对"兴趣"一词的描述。所以，卡萝尔·卢米斯那本精彩的《跳着踢踏舞去上班》就以此为书名，收录了 86 篇关于巴菲特的文章，其中大部分是卡萝尔自己写的。她说："当你读完这本书时，你会看到巴菲特生活的轨迹。"[24] 这是一种多么令人向往的美好生活啊。

巴菲特说："我对工作感觉很好，我每天早上去办公室时，觉得自己好像要去西斯廷教堂画画一样，还有什么能比这更有趣呢？这就像一幅未完成的画，无论我在画布上涂蓝色还是红色，我都可以随心所欲。"[25] 如果将伯克希尔比喻为一幅画，那么，资金就是艺术家巴菲特手中的颜料和画笔。

西斯廷教堂的穹顶是一幅巨大的壁画，描绘了创世纪经典中的九个场景。这部宏伟的作品令人惊叹之处在于，除了崇高的美之外，它是由一个人在极其困难的条件下独自创作完成的。当巴菲特把自己的努力与米开朗基罗类比时，他并非在自吹自擂，他谦逊的个人品质广为人知。在这方面，把伯克希尔的历史看作一幅巨大的壁画，我认为这反映了巴菲特在许多领域具有广泛的兴趣，这种比喻也是巴菲特特别喜欢的一种表达方式。

伯克希尔的壁画描绘了许多场景、许多挑战、许多事件。任何人，甚至是巴菲特本人，都很难挑出哪一幅壁画的场景是最著名的那一个。在伯克希尔－哈撒韦的所有经典案例中选取九个最重要的场景，也是一个挑战。因为，如此多的人物、企业和大大小小的投资都对伯克希尔有影响，有些案例的精彩程度实在是难分伯仲，但要明白所有这些影响和"壁画"中的场景加在一起，只是一个人的作品。约翰·沃尔夫冈·冯·歌德说过："没有到过西斯廷教堂的人，无法真正地了解一个人的力量所能达到的程度。"同样，我们要真正欣赏伯克希尔的故事，就必须把它看作一件个人的艺术品。一旦你这样做了，你就会对自己说："这太不可思议了，这太令人惊讶了，现实中真有这样的人。"[26]

《华尔街日报》艺术专栏撰稿人兰斯·埃斯普朗德告诉我们："当我们处在艺术之中，我们甚至会忘了艺术本身，重要的和吸引我们的不是目的地，而是旅行的过程。"艺术的旅程与体育和投资领域的"过程"是一样的。欣赏艺术需要一把舒适的椅子。为什么？因为作为观众，我们需要舒适、耐心、专心。"然后，就像艺术家一样，"埃斯普朗德说，"我们可能会发现，我们已经超越了观察的艺术，转向了发现的艺术、发掘的艺术。"[27]

根据艺术博物馆的统计，游客欣赏一件艺术品的平均停留时间为 15～30 秒[28]。他们会在画廊里快速走动，当看到一件艺术品时，也许只是暂停一下，读一下小卡片上的简介，然后继续前进。投资也是如此，人们进出股市画廊的速度也非常快，他们花一分钟的时间阅读投资摘要，或者听听财经新闻的片段，或者和一个有热门消息的朋友交流几句。

买进一家公司的决定很像一堂艺术欣赏课，一个投资者对于公司的品质分析就像对待艺术品一样，这些品质包括：销售的产品和服务及其竞争地位、财务回报，以及决定如何配置资本。投资，真正的投资，是对一家企业艺术形式的一种探索。相比之下，那些身处股市的人眼里看到的只是股票代码和股票价格。

当投资者观察一只股票时，他们会迅速把答案列在一个信息表格上，甚至不去发掘其中重要的问题，他们是如何做到的呢？其实只有通过提问，投资者才真正有机会去理解，并最终得到对于未来的深入答案。一幅画如果太复杂，一眼无法完全理解，一家公司也是如此，没有人能仅仅通过统计一些会计因素、财经评论等表面信息来真正理解一家公司。

* * *

威廉·詹姆斯说："使用生命的最佳方式是将其花在更为

持久的东西上。"[29] 史蒂夫·乔丹在他的《奥马哈的先知》(*The Oracle of Omaha*) 一书的结尾中写到，巴菲特这样评价伯克希尔："我一生都在奋斗，我相信伯克希尔的道路是最为长久的。"[30] 最初，伯克希尔是一家 1889 年成立的纺织业制造公司，1965 年巴菲特接管了该公司。我们可以说最初的伯克希尔有 132 年的历史，尽管其现代版只有 56 岁。但即便以 56 年计，相对于大多数现代大公司的平均寿命而言，仍然算是不短的历史了。

企业的寿命是理解估值，以及判断公司长期可持续竞争优势的核心。大多数公司的存活期不长，存活率也不高，1965~2015 年，全球市值超过 2.5 亿美元的公司中，只有一半的公司存活时间超过 10 年。那些幸存下来并成长为《财富》500 强公司的寿命稍长一些，但也不会长太多。如今，大型公司的平均生存期仅有 16 年而已。[31]

理解企业寿命的关键是要了解它与变革高度相关，约瑟夫·熊彼特称之为"创造性破坏的常年暴风"。我们现在所知道的是，企业寿命的短暂与快速的创新有关，当"变革速度加速时，企业寿命也在缩短"。[32]

米开朗基罗的西斯廷教堂天顶壁面已经有 509 年的历史了，伯克希尔能存活 5 个世纪吗？很难想象。但当你明白过去 56 年推动伯克希尔发展的力量来自复利时，也许这并不是一个出离正常的想法，因为雅各布·伯努利在 338 年前，就已经发现了复利的威力。

　　现在想想过去 300 年里发生的经济变革，在工业革命时代，人类发现了青霉素、电，发明了汽车、飞机和太空旅行。随着芯片、计算机、互联网，以及可以连接移动互联网的智能手机的发明，我们进入了一场新技术革命。尽管熊彼特提出了"创造性破坏"，但有一件事依然没变，那就是数学意义上的复利。因此，伯克希尔还能再存在 100 年，超过世界上任何一家大型公司，这或许并非不可能。

　　今天，伯克希尔正处于转型阶段。2018 年，巴菲特宣布，国家赔偿保险公司 CEO 阿吉特·贾恩将成为伯克希尔-哈撒韦公司保险业务的副董事长；伯克希尔-哈撒韦能源公司 CEO 格雷格·阿贝尔将成为非保险业务的副董事长；托德·库姆斯和泰德·韦克什勒分别于 2011 年和 2012 年加入伯克希尔，他们现在管理着伯克希尔的一部分投资组合；巴菲特的大儿子霍华德·G.巴菲特随时准备接任董事长的职务。也就是说，如果有一天巴菲特不再出现在年会上回答股东问题时，所有必要的人员已经准备就位。

　　即便如此，许多人仍然质疑，如果没有巴菲特，伯克希尔能否存在下去。对此，劳伦斯·坎宁安自有看法，他是一位知名的教授，也是数本关于伯克希尔-哈撒韦公司和巴菲特的优秀书籍的作者，他说："人们说巴菲特非常特殊，伯克希尔不能没有他。但我说，伯克希尔是如此特殊，即使没有巴菲特，公司也能生存下来，这要感谢巴菲特为此培养的永恒文化。"[33]坎宁安说，伯克希尔的永续经营依赖于它的企业文化。伯克希尔－哈撒韦公司董事会成员苏珊·德克尔对此表示赞同。当被问及她是否认为伯克希尔在后巴菲特时代可以持续发展时，德克尔肯定地回答说："这与公司的文化有关。"协助巴菲特编辑伯克希尔－哈撒韦年报数十年的老友卡萝尔·卢米斯，对这个问题的回应也是一样，她说："这与人有关。"[34]

尽管巴菲特在职业上取得了巨大成就，但可以说他最大的成就是为伯克希尔－哈撒韦公司的文化注入活力。该公司的核心是一个由股东、合伙人、管理层和员工共同组成的社区，他们首先寻求合理资本配置，这个配置的主要目标就是为驱动伯克希尔的发动机注入燃料。因此伯克希尔的永续经营是不用怀疑的。每当被问及最终的离去是否会终止公司五十余年的辉煌时，巴菲特给出的回答简明扼要："现在所有的荣誉都归于伯克希尔。"[35]

|后 记|

　　我第一次听到巴菲特说"金钱心智"这个词，是在 2017 年 5 月 6 日，第二天，也就是 5 月 7 日，我就打算写这本书了。

　　这个想法至少在一开始的时候，并不成形，也没有目标。在接下来的很长一段时间里，金钱心智的概念只是一个静静地藏在头脑中某个角落里的想法，虽然没有任何进展，但我也固执地拒绝放弃它的位置。渐渐地，这个想法越来越多地在脑海中闪过，一次又一次，我无意间发现，它变得越来越高、越来越清晰了。直到最后，在 2019 年的某一天，我知道我已经无法再忽视它的存在，必须为这个想法全力以赴了，于是我开始着手本这本新书。

　　我先是要求自己搞清楚一些基本的问题，例如，金钱心智到底意味着什么？它从何而来？它的组件是什么？它可以被学会吗？如果可以的话，应该怎么做？一旦提出了这些问题，我立刻就知道了答案。谁能比巴菲特本人更好地教会我们拥有金钱心智呢，他是出色的老师，并具有拥有终极金钱心智的头脑。

　　所以我开始了挖掘宝藏的工作。

＊　＊　＊

　　巴菲特的导师本·格雷厄姆在其名著《聪明的投资者》最后有一句深刻的话："取得令人满意的回报，比大多数人想得要容易；但若想取得超级回报，比看起来要难得多。"多年以来，格雷厄姆最著名的学生沃伦·巴菲特经常重复这句话，只不过是以更简洁的方式，他说："投资比你想象的要容易，但比看起来要难。"

　　曾经，我以为自己完全明白这句话的意思。但是，我错了。

　　当巴菲特说投资"比你想象的要容易"时，我认为这意味着，在他看来，所有强加在投资者身上的难题，例如预测股市或利率的变化，或预测经济整体走势等，这些完全是没有必要的。对于成功的投资者来说，事情容易得多，因为他们可以跳过所有那些恼人的问题。直到如今，情况依然如此。

对于巴菲特所说的"比看起来要难"这句话，以前我理解错了。我认为这是一个警告，提醒投资者必须做的工作，例如分析利润表确定利润，分析资产负债表了解投资资本回报率，采用现金流贴现模型计算公司的内在价值等。

总而言之，我认为，所有这些计算和分析都是不容易的，既要避免简单地陷于那些低市盈率、低市净率和高股息率的股票，同时又要避免与此相反的高市盈率、高市净率、低股息率的股票，的确是一件很难的事情。这比费力去研究与分析利润、ROIC 和 DCF 模型更容易吗？也许是，也许不是，但这并不是格雷厄姆和巴菲特所说的"比看起来要难"。

真正困难的部分是养成正确的投资气质——一种具有金钱心智的投资气质。这本书可以帮助我们理解和建立金钱心智的基石，这样我们就可以将其原则服务于价值生活。

* * *

我们的探索旅程是按时间顺序进行的，从 11 岁的巴菲特读的第一本商业书——米纳克的《1000 种赚 1000 美元的方法》开始。这本书告诉少年巴菲特，"创办自己企业的第一步是了解情况……所以，阅读所有有关你打算进入的行业的出版物。"尽管这听起来很平常，也很简单，但绝大多数投资者对自己所持股票公司所在的行业知之甚少。那些持有指数基金的人可以被原谅，因为他们并不在单独的个股上押注，而是持有一系列股票。但那些主动押注个股的人，至少应该对公司的年度财报感兴趣。令人惊讶的是，很少有人愿意花哪怕 10 分钟的时间去阅读董事长写给股东的信。毫无疑问，如果你不了解一家公司的内部运营方式，你将永远不能到达金钱心智的初级层面。

除此之外，我们还能看到哪些构成金钱心智的模块呢？

我们必须从独立思考、自我实现的意志品质开始，罗杰·洛温斯坦曾将其称为"巴菲特的标签"。这意味着靠自己的力量和资源而不是依赖他人，这是一个积极向上的循环的开始。在这个循环中，独立思考、自我实现将增加自信、促进成功，进而自我强化。在非常现实的意义上，独立思考、自我实现是金钱心智的主要基石，因为其他一切都来自它所创造的坚韧的意志品质。

独立思考、自我实现有助于拥有金钱心智的投资者理解所持有股票的内在价值，而这又对投资者处理与市场先生的关系时所需要的理性心态至关重要。每当你看着市场先生，每当你怀疑市场先生知道的比你多时，这种意志品质就开始发挥作用了。但这并不意味着你不会犯错，巴菲特也犯过错，同你我一样。但当你开始相信市场先生比你知道的更多时，你就已经失去了独立思考的能力。

基于理性的概念，对于投资的理解可以强化金钱心智，理性可以将更广泛的"分享经验"与那些具有更深刻经验的"体验者"结合起来，这些"体验者"往往就是公司的老板或股东。理性的投资者知道市场是如何运作的，并能够分辨有效方法和无效方法。

具有金钱心智的头脑可以通过研究其他学科的心理模型来获得进一步的力量，芒格称之为"获得通识智慧"。从错误中学习，通过检查"误判心理"，金钱心智可以得到强化。

具有金钱心智的头脑明白世界是在不断变化的，需要适应"变革的挑战"。金钱心智拒绝过时的思维模式，拥抱实用主义，用一种"宽频搜索领域"的思维方式，帮助人们成为更好的投资者。

金钱心智也会意识到，应对变革的挑战不仅仅需要技术与技能（无论它们多么耀眼）。简而言之，金钱心智是一种思维上的竞争优势，对大多数投资者来说，这是缺失的环节。投资成功的关键是正确的心态，而不是复杂的运算。

具有金钱心智的人一定是一个企业驱动型投资者，你可能并不需要拥有一家企业来获得金钱心智，但你必须像企业主一样思考，持有股票是持有一家公司的长期利益，而不是一时冲动的随时可以放弃的幻想。具有金钱心智的人理解什么是企业所有权，他们不购买没有现金流的公司，不购买回报低于资本成本的公司，不购买没有安全边际的公司。具有金钱心智的人对创造财富有敏锐的洞察力，因为他们拥有的是能够随着时间的推移增加股东价值的公司。拥有金钱心智的人就像企业家一样，他不必拥有每一家公司，只拥有那些具有长期良好前景的、由最佳管理人经营的最好企业足矣。

具有金钱心智的人乐于运用在投资领域中学到的知识和经验，同时对股票市场中的愚蠢行为感到可笑。具有金钱心智的人只关注自己拥有的公司的成长，他们不需要市场用每日价格来告诉他们是否走在正确的轨道上。如果说市场价格对他们有什么影响，那就是具有金钱心智的人能意识到股市的噪声，同时可以更好地适应价值信号，知道这些信号将在适当的时候被股市公正地衡量。金钱心智并不依赖于短期指标来衡量成功，而是着眼于取得长期回报。最重要的是，具有金钱心智的人是投资者，不是投机者。他们专注于资产本身，而不关心投机者发起的选美比赛。

具有金钱心智的人像运动员一样，有竞争力，有赢的渴望。对于具有金钱心智的人来说，投资比赢得每一场比赛更具意义。具有金钱心智的人欣赏投资之美及其终极体验，他们首先关注的是过程，然后是结果，这实际上让他们成了更好的投资者。

具有金钱心智的人像艺术家一样，他们超越了"看"股票来寻找答案，他们从事"搞明白"股票的艺术，以更好地了解公司是如何取得业绩的。具有金钱心智的人认为教育是神圣的，导师肩负着教育他人的责任，而后他们也会成为导师。

最后，具有金钱心智的人是善良的。谨言慎行、清醒自持和笃信好学这些基本美德的加强，使他们能够养成合适的投资气质，内在的心性品质定义了金钱心智。然后，带着对资本市场的信心和对未来财务回报的渴望，以及对合伙人、股东和客户的慷慨和坦诚，他们不断向前。

* * *

如果在这里结束这个旅程，这本书会有一个很好的收尾。我们完全理解了金钱心智的形成。但是，没有行动的理解是不够的。接下来是什么？米纳克的书再一次推动我们走向正确的方向——"开始赚钱的方法就是开始"。

如果你明天早上醒来，决定采用金钱心智，成为一个企业驱动型投资者，有几件事你需要知道。在股市上，一个企业驱动型投资者不会墨守成规。你可能还记得爱默生的话，当"外界用它的不满来鞭打你"时，一个不墨守成规的人"必须知道如何应对"。

作为一个企业驱动型投资者，要遵守在投资大世界中学到的原则，你很快就会发现股票市场自有其规律，而你知道自己应该如何行动。财经媒体会不断吸引你的注意，主动建议你下一步应该做什么。在你周围，人们会小声议论应该买下这个或卖掉那个。但是，企业驱动型投资者对股市波动会置若罔闻，他所扮演的角色是自己所拥有的企业的警惕的监督者。

拥有金钱心智的人不会成为股票市场里的玩家，他们会成为市场观察者。给他们的意见不计其数，但他们会一笑置之，让"有主意的人"继续前进，不会随波逐流。

我想告诉你们，做一个企业驱动型投资者就像走一条人迹更少的路一样容易，但金钱心智的道路不适合胆小的人。仅仅做一个沉默的逆向者是不够的。威廉·詹姆斯提醒我们，只有那些有勇气按照自己的信仰采取行动的人才能发现真理。伟大的投资者取得的最大成就，往往始于在面对不确定性时做出大胆决定的勇气。

当年，我写《巴菲特之道》时，曾明确表示，我不能向读者保证，他们能够获得与巴菲特一样的投资成果。但我可以向他们保证，如果他们应用书中列出的投资原则，他们很可能会看到业绩有所改善。同样，本书并不能保证你能构建和巴菲特一样的心智结构。但我毫不怀疑，如果你愿意花时间研究和思考什么是金钱心智的架构，你会看到你情绪平衡的显著改善。我相信，仅凭这一点，就值得我们花些时间读这本书。

* * *

但这还不是全部。就像富裕的生活并不仅仅是你的银行账户有多少钱一样，追求金钱心智的道路所获得的回报远不止于投资领域。一个基于理性而不是感性来做决策的人，仅凭学习就能成为班级的学霸。当你在思考如何解决一个重要的问题时，为什么不采取一个务实的观点，而是固执地坚持一个不好的主意呢？我们所有人，无论从事什么职业，成为多学科的思想者都将得到不错的结果。在教育理论中，公认的观点是，那些拥有广泛知识基础和技能的人，更容易在特定领域获得更深的认知。尽管我们研究的是如何成功，但对失败和误判的研究也同样有益。

一个具有金钱心智的人的头脑具有活力。这是一件好事，因为股市是动态的，是一个不断变化、学习和适应的系统。拥有金钱心智就意味着你拥有了一个学习机器，无论你对股市有什么根深蒂固的想法，请放心，这些想法都会在未来几年进行更新。这意味着具有金钱心智头脑的人会保持谦虚好学，知道自己的不足，而且不会天真到认为成功势在必得。这个认知过程是合理的，当为数不多的失败发生时，他们相信问题是可以解决的。以上这些情况都会激励你分享你所学到的东西，不是作为一个夸夸其谈或纸上谈兵的人，而是作为一个理性、冷静、值得信赖的顾问。

最重要的是，当金钱心智的碎片结合起来时，你会意识到你正在走一条新的道路，一条建立在美德、谨慎、正直以及坚持不懈的思想和行动之上的道路。我不能保证走这条路会让你很富有，但我可以向你保证，它一定会让你的生活更丰富多彩。

　　这是一本关于投资的书，我没有资格建议你如何生活，即便我实际上这样做了。我知道，当我们带着耐心和善意在世界上行走，当我们理性地面对问题，而不是沉溺于负面情绪中，当我们热情地拥抱新想法，同时珍视传统价值观时，生活会变得更轻松、更充实。无论你是配偶、父母、同事、朋友，还是邻居、教师、社会的一分子，你的生活都会变得更加丰富。对于这一点，我确定无疑。

致　谢

首先，我想对沃伦·巴菲特表示由衷的感谢，不仅因为他的教导，还因为他允许我使用他在伯克希尔－哈撒韦公司年报中受版权保护的材料。要对巴菲特所写的东西进行进一步的改进几乎是不可能的，我会毫不犹豫地承认，我著作的成功是对他的一个证明。毫无疑问，巴菲特是历史上最成功的投资者，也是任何投资者都可以称之为榜样的最重要的人之一。

我还要感谢查理·芒格最初表示的支持。除了学习巴菲特之外，我发现芒格"获得通识智慧的艺术"所推荐的主要心理模型的旅程是我职业生涯中最令人满意的成就之一。毫无疑问，进行多学科方面的思考，令我成为一个更好的投资者。来自芒格的动力每天都激励着我前行。

在提升我的投资技能方面，没有人比比尔·米勒更能让我在从理论转向实践的道路上受益良多，他真的堪称良师益友。他把我介绍到圣塔菲研究所，那是一个研究复杂的自适应系统，以及哲学思想的深邃所在。此外，对于米勒过去37年来在智慧上的慷慨，我无以言表。

在我加入比尔·米勒的美盛资本管理公司后，才有机会和迈克尔·莫布辛一起学习。莫布辛是一名卓有成就的战略家、作家和教师，他还是哥伦比亚大学商学院安全分析课程的兼职教授。在莫布辛这样的人身边你会变得更聪明，我非常感激有这样的机会。我还要特别感谢保罗·约翰逊，他是另一位有洞察力的作家，也是哥伦比亚大学商学院的兼职教授，在那里他负责启动了EMBA的价值投资课程。约翰逊亲切地同意以一个深思熟虑的顾问的身份阅读本书，谢谢你，约翰逊。

我很幸运地成为伯克希尔作家群体的一员，由此，我也成为一个研究巴菲特、芒格和伯克希尔－哈撒韦公司的受益者。特别感谢我的朋友安迪·基尔帕特里克，我认为他是伯克希尔的官方历史学家。我也感谢拉里·坎宁安教授组织整理巴菲特的作品和其他具有洞见的作品。感谢鲍勃·迈尔斯，不仅感谢他的好著作，而且感谢他对伯克希尔的一切进行的研究。另外，多亏了卡萝尔·卢米斯，她的财经文字留下的价值无与伦比。我在书中收录了一个关于伯克希尔信息的资料库，起名为伯克希尔－哈撒韦图书馆，以及一个关于投资、心理学和哲学的参考书目。非常感谢所有在我学习之路上做出贡献的作者。

当年，《巴菲特之道》出版后不久，我就收到了当时已经87 岁高龄的菲利普·费雪老先生的一封信，这引发了一系列关于不同投资主题的讨论，我们之间的通信往来持续了数年之久。那些早期的信件给了我很大的鼓励，让我相信我的确走在了正确的道路上。我将永远感激我们之间的友谊，尽管遗憾的是，我们的友谊还是太短暂了。

在我研究沃伦·巴菲特、伯克希尔 – 哈撒韦和投资艺术的这么多年里，许多人给了我很多支持和帮助。让我一一致谢，感谢彼得·林奇、约翰·博格、霍华德·马克斯、彼得·伯恩斯坦、查尔斯·埃利斯、埃德·索普、约翰·罗斯柴尔德、比尔·鲁安、卢·辛普森、埃德·霍尔德曼和肯·费雪。

我要特别感谢鲍勃·科尔曼，他是在我写《巴菲特之道》时第一个接触到的伯克希尔忠实信徒。科尔曼对投资有着无穷的好奇心，与他谈话令我受益匪浅。最重要的是，科尔曼把我介绍给了汤姆·罗索，他进一步加深了我对全球投资的理解。谢谢你，罗索。从那开始，人际关系的闸门大开。我还要感谢查克·阿克雷、沃利·韦茨、梅森·霍金斯、杰米·克拉克、汤姆·盖纳、威尔·桑代克、阿曼达·阿加蒂和特伦·格里芬，感谢你们的见解和建议。

我很幸运，能加入一个精力充沛、充满智慧的团队，身边的同事都愿意在有需要时做投资框架之外的思考。在投资管理公司，我要感谢理查德·克里普斯、克里斯·马塔斯西奥、汤姆·穆罗伊、迈克·谢勒、伯尼·卡瓦纳、蒂姆·麦肯、拉里·贝克、吉姆·德马西、肯尼亚·奥弗斯特里特、鲍比·托马斯、劳伦·劳克林、安东尼·塞索西莫、山姆·克里普斯和费利西亚·安德鲁斯。

我和 John Wiley & Sons 出版公司在过去的 26 年中一直保持着一种快乐的合作关系，我出版了《巴菲特之道》和《巴菲特的投资组合》两本书，非常感谢。当我接触高级编辑凯文·哈勒德，并开始着手这本书时，他热情和兴奋地迎接了这个项目，并自始至终都给予大力支持。谢谢你，哈勒德。我还要感谢 John Wiley & Sons 出版公司的高级执行主编苏珊·塞拉的支持。感谢才华横溢的凯文·韦斯特，他画的巴菲特肖像为本书的封面增色不少。

1993 年，我被介绍给迈尔斯·汤普森，他当时是 John Wiley & Sons 出版公司的出品人和编辑，我告诉他自己打算写一本关于沃伦·巴菲特的书。出人意料的是，他竟然愿意冒险支持我的处女作，这是我永远的幸运。如果当时汤普森拒绝了我，我现在的生活会完全不同，不太可能比现在更好。谢谢你所做的一切，汤普森。

我无法充分表达我对塞巴斯蒂安文学经纪公司的劳里·哈珀的感激之情，哈珀真的很特别，她非常聪明、善良和忠诚。好吧，实在找不到更合适的词感谢她。哈珀以诚实、正直、幽默和优雅的品质闻名于出版界，再也没有比她更好的人了。谢谢你，哈珀。

最后，我要感谢我的编辑和写作搭档玛吉·斯塔基，正是她超过 30 年的支持，把我从菜鸟作家变成了资深作家。这是我们一起合作的第 10 本书，斯塔基拥有杰出的才能。普利策奖得主罗伯特·卡罗曾说过，如果一名作家想取得特别的成就，他需要"停止用手写作，而是用头脑写作"。本书绝对是一本很会思考的书，斯塔基可以将我头脑中的思考片段连接在一起，她在这方面极其娴熟。虽然我们远隔重洋，但我总是会惊讶于她的能力，她可以立即将我所写的材料紧密地联系起来。斯塔基不知疲倦地从一章写到下一章，然后来回完善。她总是在寻找最好的方式来构建我所写的材料，然后以清晰和简洁的方式来表达它。她的参与对作者和读者都是一件幸事。

本书获得的所有赞誉，都应该感谢上述帮助我的人们。书中若有任何错误或遗漏，我将独自负责。

罗伯特·哈格斯特朗

|伯克希尔 - 哈撒韦图书馆|

Arnold, Glen. *The Deals of Warren Buffett, Vol. 1: The First $100m.* Hampshire, Great Britain: Harriman House, 2017.

_____. *The Deals of Warren Buffett, Vol. 2: The Making of a Billionaire.* Hampshire, Great Britain: Harriman House, 2019.

Bevelin, Peter. *Seeking Wisdom: From Darwin to Munger.* Malmo, Sweden: Post Scriptum AB, 2003.

_____. *A Few Lessons for Investors and Managers: From Warren Buffett.* Marceline, MO: Wadsworth Publishing Co., 2012.

_____. *"All I Want To Know Is Where I'm Going To Die So I'll Never Go There": Buffett and Munger – A Study of Simplicity and Uncommon, Common Sense.* Marceline, MO: Wadsworth Publishing Co., 2016.

Bloch, Robert L. *My Warren Buffett Bible: A Short and Simple Guide to Rational Investing: 284 Quotes from the World's Most Successful Investor.* New York: Skyhorse Publishing, 2015.

Braem, Daniel. *Building the Next Berkshire.* Strategic Book Publishing Rights Agency, 2009.

Brodersen, Stig, and Preston Pysh. *Warren Buffett Accounting Book: Reading Financial Statements for Value Investing.* Pylon Publishing, 2014.

_____. *Back to School: Question & Answer Session with Business Students.* BN Publishing, 2008.

Buffett, Mary, and David Clark. *Buffettology: The Previously Unexplained Techniques That Have Made Warren Buffett the World's Most Famous Investor.* New York: Rawson Associates, 1997.

Buffett, Mary. *Warren Buffett and the Interpretation of Financial Statements.* New York: Scribner, 2008.

Buffett, Warren E. *Berkshire Hathaway Letters to Shareholders 1965–2019.*

Chan, Ronald W. *Behind the Berkshire Hathaway Curtain: Lessons from Warren Buffett to Business Leaders.* Hoboken, NJ: John Wiley & Sons, 2010.

Clark, David. *The Tao of Charlie Munger: A Compilation of Quotes from Berkshire Hathaway's Vice Chairman on Life, Business, and the Pursuit of Wealth.* New York: Scribner, 2017.

Connors, Richard J. *Warren Buffett on Business: Principles from the Sage of Omaha.* Hoboken, NJ: John Wiley & Sons, 2010.

Cunningham, Lawrence A. *The Essays of Warren Buffett: Lessons for Corporate America.* 5th ed. Lawrence A. Cunningham, 2019.

_____. *Buffett Essays Symposium: With Warren Buffett and Charlie Munger.* A 20th Anniversary Annotated Edition. The Cunningham Group & Harriman House, 2016.

_____. *Berkshire Beyond Buffett: The Enduring Value of Values.* New York: Columbia Business School Publishing, 2014.

_____. *How to Think Like Benjamin Graham and Invest Like Warren Buffett.* New York: McGraw-Hill, 2001.

Cunningham, Lawrence A., and Stephanie Cuba. *Margin of Trust: The Berkshire Business Model.* New York: Columbia Business School Publishing, 2020.

_____. *The Warren Buffett Shareholder: Stories from Inside the Berkshire Hathaway Annual Meeting.* Manhasset, NY: Cunningham Cuba & Harriman House, 2018.

Griffin, Tren. *Charlie Munger: The Complete Investor.* New York: Columbia University Press, 2015.

Hagstrom, Robert G. *The Warren Buffett Way,* 3rd Edition. Hoboken, NJ: John Wiley & Sons, 2014.

_____. *The Warren Buffett Portfolio: Mastering the Power of the Focus Investment Strategy.* New York: John Wiley & Sons, 1999.

Jain, Prem C. *Buffett Beyond Value: Why Warren Buffett Looks to Growth and*

Management When Investing. Hoboken, NJ: John Wiley & Sons, 2010.

Janjigian, Vahan. *Even Buffett Isn't Perfect: What Can You Learn and Can't Learn from the World's Greatest Investor.* Portfolio, 2008.

Jordon, Steve. *The Oracle of Omaha: How Warren Buffett and His Hometown Shaped Each Other.* Marceline, MO: Wadsworth Publishing Co., 2013.

Keough, Donald R. *The Ten Commandments for Business Failure.* New York: Portfolio Penguin, 2011.

Kilpatrick, Andrew. *Of Permanent Value: The Story of Warren Buffett 2020 Elephant Edition.* Birmingham, AL: Andy Kilpatrick Publishing Empire, 2020.

_____. *Warren Buffett: The Good Guy of Wall Street.* New York: Donald I. Fine, 1992.

Kratter, Matthew R. *Invest Like Warren Buffett: Powerful Strategies for Building Wealth.* Independently published, 2016.

Light, Murray B. *From Butler to Buffett.* Amherst, NY: Prometheus Books, 2004.

Linder, Karen. *The Women of Berkshire Hathaway: Lessons from Warren Buffett's Female CEOs and Directors.* Hoboken, NJ: John Wiley & Sons, 2012.

Loomis, Carol J. *Tap Dancing to Work: Warren Buffett on Practically Everything, 1996–2012.* New York: Portfolio/Penguin, 2012.

Lowe, Janet. *Warren Buffett Speaks: Wit and Wisdom from the World's Greatest Investor.* Hoboken, NJ: John Wiley & Sons, 2007.

_____. *Damn Right! Behind the Scenes with Berkshire Hathaway Billionaire Charlie Munger.* New York: John Wiley & Sons, 2000.

Lowenstein, Roger. *Buffett: The Making of an American Capitalist.* New York: Random House, 1995.

Lu, Yefei. *Inside the Investments of Warren Buffett: Twenty Cases.* New York: Columbia Business School Publishing, 2016.

Matthews, Jeff. *Pilgrimage to Warren Buffett's Omaha: A Hedge Funds Manager's Dispatches from Inside the Berkshire Hathaway Annual Meeting.* New York: McGraw-Hill, 2008.

Mayhew, Ricard. *Manage Your Money Like Warren Buffett: How Warren Buffett Has Handled Some of the Financial Aspects of His Life.* CreateSpace Independent Publishing Platform, 2015.

Miles, Robert P. *The Warren Buffett CEO: Secrets from the Berkshire Hathaway Managers.* New York: John Wiley & Sons, 2002.

_____. *Warren Buffett Wealth: Principles and Practical Methods Used by the*

World's Greatest Investor. Hoboken, NJ: John Wiley & Sons, 2004.

_____. *The World's Greatest Investment: 101 Reasons to Own Berkshire Hathaway.* Tampa, FL: Robert P. Miles, 1999.

Miller, Jeremy. *Warren Buffett's Ground Rules: Words of Wisdom from the Partnership Letters of the World's Greatest Investor.* London, UK: Profile Books, 2016.

Minaker, F. C. *One Thousand Ways to Make $1,000.* Austin, TX: Clinton T. Greenleaf, III, 2016.

Munger, Charles T., and Peter Kaufman, ed. *Poor Charlie's Almanack: The Wit and Wisdom of Charles T. Munger.* Marceline, MO: Wadsworth Publishing Co., 2005.

O'Loughlin, James. *The Real Warren Buffett: Managing Capital, Leading People.* London: Nicholas Brealey Publishing, 2002.

Pardoe, James. *How Warren Buffett Does It: 24 Simple Investing Strategies from the World's Greatest Value Investor.* New York: McGraw-Hill Education, 2005.

Pecaut, Daniel, and Corey Wrenn. *University of Berkshire Hathaway: 30 Years of Lessons Learned from Warren Buffet & Charlie Munger at the Annual Shareholders Meeting.* Sioux City, IA: Daniel Pecaut & Corey Wrenn, 2017.

Pick, Margaret Moos. *See's Famous Old-Time Candies.* San Francisco, CA: Chronicle Books, 2005.

Pysh, Preston G. *Warren Buffett's Three Favorite Books.* Pylon Publishing.

Rittenhouse, L .J. *Investing Between The Lines: How to Make Smarter Decisions by Decoding CEO Communications.* New York: McGraw-Hill, 2013.

_____. *Buffett Bites: The Essential Investor's Guide to Warren Buffett's Shareholder Letters.* New York: McGraw Hill, 2010.

_____. *Do Business with People You Can Trust: Balancing Profits and Principles.* L.J Rittenhouse, 2007.

Schroeder, Alice. *The Snowball: Warren Buffett and the Business of Life.* New York: Bantam Dell, 2008.

Swedore, Larry E. *Think and Invest Like Warren Buffett: A Winning Strategy to Help You Achieve Your Financial and Life Goals.* New York: McGraw-Hill, 2013.

Tavakoli, Janet. *Dear Mr. Buffett: What an Investor Learns 1,269 Miles from Wall Street.* Hoboken, NJ: John Wiley & Sons, 2009.

Train, John. *The Midas Touch: The Strategies That Have Made Warren Buffett America's Pre-eminent Investor.* New York: Harper & Row, 1987.

| 更多阅读 |

投资

Anderson, Philip W., Kenneth Arrow, and David Pines. *The Economy as an Evolving Complex System*. New York: CRC Press, 1988.

Arthur, W. Brian. *Increasing Returns and Path Dependence in the Economy*. Ann Harbor, MI: The University of Michigan Press, 2008.

_____. *Complexity and the Economy*. New York: Oxford University Press, 2015.

Arthur, W. Brian, Steven N. Durlauf, and David A. Lane. *The Economy as an Evolving Complex System II*. Reading, MA: Addison-Wesley, 1997.

Baid, Gautam. *The Joys of Compounding: The Passionate Pursuit of Lifelong Learning*. Rev. ed. New York: Columbia Business School Publishing, 2020.

Bernstein, Peter L. *Capital Ideas: The Improbable Origins of Modern Wall Street*. New York: The Free Press, 1992.

_____. *Capital Ideas Evolving*. Hoboken, NJ: John Wiley & Sons, 2007.

_____. *Against the Gods: The Remarkable Story of Risk*. New York: John Wiley & Sons, 1996.

Biggs, Barton. *Hedge Hogging*. Hoboken, NJ: John Wiley & Sons, 2006.

Bogle, John C. *The Clash of Cultures: Investment vs. Speculation.* Hoboken, NJ: John Wiley & Sons, 2012.

_____. *Enough: True Measures of Money, Business, and Life.* Hoboken, NJ: John Wiley & Sons, 2009.

Calandro, Joseph Jr. *Applied Value Investing: The Practical Applications of Benjamin Graham's and Warren Buffett's Valuation Principles to Acquisitions, Catastrophe Pricing, and Business Execution.* New York: McGraw-Hill, 2009.

Carlen, Joe. *The Einstein of Money: The Life and Timeless Financial Wisdom of Benjamin Graham.* Amherst, NY: Prometheus Books, 2012.

Carret, Philip L. *The Art of Speculation.* Mansfield, CT: Martino, 2012.

Chancellor, Edward, ed. *Capital Returns: Investing Through the Capital Cycle. A Money Manager's Reports, 2002–2015.* London, UK: Palgrave, 2016.

Chatman, Seymour, ed. *Benjamin Graham: The Memoirs of the Dean of Wall Street.* New York: McGraw-Hill, 1996.

Cunningham, Lawrence A., Torkell, T. Eide, and Patrick Hargreaves. *Quality Investing: Owning the Best Companies for the Long Term.* Hampshire, Great Britain: Harriman House, 1988.

Ellis, Charles D., and James R. Vertin, eds. *Classics: An Investor's Anthology.* Dow Jones & Company, 1989.

_____. *Classics II: Another Investor's Anthology.* Homewood, IL: Business One Irwin, 1991.

Damodaran, Aswath. *Damodaran on Valuation: Security Analysis for Investment and Corporate Finance.* 2nd ed. Hoboken, NJ: John Wiley & Sons 2006.

Fisher, Philip A. *Common Stocks and Uncommon Profits: And Other Writings: Wiley Investment Classic.* Canada: John Wiley & Sons, 1996.

Furhan, William E., Jr. *Financial Strategy: Studies in the Creation, Transfer, and Destruction of Shareholder Value.* Homewood, IL: Richard D. Irwin, 1979.

Graham, Benjamin, and David Dodd. *Security Analysis: The Class of 1934 Edition.* New York: McGraw-Hill Book Company, 1934.

Graham, Benjamin. *Security Analysis,* 6th ed. New York: McGraw-Hill, 2009.

Graham, Benjamin, and Charles McGolrick. *Interpretation of Financial Statement.* New York: Harper & Row Publishers, 1964.

Graham, Benjamin. *The Intelligent Investor: A Book of Practical Counsel.* 4th rev. ed. New York: Harper & Row, 1973.

_____. *The Intelligent Investor: A Book of Practical Counsel.* Rev. ed., with updated commentary by Jason Zweig. New York: Harper Business

Essentials, 2003.

Greenblatt, Joel. *You Can Be a Stock Market Genius (Even If You're Not Too Smart): Uncover the Secret Hiding Places of Stock Market Profits.* New York: Simon & Schuster, 1997.

Greenwald, Bruce C.N., Judd Kahn, Paul D. Sonkin, and Michael van Biema. *Value Investing: From Graham to Buffett and Beyond.* Hoboken, NJ: John Wiley & Sons, 2001.

Greenwald, Bruce, and Judd Kahn. *Competition Demystified: A Radically Simplified Approach to Business Strategy.* London, England: Penguin Books, 2005.

Hagstrom, Robert G. *Investing: The Last Liberal Art.* 2nd ed. New York: Columbia Business School Publishing, 2013.

Haskel, Jonathan, and Stian Westlake. *Capitalism without Capital: The Rise of the Intangible Economy.* Princeton, NJ: Princeton University Press, 2018.

Keynes, John Maynard. *The General Theory of Employment, Interest, and Money.* New York: Harcourt Brace & Company, 1964.

Knight, Frank H. *Risk, Uncertainty and Profit.* Washington, DC: Beard Books, 2002.

Koller, Tim, Mark Goedhart, and David Wessels. *Valuation: Measuring and Managing the Value of Companies.* Hoboken, NJ: John Wiley & Sons 2016.

_____. *The Four Cornerstones of Corporate Finance.* Hoboken, NJ: John Wiley & Sons 2011.

Lefèvre, Edwin. *Reminiscences of a Stock Operator.* New York: John Wiley & Sons, 1994.

Lo, Andrew W. *Adaptive Markets: Financial Evolution at the Speed of Thought.* Princeton, NJ: Princeton University Press, 2017.

Lo, Andrew W., and A. Craig MacKinelay. *A Non-Random Walk Down Wall Street.* Princeton, NJ: Princeton University Press, 1999.

Loeb, Gerald M. *The Battle of Investment Survival.* New York: John Wiley & Sons 1996.

Lowe, Janet. *Benjamin Graham on Value Investing: Lessons from the Dean of Wall Street.* Chicago, IL: Dearborn Financial, 1994.

_____. *The Rediscovered Benjamin Graham: Selected Writings of the Wall Street Legend.* New York: John Wiley & Sons, 1999.

_____. *The Man Who Beats the S&P: Investing with Bill Miller.* Canada: John Wiley & Sons, 2002.

Madden, Bartley J. *Valuation Creation Thinking*. Napersville, IL: Learning What Works, 2016.

Malkiel, Burton G. *A Random Walk Down Wall Street*. New York: W.W. Norton & Company, 1973.

Marks, Howard. *Mastering the Market Cycle: Getting the Odds on Your Side*. New York: Houghton Mifflin Harcourt, 2018.

_____. *The Most Important Thing: Uncommon Sense for the Thoughtful Investor*. Columbia Business School Publishing, 2011.

Mauboussin, Michael J. *More Than You Know: Finding Financial Wisdom in Unconventional Places*. New York: Columbia University Press, 2006.

_____. *Think Twice: Harnessing the Power of Counterintuition*. Boston: Harvard Business Press, 2009.

_____. *The Success Equation: Untangling Skill and Luck in Business, Sports, and Investing*. Boston: Harvard Business Review Press, 2012.

Perez, Carlota. *Technological Revolutions and Financial Capital: The Dynamics of Bubbles and Golden Ages*. Northampton, MA: Edward Elgar Publishing, 2002.

Poundstone, William. *Fortune's Formula: The Untold Story of the Scientific Betting System That Beat the Casinos and Wall Street*. New York: Hill and Wang, 2005.

Rappaport, Alfred. *Creating Shareholder Value: The New Standard for Business Performance*. New York: The Free Press, 1986.

_____. *Saving Capitalism from Short-Termism: How to Build Long-Term Value and Take Back Our Financial Future*. New York: McGraw-Hill, 2011.

Rappaport, Alfred, and Michael J. Mauboussin. *Expectations Investing: Reading Stock Prices for Better Returns*. Boston: Harvard Business School Press, 2001.

Rosenzweig, Phil, *The Halo Effect: And the Eight Other Business Delusions That Deceive Managers*. New York: Free Press, 2007.

Rubinstein, Mark. *A History of the Theory of Investments*. Hoboken, NJ: John Wiley & Sons, 2006.

Schwed, Jr. Fred. *Where Are the Customer's Yachts? Or A Good Hard Look at Wall Street*. Burlington, VT: Fraser Publishing Company, 1955.

Siegel, Jeremy J. *Stocks for the Long Run*. 2nd ed. New York: McGraw-Hill, 1998.

Smith, Adam. *The Money Game*. New York: Random House, 1968.

_____. *Supermoney*. Hoboken, NJ: John Wiley & Sons, 2006.

Smith, Edgar Lawrence. *Common Stocks as Long Term Investments*. New York:

The MacMillan Company, 1928. Revised publication by Kessinger Publishing, LLC.

Sonkin, Paul D., and Paul Johnson. *Pitch the Perfect Investment: The Essential Guide to Winning on Wall Street.* Hoboken, NJ: John Wiley & Sons, 2017.

Spier, Guy. *The Education of a Value Investor: My Transformative Quest for Wealth, Wisdom, and Enlightenment.* New York: St. Martin's Press, 2014.

Thomas, Brian, ed. *Columbia Business School: A Century of Ideas.* New York: Columbia University Press, 2016.

Thorndike, William N., Jr. *The Outsiders: Eight Conventional CEOs and Their Radically Rational Blueprint for Success.* Boston: Harvard Business Review Press, 2012.

Thorp, Edward O. *A Man for All Markets: From Las Vegas to Wall Street, How I Beat the Dealer and the Market.* New York: Random House, 2019.

_____. *Beat The Dealer: A Winning Strategy for the Game of Twenty-One.* New York: Vintage Books, 1966.

Thorp, Edward O., and Sheen T. Kasssouf. *Beat the Market: A Scientific Stock Market System.* New York: Random House, 1967.

Towle, Margaret M., ed. *Masters of Finance: Interviews with Some of the Greatest Minds in Investing and Economics.* Greenwood Village, CO: IMCA, 2014.

Train, John. *The Money Masters: Nine Great Investors: Their Winning Strategies and How You Can Apply Them.* New York: Penguin Books, 1980.

Treynor, Jack L. *Treynor on Institutional Investing.* Hoboken, NJ: John Wiley & Sons, 2008.

Walsh, Justyn. *Keynes and the Market: How the World's Greatest Economist Overturned Conventional Wisdom and Made a Fortune on the Stock Market.* Hoboken, NJ: John Wiley & Sons, 2008.

Williams, John Burr. *The Theory of Investment Value.* Boston: Harvard University Press, 2002.

心理学

Ainsle, George. *Breakdown of Will.* New York: Cambridge University Press, 2001.

Akerloff, George A., and Robert J. Shiller. *Animal Spirits: How Human Psychology Drives the Economy and Why It Matters for Global Capitalism.* Princeton, NJ: Princeton University Press, 2009.

Baron, Jonathan. *Thinking and Deciding.* New York: Cambridge University Press, 2008.

Belsky, Gary, and Thomas Gilovich. *Why Smart People Make Big Mistakes—And How to Correct Them*. New York: Simon & Schuster, 1999.

Cialdini, Robert B. *The Psychology of Persuasion*. New York: William Morrow, 1993.

_____. *Persuasion: A Revolutionary Way to Influence and Persuade*. New York: Simon & Schuster, 2016.

Duke, Annie. *Thinking in Bets: Making Smarter Decisions When You Don't Have All the Facts*. New York: Portfolio/Penguin, 2018.

Galbraith, John Kenneth. *A Short History of Financial Euphoria*. New York: Penguin Group, 1993.

Gawande, Atul. *The Checklist Manifesto: How to Get Things Right*. New York: Metropolitan Books, 2009.

Gennaioli, Nicola, and Andrei Shlefler. *A Crisis of Belief: Investor Psychology and Financial Fragility*. Princeton, NJ: Princeton University Press, 2018.

Gigerenzer, Gerd, Peter M. Todd, and the ABC Research Group. *Simple Heuristics That Make Us Smart*. New York: Oxford University Press, 1999.

Glovich, Thomas, Dale Griffin, and Daniel Kahneman, eds. *Heuristics and Biases: The Psychology of Intuitive Judgment*. New York: Cambridge University Press, 2002.

Hagstrom, Robert G. *The Detective and the Investor: Uncovering Investment Techniques from the Legendary Sleuths*. New York: Texere, 2002.

Halpern, Paul. *The Pursuit of Destiny: A History of Prediction*. Cambridge, MA: Perseus Publishing, 2000.

Kahneman, Daniel. *Thinking Fast and Slow*. New York: Farrar, Straus and Giroux, 2011.

Kahneman, Daniel, Paul Slovic, and Amos Tversky, eds. *Judgment under Uncertainty: Heuristics and Biases*. New York: Cambridge University Press, 1982.

Kindleberger, Charles P. *Manias, Panics, and Crashes: A History of Financial Crises*. New York: John Wiley & Sons, 1996.

Konnikova, Maria. *The Biggest Bluff: How I Learned to Pay Attention, Master Myself, and Win*. New York: Penguin, 2020.

Kurtz, Howard. *The Fortune Tellers: Inside Wall Street's Game of Money, Media, and Manipulation*. New York: Free Press, 2000.

Lakoff, George, and Mark Johnson. *Metaphors We Live By*. Chicago, IL: The University of Chicago Press, 1980.

Le Bon, Gustave. *The Crowd*. New York: Penguin Books, 1997.

Lewis, Michael. *The Undoing Project: A Friendship That Changed Our Minds.* New York: W.W. Norton & Company, 2017.

Mackay, Charles. *Extraordinary Popular Delusions and the Madness of Crowds.* New York: John Wiley & Sons, 1996.

Page, Scott. *The Model Thinker: What You Need to Know to Make Data Work for You.* New York: Basic Books, 2018.

Russo, J. Edward, and Paul J. H. Shoemaker. *Decision Traps: Ten Barriers to Brilliant Decision-Making and How to Overcome Them.* New York: Doubleday, 1989.

———. *Winning Decisions: Getting It Right the First Time.* New York: Doubleday, 2002.

Sapolsky, Robert M. *Why Zebras Don't Get Ulcers: The Acclaimed Guide to Stress, Stress-Related Diseases, and Coping.* New York: Henry Holt & Company, 2004.

Shefrin, Hersh. *Beyond Greed and Fear: Understanding Behavioral Finance and the Psychology of Investing.* Boston, MA: Harvard Business School Press, 2000.

Sherden, William A. *The Fortune Sellers: The Big Business of Buying and Selling Predictions.* New York: John Wiley & Sons, 1998.

Shermer, Michael. *Why People Believe Weird Things: Pseudoscience, Superstition, and Other Confusions of Our Time.* New York: W. H. Freeman and Company, 1997.

———. *How We Believe: The Search for God in an Age of Science.* New York: W. H. Freeman and Company, 2000.

Shiller, Robert J. *Market Volatility,* Boston, MA: MIT Press, 1997.

———. *Irrational Exuberance.* Princeton, NJ: Princeton University Press, 2000.

———. *Narrative Economics: How Stories Go Viral and Driven Major Economic Events.* Princeton, NJ: Princeton University Press, 2019.

Shleifer, Andrei. *Inefficient Markets: An Introduction to Behavioral Thought.* New York: Oxford University Press, 2000.

Statman, Meir. *Finance for Normal People: How Investors and Markets Behave.* New York: Oxford University Press, 2017.

Tavris, Carol, and Elliot Aronson. *Mistakes Were Made: But Not by Me.* New York: Houghton Mifflin Harcourt, 2007.

Thaler, Richard H. *Misbehaving: The Making of Behavioral Economics.* New York: W.W. Norton & Company, 2010.

———. *The Winner's Curse: Paradoxes and Anomalies of Economic Life.*

Princeton, NJ: Princeton University Press, 1992.

Thaler, Richard H., and Cass R. Sunstein. *Nudge: Improving Decisions about Health, Wealth, and Happiness.* New York: Penguin Books, 2009.

Tuckett, David. *Minding the Markets: An Emotional Finance View of Financial Instability.* London: Palgrave MacMillan, 2011.

Zeckhauser, Richard J., Ralph L. Keeney, and James K. Sebenius, eds. *Wise Choices: Decisions, Games, and Negotiations.* Boston, MA: Harvard Business School Press, 1996.

Zweig, Jason. *Your Money and Your Brain: How the New Science of Neuroeconomics Can Help Make You Rich.* New York: Simon & Schuster, 2007.

哲学

Abbott, Edwin A. *Flatland: A Romance of Many Dimensions.* New York: Barnes & Noble Books, 1963.

Audi, Robert. *The Architecture of Reason: The Structure and Substance of Rationality.* New York: Oxford University Press, 2001.

Buell, Lawrence. *Emerson.* Cambridge, MA: The Belknap Press of Harvard University Press, 2003.

Cottingham, John, ed. *Descartes: Meditations on First Philosophy with Selections from the Objections and Replies.* Cambridge, UK: Cambridge University Press, 2017.

Botton, Alain de. *The Consolations of Philosophy.* New York: Pantheon Books, 2000.

Dickstein, Morris, ed. *The Revival of Pragmatism: New Essays on Social Thought, Law, and Culture.* Durham, NC: Duke University Press, 1998.

Dörner, Dietrich. *The Logic of Failure: Recognizing and Avoiding Error in Complex Situations.* Reading, MA: Perseus Books, 1996.

Durant, Will. *The Story of Philosophy.* New York: A Touchstone Book, 1961.

Edman, Irwin *Emerson's Essays, Introduction.* New York: Harper & Row, 1951.

Elster, Jon. *Ulysses and the Sirens: Studies in Rationality and Irrationality.* New York: Cambridge University Press, 1990.

Epstein, David. *Range: Why Generalists Triumph in a Specialized World:* New York: Riverhead Books, 2019.

Esplund, Lance. *The Art of Looking: How to Read Modern and Contemporary Art.* New York: Basic Books, 2018.

Goetzmann, William H. *Beyond the Revolution: A History of American Thought from Paine to Pragmatism.* New York: Basic Books, 2009.

Grayling, A.C. *The History of Philosophy.* London: Viking, 2019.

Guyer, Paul, and Allen W. Wood, eds. *The Cambridge Edition of the Works of Immanuel Kant.* New York: Cambridge University Press, 2000.

Hadot, Pierre. *What Is Ancient Philosophy? (trans. Michael Chase).* Cambridge, MA: The Belknap Press of Harvard University Press, 2002.

Hall, Edith. *Aristotle's Way: How Ancient Wisdom Can Change Your Life.* New York: Penguin Press, 2019.

Herman, Arthur. *How the Scots Invented the World: A True Story of How Western Europe's Poorest Nation Created Our World and Everything in It.* New York: Three Rivers Press, 2001.

Hyland, Drew A. *Philosophy of Sport.* St. Paul, MN: Paragon House, 1990.

James, William. *Pragmatism.* New York: Dover Publications, 1995.

Kaag, John. *Sick Souls, Healthy Minds: How William James Can Save Your Life.* Princeton, NJ: Princeton University Press, 2020.

_____. *American Philosophy: A Love Story.* New York: Farrar, Straus and Giroux, 2016.

Kant, Immanuel. *Critique of Pure Reason (Translated by Werner S. Pluhar).* Indianapolis, IN: Hackett Publishing Company, 1996.

Kegan, Robert, and Lisa Laskow Lahey. *Immunity to Change: How to Overcome It and Unlock the Potential in Yourself and Your Organization.* Boston, MA: Harvard Business Press, 2009.

Klagge, James C., ed. *Wittgenstein Biography and Philosophy.* New York; Cambridge University Press, 2011.

Kripke, Saul A. *Wittgenstein on Rules and Private Language.* Cambridge, MA: Harvard University Press, 1982.

Kuhn, Thomas S. *The Structure of Scientific Revolutions.* Chicago, IL: University of Chicago Press, 1970.

Lally, Richard, Douglas Anderson, and John Kagg, eds. *Pragmatism and the Philosophy of Sport.* Lanham, MD: Lexington Books, 2013.

Menand, Louis. *The Metaphysical Club.* New York; Farrar, Straus and Giroux, 2001.

_____. *Pragmatism: A Reader.* New York: Vintage Books, 1997.

Mercier, Hugo, and Dan Sperber. *The Enigma of Reason.* Cambridge, MA: Harvard University Press, 2017.

Miller, William Ian. *The Mystery of Courage.* Cambridge, MA: Harvard

University Press, 2000.

Monk, Ray. *Ludwig Wittgenstein: The Duty of Genius.* New York: Penguin Books, 1990.

Putnam, Ruth Anna, ed. *The Cambridge Companion to William James.* New York: Cambridge University Press, 1997.

Reid, Heather L., *Introduction to the Philosophy of Sport.* Lanham, MD: Rowman & Littlefield Publishers 2012.

Richardson, Robert D. *Emerson: The Mind on Fire.* Berkley, CA: University of California Press, 1995.

_____. *William James: In the Maelstrom of American Modernism.* Boston, MA: Houghton Mifflin Company, 2006.

Ridley, Matt. *The Rational Optimist: How Prosperity Evolves.* New York: Harper, 2010.

Ryall, Emily. *Philosophy of Sports.* New York: Bloomsbury Publishing, 2016.

Schjeldahl, Peter. *Hot, Cold, Heavy, Light: 100 Art Writings 1988–2018.* New York: Abrams Press, 2019.

_____. *Let's See: Writings on Art from The New Yorker.* New York: Thames & Hudson, 2008.

Shook, John R. *Dewey's Empirical Theory of Knowledge and Reality.* Nashville, TN: Vanderbilt University Press, 2000.

Simon, Herbert A. *Models of Bounded Rationality: Empirically Grounded Economic Reason.* Vol. 3. Cambridge, MA, MIT Press, 1997.

Simon, Linda. *Genuine Reality: A Life of William James.* New York: Harcourt Brace & Company, 1998.

Sluga, Hans, and David G. Stern, eds. *The Cambridge Companion to Wittgenstein.* New York: Cambridge University Press, 1996.

Smith, Justin E.H. *Irrationality: A History of the Dark Side of Reason.* Princeton, NJ: Princeton University Press, 2019.

_____. *The Philosopher: A History in 6 Types.* Princeton, NJ: Princeton University Press, 2016.

Stanovich, Keith E. *What Intelligence Tests Miss: The Psychology of Rational Thought.* New Haven, CT: Yale University Press, 2009.

_____. *Decision Making and Rationality in the Modern World.* New York: Oxford University Press, 2010.

_____. *Rationality and the Reflective Mind.* New York: Oxford University Press, 2011.

Stanovich, Keith E., Richard F. West, and Maggie E. Toplak. *The Rationality*

Quotient: Toward a Test of Rational Thinking. Cambridge, MA: MIT Press, 2016.

Svendsen, Lars. *A Philosophy of Fear.* London, UK: Reaktion Books, 2008.

Whelan, Richard, ed. *Self-Reliance: The Wisdom of Ralph Waldo Emerson as Inspiration for Daily Living.* New York: Bell Tower, 1991.

White, Morton. *Pragmatism and the American Mind: Essays and Reviews in Philosophy and Intellectual History.* New York: Oxford University Press, 1973.

Whitehead, Alfred North. *Process and Reality.* New York: Free Press, 1978.

Wilson, Edward O. *Consilience: A Unity of Knowledge.* New York: Vintage Books, 1998.

Wittgenstein, Ludwig. *Culture and Value. (trans. Peter Winch).* Chicago, IL: University of Chicago Press, 1980.

Zilcosky, John, and Marlo A. Burks. *The Allure of Sports in Western Culture.* Toronto, Canada: University of Toronto Press, 2019.

第1章

1. F. C. Minaker, *One Thousand Ways to Make $1000: Practical Suggestions, Based on Actual Experience, for Starting a Business of Your Own and Making Money in Your Spare Time* (The Dartnell Corporation, 1936), p. 14.

2. Alice Schroeder, *The Snowball: Warren Buffett and the Business of Life* (New York: Bantam Dell, 2008), p. 64.

3. Minaker, *One Thousand Ways*, p. 15.

4. Ibid.

5. Ibid.

6. Ibid., p. 17.

7. Ibid.

8. Andrew Kilpatrick, *Of Permanent Value: The Story of Warren Buffett: 2015 Golden Anniversary Edition* (Birmingham, AL: AKPE Publishing, 2015), p. 39.

9. Ibid., p. 40.

10. Schroeder, *The Snowball*, p. 129.

11. Ibid., p. 130.

12. Ibid., p. 146.

13. Roger Lowenstein, *The Making of an American Capitalist* (New York: Random House, 2008), p. 46.

14. Jeremy C. Miller, *Warren Buffett's Ground Rules* (New York: HarperCollins,

2016), p. xii.

15. Lowenstein, *The Making of an American Capitalist*, p. 114.
16. John Train, *The Masters*, p. 12.
17. Miller, *Warren Buffett's Ground Rules*, p. 250.
18. Lowenstein, *The Making of an American Capitalist*, p. 120.
19. Berkshire Hathaway 2014 Annual Report, p. 25.
20. Ibid., p. 30.

第 2 章

1. John R. Minahan and Thusith I. Mahanama, "Investment Philosophy and Manager Evaluation, Again," *The Journal of Investing* (Spring 2017), 26–32.
2. Alice Schroeder, *The Snowball: Warren Buffett and the Business of Life* (New York: Bantam Dell, 2008), p. 643.
3. Roger Lowenstein, *The Making of an American Capitalist*, p. 5.
4. David McCullough, *The Pioneers: The Heroic Story of the Settlers Who Brought the American Ideal West* (New York: Simon & Schuster, 2019), p. 12.
5. Greg Ip, "The Era of Fed Power Is Over: Prepare for a More Perilous Road Ahead," *Wall Street Journal* (January 15, 2020).
6. Lowenstein, *The Making of an American Capitalist*, p. 11.
7. Steve Jordan, *The Oracle & Omaha* (Omaha World Herald, 2013), p. 19.
8. Lowenstein, *The Manking of an American Capitalist*, P. 36.
9. Jordan, *The Oracle & Omaha*, p. 33.
10. 正如Steve Jordan在2019年9月25日告诉我的，他后来与巴菲特进行了交流。
11. Lowenstein, *The Making of an American Capitalist*, p. 26.
12. *Becoming Warren Buffett*, HBO Documentary, February 11, 2017.
13. Andrew Kilpatrick, *Of Permanent Value*, p. 81.
14. Steve Jordan, September 25, 2019.
15. Irving Kahn and Robert Milne, *Benjamin Graham: The Father of Financial Analysis*, Occasional Paper Number 5, The Financial Analysts Research Foundation, 1977.
16. Benjamin Graham, *The Intelligent Investor: The Definitive Book on Value Investing, Revised Edition*, updated with new commentary by Jason Zweig (New York: Harper Business Essentials, 2003), p. xi.
17. Benjamin Graham, *The Intelligent Investor*, p. 287.
18. Joe Carlen, *The Einstein of Money*, p. 37.
19. Lowenstein, *The Making of an American Capitalist*, p. 36.
20. Ibid., p. 44.
21. Ibid., p. ix.
22. Jason Zweig, "When Your Neighbors Move Into Your Investment Portfolio," *Wall Street Journal* (December 7, 2018): B1.
23. Janet Lowe, *Benjamin Graham on Value Investing*, p. 12.
24. Graham, *Intelligent Investor*, p. 108.

25. Berkshire Hathaway 1987 Annual Report, p. 12.
26. Ibid.
27. 这句话是Lou Simpson在Janet Lowe的书*Damn Right!* (New York: John Wiley & Sons, 2000), p. 77.提到的。
28. Robert Lenzner and Robert Dindiller, "The Not So Silent Partner," *Forbes* (January 22, 1996): 78.
29. See: Peter Bevelin, *Seeking Wisdom from Darwin To Munger* (Malmo, Sweden: Post Scriptum AB, 2003); Tren Griffin, *Charlie Munger: The Complete Investor* (New York: Columbia Business School Publishing, 2015); Janet Lowe, *Damn Right!*.
30. Robert Hagstrom, *Investing: The Last Liberal Art*, 2nd ed. (New York: Columbia Business School Publishing, 2015).
31. Dietrich Dörner, *The Logic of Failure: Recognizing and Avoiding Error in Complex Situations* (New York: Perseus Books, 1996), pp. 10.
32. Charles T. Munger, *Poor Charlie's Almanack: The Wit and Wisdom of Charles T. Munger* (Virginia Beach, VA: PCA Publications, 2005), pp. 393, 394.
33. Ibid., p. 398.
34. Munger, *Poor Charlie's Almanack*, pp. 430–433.
35. Dörner, *Logic of Failure*, pp. 186, 187.
36. Munger, *Poor Charlie's Almanack*, pp. 443, 444.
37. Lowenstein, *The Making of an American Capitalist*, p. xv.
38. Berkshire Hathaway 2015 Annual Meting.
39. A. C. Grayling, *History of Philosophy* (London: Viking, 2019), p. 256.
40. Berkshire Hathaway 2014 Annual Report, p. 26.
41. Robert Lenzner, "Warren's Idea of Heaven," *Forbes* (October 18, 1993).
42. Griffin, *Charlie Munger*, p. 41.
43. Jason Zweig and Nicole Friedman, "Charlie Munger Unplugged," *Wall Street Journal*, May 3, 2019.
44. Remarks at Daily Journal Annual Conference, February 11, 2020; reported by Alex Griese in Whitney Tilson's blog
45. Griffin, *Charlie Munger*, p. 40.
46. Whitney Tilson blog.
47. Berkshire Hathaway 2010 Annual Meeting; author's personal notes. Also see: Daniel Pecaut and Corey Wrenn, *University of Berkshire Hathaway* (Sioux City, IA: Pecaut and Company, 2017), p. 215.
48. Charles S. Pierce, "How to Make Our Ideas Clear," *Popular Science Monthly* (January, 1878). Also in *Pragmatism: A Reader*, ed. Louis Menand (New York: Random House, 1997), p. 26.
49. John Kaag, *Sick Souls, Healthy Minds: How William James Can Save Your Life* (Princeton: Princeton University Press, 2020), p. 4.
50. Ibid., p. 7.
51. William James, "Pragmatism: Conception of Truth," Lecture 6. *Pragmatism* (New York: Dover Publications 1907, 1955), p. 24.
52. Idid., p.26.
53. Idid., p.31.

54. John Kaag, *American Philosophy: A Love Story* (New York: Farrar, Straus, and Giroux, 2016), p. 98.
55. Ibid.
56. Interview with Author, April 10, 2022.

第 3 章

1. Brian Thomas, ed., *Columbia Business School: A Century of Ideas* (New York: Columbia University Press, 2016).
2. Ibid, p. 32.
3. Ibid., p. 33.
4. Louis Rich, "Sagacity and Securities," *New York Times* (December 2, 1934), p. 13.
5. Benjamin Graham and David Dodd, *Security Analysis: The Classic 1934 Edition* (New York: McGraw-Hill, 1934), p. 14.
6. Ibid., p. 305.
7. Ibid., p. 23.
8. Janet Lowe, *Benjamin Graham on Value Investing: Lessons from the Dean of Wall Street* (Dearborn: Dearborn Financial Publishing, 1994).
9. Graham and Dodd, *Security Analysis*, p. 108.
10. Ibid., p. 303.
11. Ibid., pp. 612–613.
12. Berkshire Hathaway 1987 Annual Report.
13. Ibid.
14. 正如2018年5月23日与作者在伦敦讨论的那样。2020年3月22日在电子邮件中确认。
15. Andrew Kilpatrick, *Of Permanent Value: The Story of Warren Buffett: 2015 Golden Anniversary Edition* (Birmingham, AL: AKPE Publishing, 2015), p. 39.
16. Ibid., p. 40.
17. Berkshire Hathaway 1992 Annual Report.
18. Ibid.
19. Ibid.
20. Eugene F. Fama and Kenneth French, "The Cross-Section of Expected Returns," *Journal of Finance* XLVII, no. 2 (June 1992): 427–465; Fama and French, "Size and Book-to-Market Factors in Earnings and Returns," *Journal of Finance* (March 1995): 131–155.
21. Berkshire Hathaway 1990 Report.
22. Baruch Lev and Anup Srivastava, "Explaining the Demise of Value Investing." *SSRN Electronic Journal* ID3446895, September 4, 2019.
23. Ibid.
24. Eugene Fama and Kenneth French, "The Cross-Section of Expected Returns," *The Journal of Finance* 47, no. 2 (June 1992).
25. Amy Whyte, "Ken French: 'There Is No Way to Tell' If Value Premium Is Disappearing," *Institutional Investor* (January 29, 2020).
26. Michael Maubuossin and Daniel Callahan, "What Does a Price-Earnings Multiple Mean? An Analytical Bridge between P/Es and Solid Economics,"

Credit Suisse, January 29, 2014.

27. Ibid.

28. Ibid.

29. Berkshire Hathaway 1992 Annual Report.

30. Michael Mauboussin, "What Does an EV/EBITDA Multiple Mean?" *Blue Mountain Capital Management* (September 13, 2018).

31. Mauboussin and Callahan, "What Does a Price-Earnings Multiple Mean?"

32. Ibid.

33. Berkshire Hathaway 2000 Annual Meeting.

34. Ibid.

35. Ibid.

36. Berkshire Hathaway 2000 Annual Report.

37. Ibid.

38. Warren Buffett testimonial in Philip A. Fisher, *Common Stocks and Uncommon Profits: And Other Writings:* Wiley Investment Classic (New York: John Wiley & Sons, 1996).

39. As told by Ken Fisher in the Introduction of Robert G. Hagstrom, *The Warren Buffett Way*, 3rd ed. (Hoboken, NJ: John Wiley & Sons, 2014).

40. John Train, *The Money Masters: Nine Great Investors Their Winning Strategies and How You Can Apply Them* (New York: Penguin Books, 1980), p. 60.

41. Fisher, *Common Stocks and Uncommon Profits*, p. 19.

42. Philip Fisher, "Developing an Investment Philosophy," The Financial Analysts Research Foundation, Monograph Number 10, p. 29.

43. Fisher, *Common Stocks and Uncommon Profits*, pp. 16–18.

44. "The Money Men: How Omaha Beats Wall Street," *Forbes* (November 1, 1969): 82

45. Warren Buffett, "What We Can Learn From Philip Fisher," *Forbes* (October 19, 1987): 40.

46. John Burr Williams, "Fifty Years of Investment Analysis," The Financial Analysis Research Foundation.

47. John Burr Williams, *The Theory of Investment Value* (Fraser Publishing Company), Preface.

48. Berkshire Hathaway 1992 Annual Report.

49. Berkshire Hathaway 2000 Annual Meeting.

50. Berkshire Hathaway 1992 Annual Report.

51. John Burr Williams, pp. 167–169.

52. Berkshire Hathaway 2000 Annual Report.

53. Berkshire Hathaway 2010 Annual Report.

54. Bruce Greenwald, Judd Kahn, Paul Sonkin, and Michael van Biema, *Value Investing: From Graham to Buffett and Beyond* (New York: John Wiley & Sons, 2001), p. 159.

55. Robert G. Hagstrom, *The Detective and the Investor: Uncovering Investment Techniques from the Legendary Sleuths* (New York: Texere LLC, 2002).

56. Berkshire Hathaway 1989 Annual Report.

57. Robert G Hagstrom, *The Warren Buffett Way: Investment Strategies of the World's*

Greatest Investor (New York: John Wiley & Sons, 1994), p. 291.

58. Tom Gayner, "Talks with Google," June 30, 2015.

59. Berkshire Hathaway 1997 Annual Meeting.

60. *Outstanding Investor Digest* (August 10, 1995): 21.

61. Christopher Freeman, "Schumpeter's Business Cycles and Techno-economic Paradigms," in *Techno-economic Paradigms: Essays in Honor of Carolta Perez*, edited by Wolfgang Dreschler, Erik Reinert, and Rainer Kattel (London: Anthem Press, 2009), p. 136.

62. Carolta Perez, *Technological Revolutions: The Dynamics of Bubbles and Golden Ages* (Cheltenham, UK: Edward Elgar, 2002), p. 11.

63. Ibid., pp. 14, 18.

64. Ibid., p. 30.

65. Ibid., p. 36.

66. Ibid.

67. Ibid., p .43.

68. W. Brian Arthur, "Increasing Returns and the New World of Business," *Financial Management* (July–August 1996).

69. Commonly referred to as "Arthur's Law."

70. Janet Lowe, *The Man Who Beats the S&P: Investing with Bill Miller* (John Wiley & Sons, Canada: 2002), p. 55. Also, interview with author.

71. Ibid., p., 56.

72. Ibid., p. 19.

73. Ibid.

74. 作者与Bill Miller在1998年至2012年一起在美盛资本管理公司工作。

75. Lowe, *The Man Who Beats the S&P*, p. 63.

76. Ibid., p. 62.

77. William E. Fruhan, Jr., *Financial Strategy: Studies in the Creation, Transfer, and Destruction of Shareholder Value.* (Homewood, IL: Richard D. Irwin, 1979), pp. 65–66.

78. Bill Miller, Legg Mason Value Trust 2001 Annual Report.

79. Janet Lowe, *The Man Who Beats the S&P*, p. 66. Also, interview with author.

80. Brian McGuinness, *Wittgentein: A Young Life: Young Ludgwig 1889–1921*, University of California Press, 1988), p. 118.

81. Lowe, *The Man Who Beats the S&P*, p. 114.

82. Robert G. Hagstrom, *The Warren Buffett Portfolio: Mastering the Power of the Focus Investment Strategy* (New York: John Wiley & Sons, 1999), pp. 102–103.

83. Lowe, *The Man Who Beats the S&P*, p. 32.

84. Andrew Kilpatrick, *Of Permanent Value: The Story of Warren Buffett—2020 Elephant Edition* (Birmingham, AL: AKPE Publishing, 2020), p. 953.

85. Ibid.

86. 作者参与2019年伯克希尔–哈撒韦年度股东大会的笔记。

87. Kilpatrick, *Of Permanent Value* (2020), p. 14.

88. Ibid.

89. 作者是EquityCompass Investment Management, LLC, 高级投资组合经理，该公司

拥有苹果公司。

90. Paul Johnson, "Seminar in Value Investing: EMBA," Apple: Case Study: 3A, May, 2020.
91. Ibid.
92. Kilpatrick, *Of Permanent Value* (2020), pp. 14–15.
93. *Columbia Business School: A Century of Ideas,* Brian Thomas, editor (New York: Columbia University Press, 2016).
94. 巴菲特在哥伦比亚大学商学院的演讲 "Superinvestors of Graham-and-Doddsville" 刊登在1984年秋季版的*Hermes*上.
95. Berkshire Hathaway 1992 Annual Report, p. 19.

第 4 章

1. Benjamin Graham, *The Intelligent Investor* (New York: Harper & Row, 1973), p. 286.
2. Robert G. Hagstrom, *The Warren Buffett Way* (New York: John Wiley & Sons, 1995), p. 97.
3. Graham, *The Intelligent Investor,* p. 286.
4. Ibid., p. 102.
5. Ibid.
6. Ibid., p. 107.
7. Berkshire Hathaway 1987 Annual Report, p. 11.
8. Hagstrom, *The Warren Buffett Way,* p. 55.
9. Rodman Edward Serling是美国剧作家，他最出名的科幻电视剧是*The Twilight Zone* (1959–1965).
10. Robert Lenzner, "Warren Buffett's Idea of Heaven: I Don't Have to Work with People I Don't Like," *Forbes* (October 18, 1993): 43.
11. Ibid.
12. Berkshire Hathaway 1987 Annual Report, p. 11.
13. Carol Loomis, "Inside Story of Warren Buffett," *Fortune* (April 11, 1988): 34.
14. *Fortune* (November 29, 1993): 11.
15. Berkshire Hathaway 1992 Annual Report, p. 15.
16. Berkshire Hathaway 1987 Annual Report, p. 7.
17. Berkshire Hathaway Letters to Shareholders (1977–1983), p. 51.
18. Andrew Kilpatrick, *Of Permanent Value: The Story of Warren Buffett* (Birmingham: AKPE Publishing, 2004), p. 1356.
19. Michael Mauboussin and Daniel Callahan, "Total Addressable Market: Methods to Estimate a Company's Potential Sales." Credit-Suisse Global Financial Strategies, September 1, 2015.
20. Berkshire Hathaway 1991 Annual Report, p. 8.
21. Lezner, "Warren Buffett's Idea of Heaven."
22. Berkshire Hathaway 1984 Annual Report, p. 15.
23. Berkshire Hathaway 1986 Annual Report, p. 25.
24. Empirical Research Partners, Stock Selection: Research and Results, "Free

Cash Flow and the Stock Option Question," December, 2019.

25. Berkshire Hathaway Letters to Shareholders (1977–1983), p. 17.

26. Berkshire Hathaway 1987 Annual Report, p. 20

27. EquityCompass Investment Management, LLC., Tim McCann, Director of Research.

28. Berkshire Hathaway 1989 Annual Report, p. 5.

29. Paul Sonkin and Paul Johnson, *Pitch the Perfect Investment: The Essential Guide to Winning on Wall Street* (Hoboken, NJ: John Wiley & Sons, 2017), p. 69.

30. John Rasmussen, "Buffett Talks Strategy with Students," *Omaha-World Herald* (January 2, 1994): 26.

31. Sonkin and Johnson, *Pitch the Perfect Investment*, p. 69.

32. Ibid., pp. 63–64.

33. John C. Bogle, "The (Non) Lessons of History—and the (Real) Lessons of Returns and Costs." Remarks before The American Philosophical Society, Philadelphia, PA, November 10, 2012.

34. Sonkin and Johnson, *Pitch the Perfect Investment*, pp. 63–64.

35. Berkshire Hathaway 1994 Annual Report, p. 2.

36. Benjamin Graham and David Dodd, *Security Analysis* (1934), as quoted in Sonkin and Johnson, *Pitch the Perfect Investment*, p. 130.

37. Seth A. Klarman, *Margin of Safety: Risk Averse Value Investing Strategies for the Thoughtful Investor* (New York: Harper Collins, 1991), as quoted in Sonkin and Johnson, *Pitch the Perfect Investment*.

38. Berkshire Hathaway 1999 Annual Report, p. 5.

39. Andrew Kilpatrick, *Of Permanent Value: The Story of Warren Buffett* (Birmingham, AL: AKPE Publishing, 1998), p. 800.

40. A commonly quoted remark from Warren Buffett.

41. Berkshire Hathaway 1986 Annual Report, p. 5.

42. Berkshire Hathaway 1989 Annual Report, p. 22.

43. William N. Thorndike, Jr., *The Outsiders: Eight Unconventional CEOs and Their Radically Rational Blueprint for Success* (Boston: Harvard Business Review Press, 2012), p. 201.

44. Berkshire Hathaway 1994 Annual Report, p. 5.

45. Berkshire Hathaway 1983 Annual Report, p. 1.

46. Berkshire Hathaway 1980 Annual Report, p. 2.

47. Ibid.

48. Berkshire Hathaway 1982 Annual Report, p. 2.

49. Berkshire Hathaway 1991 Annual Report, p. 3.

50. Ibid.

51. Berkshire Hathaway 1993 Annual Report, p. 9.

52. Berkshire Hathaway 1991 Annual Report, p. 11.

53. Berkshire Hathaway 1997 Annual Report, p. 12.

54. Berkshire Hathaway 2019 Annual Report, p. 4.

55. Ibid.

56. Ibid.

57. Berkshire Hathaway 1983 Annual Report, p. 3.
58. Edgar Lawrence Smith, *Common Stocks as Long Term Investments* (New York: The Macmillan Company, 1928), p. 115.
59. Jack Treynor, *Treynor on Institutional Investing* (Hoboken, NJ: John Wiley & Sons, 2008), p. 425.
60. Ibid., p. 424.
61. Ibid.
62. Andrei Shleifer and Robert Vishny, "The New Theory of the Firm: Equilibrium Short Horizons of Investors and Firms," *American Economic Review: Papers and Proceedings*, 80, no. 2 (1990), 148–153.
63. Ibid.
64. Robert G. Hagstrom, *The Warren Buffett Way: The Third Edition* (Hoboken, NJ: John Wiley & Sons, 2014), p. 204.

第 5 章

1. Peter L. Bernstein, *Capital Ideas: The Improbable Origins of Wall Street* (New York: The Free Press, 1992), p. 44.
2. Ibid., p. 37.
3. Ibid., p. 46.
4. Ibid., p. 47.
5. Harry Markowitz, "Portfolio Selection," *The Journal of Finance* 7, no. 1 (March 1952): 77–91.
6. Ibid., p.77
7. Ibid., p. 89.
8. Berkshire Hathaway 1975 Annual Report, p. 3.
9. *Outstanding Investor Digest*, April 8, 1990, p. 18.
10. Berkshire Hathaway 1993 Annual Report, p. 13.
11. Ibid., p. 10.
12. Berkshire Hathaway 2014 Annual Report, p. 19.
13. Berkshire Hathaway 1993 Annual Report, p. 11.
14. Berkshire Hathaway 1996 Annual Report, p. 3.
15. Markowitz, p. 899.
16. Ibid.
17. Berkshire Hathaway 1993 Annual Report, p. 12.
18. Ibid., p. 11.
19. Ibid.
20. Robert G. Hagstrom, *The Warren Buffett Portfolio: Mastering the Power of the Focus Investment Strategy* (New York: John Wiley & Sons, 1999), p. 1.
21. *Outstanding Investor Digest* (August 8, 1996): 29.
22. K. J. Martijn Cremers and Antti Petajisto, "How Active Is Your Fund Manager? A New Measure That Predicts Performance," *Review of Financial Studies* 22, no. 9 (September 2009): 3329–3365.

23. Martign Cremers and Ankur Pareek, "Patient Capital Outperformance: The Investment Skill of High Active Share Managers Who Trade Infrequently," *Journal of Financial Economics* 122 (August 24, 2016): 288–305.
24. Ibid.
25. Martijn Cremers, "Active Share and the Three Pillars of Active Management: Skill, Conviction, and Opportunity," *Financial Analysts Journal* 73, no. 2 (2017): 61.
26. Ibid., p. 61.
27. Ibid., p. 63.
28. Ibid.
29. Amit Goyal and Sunil Wahal, "The Selection and Termination of Investment Management Firms by Plan Sponsors," *The Journal of Finance* 63, no. 4 (2008): 1805–1847.
30. Edward J. Russo and Paul J.H. Shoemaker, *Winning Decisions: Getting It Right the First Time* (New York: Doubleday, 2002).
31. Robert Rubin, *Harvard Commencement Address*, 2001.
32. Claude Shannon, "A Mathematical Theory of Communication," *The Bell Systems Technical Journal* (July, 1948): 379–423.
33. Fischer Black, quoted in Peter L. Bernstein, *Capital Ideas*, p. 124.
34. Berkshire Hathaway 1988 Annual Report, p. 17.
35. Ibid.
36. Jason Zweig, "From a Skeptic: A Lesson on Beating the Market," *Wall Street Journal* (December 22-23, 2018).
37. Ibid.
38. Bernstein, p. 3.
39. Bernstein, p. 14.
40. Peter Schjeldahl, *Let's See: Writing on Art from The New Yorker* (New York: Thomas & Hudson, 2008), p. 11.
41. Bernstein, p. 9.
42. Ibid.
43. *Outstanding Investor Digest*, September 24, 1998, p. 40.
44. Berkshire Hathaway 1998 Annual Report, p. 18.
45. Berkshire Hathaway 1987 Annual Report, p. 12.
46. Combined Quotes: Berkshire Hathaway 2000 Annual Report, p. 14, and Berkshire Hathaway 2013 Annual Report, p. 18.

第 6 章

1. Andrew Kilpatrick, *Of Permanent Value: The Story of Warren Buffett: 2020 Elephant Edition* (Birmingham, AL: AKPE Publishing, 2020), p. 151.
2. *Warren Buffett Back to School: Question and Answer Session with Business Students* (BN Publishing: 2008), p. 9.

3. Heather Reid, *Introduction to the Philosophy of Sport* (Lanham, MD: Rowman & Littlefield Publishers, 2012), p. 12.
4. Arnold LeUnes and Jack Nation, *Sports Psychology: An Introduction* (Wadsworth, CA: Pacific Grove, 2002), as quoted in *Pragmatism and the Philosophy of Sport*, edited by Richard Lally, Douglas Anderson, and John Kagg (Lanham, MD: Lexington Books, 2013), p. 21.
5. John Gibson, *Performance versus Results: A Critique of the Values in Contemporary Sport* (Albany: State University of New York Press, 1993), p. 72.
6. Michael Novak, *The Joy of Sports: End Zones, Bases, Baskets, Bulls, and the Consecration of the American Spirit* (New York: Basic Books, 1976), p. 121.
7. Douglas R. Hochstetler, "Process and the Sport of Experience," in *Pragmatism and the Philosophy of Sport*, p. 18.
8. Novak, *Joy of Sports*, p. 159.
9. Hochstetler, "Process and the Sport of Experience," p. 29.
10. R. Scott Kretchmar, "From Test to Contest: An Analysis of Two Kinds of Counterpoint in Sport," *Journal of the Philosophy of Sport* 2 (1975): 23:30.
11. Robert Armstron, Eric Platt, Oliver Ralph, "Warren Buffett: I'm Having More Fun Than Any 88-Year-Old in the World," *Financial Times* (April 25, 2019).
12. Linda Simon, *Genuine Reality: A Life of William James* (New York: Harcourt Brace & Company, 1998), p. 264.
13. Robert D. Richardson, *William James: In the Maelstrom of American Modernism* (Boston: Houghton Mifflin Company, 2006), p. 342.
14. Simon, *Genuine Reality*, p. 267.
15. Lauren Eskreis-Winkler, Katherine Milkman, Dena M. Gromet, and Angela L. Duckworth, "A large-scale field experiment shows giving advice improves academic outcomes for the advisor," *PNAS* 116, no. 30 (July 23, 2019): 14808–14810.
16. Andrew M. Holowchak and Heather L. Reid, *Aretism: An Ancient Sports Philosophy for the Modern Sports World* (Lanham, MD: Lexington Books, 2011), p. 131.
17. Ibid., p. 128.
18. Reid, *Introduction to the Philosophy of Sport*, p. 129.
19. Ibid., p. 131.
20. John Kaag, *Sick Souls, Healthy Minds: How William James Can Save Your Life* (Princeton, NJ: Princeton University Press, 2020), p. 153.
21. Ibid., 155.
22. John Kaag, *American Philosophy: A Love Story* (New York: Farrar, Straus and Giroux, 2016), p. 245.
23. Robert G. Hagstrom, *The Warren Buffett Way: Investment Strategies of the World's Greatest Investor* (New York: John Wiley & Sons, 1994), p. 236.
24. Carol Loomis, *Tap Dancing to Work: Warren Buffett on Practically Everything, 1966–2012* (New York: Penguin, 2012), p. xviii.
25. Andrew Kilpatrick, *Of Permanent Value: The Story of Warren Buffett: 2015 Golden Anniversary Edition* (Birmingham, AL: AKPE Publishing, 2015), p. 3.

26. Peter Schjeldahl, *Hot Cold, Heavy, Light, 100 Art Writings, 1988–2016* (New York: Abrams Press, 2019), p. 32.

27. Lance Esplund, *The Art of Looking: How to Read Modern and Contemporary Art* (New York: Basic Books, 2018) p. 231.

28. Ibid.

29. Kaag, *Sick Souls, Healthy Minds*, p. 169.

30. Steve Jordan, *The Oracle of Omaha: How Warren Buffett and His Hometown Shaped Each Other* (Marceline, MO: Wadsworth, 2013), p. 211.

31. Michael Mauboussin and Dan Callahan, "Why Corporate Longevity Matters: What Index Turnover Tells Us About Corporate Results." Credit-Suisse: Global Financial Strategies (April 16, 2014).

32. Ibid.

33. Kilpatrick, *Of Permanent Value: 2015 Golden Anniversary Edition*, p. 1269.

34. Sue Decker和Carol Loomis的这段话出自Berkshire Hathaway Shareholder Meeting.

35. Nicole Friedman, "Buffett Says Exit Won't Halt Successes," *Wall Street Journal* (May 5, 2018).

推荐阅读

序号	中文书号	中文书名	定价
1	69645	敢于梦想：Tiger21创始人写给创业者的40堂必修课	79
2	69262	通向成功的交易心理学	79
3	68534	价值投资的五大关键	80
4	68207	比尔·米勒投资之道	80
5	67245	趋势跟踪（原书第5版）	159
6	67124	巴菲特的嘉年华：伯克希尔股东大会的故事	79
7	66880	巴菲特之道（原书第3版）（典藏版）	79
8	66784	短线交易秘诀（典藏版）	80
9	66522	21条颠扑不破的交易真理	59
10	66445	巴菲特的投资组合（典藏版）	59
11	66382	短线狙击手：高胜率短线交易秘诀	79
12	66200	格雷厄姆成长投资策略	69
13	66178	行为投资原则	69
14	66022	炒掉你的股票分析师：证券分析从入门到实战（原书第2版）	79
15	65509	格雷厄姆精选集：演说、文章及纽约金融学院讲义实录	69
16	65413	与天为敌：一部人类风险探索史（典藏版）	89
17	65175	驾驭交易（原书第3版）	129
18	65140	大钱细思：优秀投资者如何思考和决断	89
19	64140	投资策略实战分析（原书第4版·典藏版）	159
20	64043	巴菲特的第一桶金	79
21	63530	股market奇才：华尔街50年市场智慧	69
22	63388	交易心理分析2.0：从交易训练到流程设计	99
23	63200	金融交易圣经II：交易心智修炼	49
24	63137	经典技术分析（原书第3版）（下）	89
25	63136	经典技术分析（原书第3版）（上）	89
26	62844	大熊市启示录：百年金融史中的超级恐慌与机会（原书第4版）	80
27	62684	市场永远是对的：顺势投资的十大准则	69
28	62120	行为金融与投资心理学（原书第6版）	59
29	61637	蜡烛图方法：从入门到精通（原书第2版）	60
30	61156	期货狙击手：交易赢家的21周操盘手记	80
31	61155	投资交易心理分析（典藏版）	69
32	61152	有效资产管理（典藏版）	59
33	61148	客户的游艇在哪里：华尔街奇谈（典藏版）	39
34	61075	跨市场交易策略（典藏版）	69
35	61044	对冲基金怪杰（典藏版）	80
36	61008	专业投机原理（典藏版）	99
37	60980	价值投资的秘密：小投资者战胜基金经理的长线方法	49
38	60649	投资思想史（典藏版）	99
39	60644	金融交易圣经：发现你的赚钱天才	69
40	60546	证券混沌操作法：股票、期货及外汇交易的低风险获利指南（典藏版）	59
41	60457	外汇交易的10堂必修课（典藏版）	49
42	60415	击败庄家：21点的有利策略	59
43	60383	超级强势股：如何投资小盘价值成长股（典藏版）	59
44	60332	金融怪杰：华尔街的顶级交易员（典藏版）	80
45	60298	彼得·林奇教你理财（典藏版）	59
46	60234	日本蜡烛图技术新解（典藏版）	60
47	60233	股市长线法宝（典藏版）	80
48	60232	股票投资的24堂必修课（典藏版）	45
49	60213	蜡烛图精解：股票和期货交易的永恒技术（典藏版）	88
50	60070	在股市大崩溃前抛出的人：巴鲁克自传（典藏版）	69
51	60024	约翰·聂夫的成功投资（典藏版）	69
52	59948	投资者的未来（典藏版）	80
53	59832	沃伦·巴菲特如是说	59
54	59766	笑傲股市（原书第4版·典藏版）	99

推荐阅读

序号	中文书号	中文书名	定价
55	59686	金钱传奇：科斯托拉尼的投资哲学	59
56	59592	证券投资课	59
57	59210	巴菲特致股东的信：投资者和公司高管教程（原书第4版）	99
58	59073	彼得·林奇的成功投资（典藏版）	80
59	59022	战胜华尔街(典藏版)	80
60	58971	市场真相：看不见的手与脱缰的马	69
61	58822	积极型资产配置指南：经济周期分析与六阶段投资时钟	69
62	58428	麦克米伦谈期权（原书第2版）	120
63	58427	漫步华尔街（原书第11版）	56
64	58249	股市趋势技术分析（原书第10版）	168
65	57882	赌神数学家：战胜拉斯维加斯和金融市场的财富公式	59
66	57801	华尔街之舞：图解金融市场的周期与趋势	69
67	57535	哈利·布朗的永久投资组合：无惧市场波动的不败投资法	69
68	57133	憨夺型投资者	39
69	57116	高胜算操盘：成功交易员完全教程	69
70	56972	以交易为生（原书第2版）	36
71	56618	证券投资心理学	49
72	55876	技术分析与股票盈利预测：技术分析科学之父沙巴克经典教程	80
73	55569	机械式交易系统：原理、构建与实战	80
74	54670	交易择时技术分析：RSI、波浪理论、斐波纳契预测及复合指标的综合运用（原书第2版）	59
75	54668	交易圣经	89
76	54560	证券投机的艺术	59
77	54332	择时与选股	45
78	52601	技术分析（原书第5版）	100
79	52433	缺口技术分析：让缺口变为股票的盈利	59
80	49893	现代证券分析	80
81	49646	查理·芒格的智慧：投资的格栅理论（原书第2版）	49
82	49259	实证技术分析	75
83	48856	期权投资策略（原书第5版）	169
84	48513	简单期权（原书第3版）	59
85	47906	赢得输家的游戏：精英投资者如何击败市场（原书第6版）	45
86	44995	走进我的交易室	55
87	44711	黄金屋：宏观对冲基金顶尖交易者的掘金之道（增订版）	59
88	44062	马丁·惠特曼的价值投资方法：回归基本面	49
89	44059	期权入门与精通：投机获利与风险管理（原书第2版）	49
90	43956	以交易为生II：卖出的艺术	55
91	42750	投资在第二个失去的十年	49
92	41474	逆向投资策略	59
93	33175	艾略特名著集（珍藏版）	32
94	32872	向格雷厄姆学思考，向巴菲特学投资	38
95	32473	向最伟大的股票作手学习	36
96	31377	解读华尔街（原书第5版）	48
97	31016	艾略特波浪理论：市场行为的关键（珍藏版）	36
98	30978	恐慌与机会：如何把握股市动荡中的风险和机遇	36
99	30633	超级金钱（珍藏版）	36
100	30630	华尔街50年（珍藏版）	38
101	30629	股市心理博弈（珍藏版）	58
102	30628	通向财务自由之路（珍藏版）	69
103	30604	投资新革命（珍藏版）	36
104	30250	江恩华尔街45年（修订版）	36
105	30248	如何从商品期货贸易中获利（修订版）	58
106	30244	股市晴雨表（珍藏版）	38
107	30243	投机与骗局（修订版）	36